智能电网下的
电力营销新型业务

高犁 陈杨 周敏 李显忠 编著

中国水利水电出版社
www.waterpub.com.cn

内 容 提 要

本书以当前供电企业在电力营销领域开展的各项新型业务为出发点，总结梳理智能电网技术在用电服务领域应用中的新成就。内容涵盖节能服务与需求侧响应、电动汽车智能充换电服务、分布式电源接入服务、高级量测体系的建设与运维、客户智能用电服务等知识。

本书可供从事电力营销工作人员全面了解智能电网下的电力营销新型业务，也可作为供用电技术、自动化、计算机、工业用电等专业有关教师和学生的教学、自学或培训参考书。

图书在版编目（CIP）数据

智能电网下的电力营销新型业务 / 高犁等编著. --
北京 ：中国水利水电出版社，2014.1
ISBN 978-7-5170-1725-7

Ⅰ．①智… Ⅱ．①高… Ⅲ．①电力工业－市场营销学
Ⅳ．①F407.615

中国版本图书馆CIP数据核字(2014)第020829号

书　　名	**智能电网下的电力营销新型业务**
作　　者	高　犁　陈　杨　周　敏　李显忠　编著
出版发行	中国水利水电出版社
	（北京市海淀区玉渊潭南路1号D座　100038）
	网址：www.waterpub.com.cn
	E-mail：sales@waterpub.com.cn
	电话：（010）68367658（发行部）
经　　售	北京科水图书销售中心（零售）
	电话：（010）88383994、63202643、68545874
	全国各地新华书店和相关出版物销售网点
排　　版	中国水利水电出版社微机排版中心
印　　刷	三河市鑫金马印装有限公司
规　　格	184mm×260mm　16开本　14印张　332千字
版　　次	2014年1月第1版　2014年1月第1次印刷
印　　数	0001—3000册
定　　价	**48.00元**

前　言

智能电网是保障电力可靠供应、接纳可再生能源、发展低碳经济、促进节能减排的物质基础。智能用电是智能电网的终端环节，与社会大众密切相关，是电网与用户联系的桥梁，是提升营销业务水平、开展双向互动服务、促进分布式能源接入、扩大电动汽车应用、提高能源终端利用效率的重要手段。

随着智能用电服务体系的建设，集中抄表、缴费和售电、电动汽车充放电、分布式电源管理、需求响应、能效测评等电力营销新型业务的大量涌现，要求各级供电公司重构其组织机构、重建业务流程，顺应智能电网发展的需要。本书尝试梳理供电企业在电力营销领域开展的各项新型业务，探讨智能电网技术驱动下的电力营销业务发展趋势。

本书编写人员来自于长期从事电力营销管理的一线专家和丰富科研教学经验的教师。通过深入供用电生产一线，在收集大量最新技术资料的基础上梳理和总结智能电网下的各项电力营销新型业务。相信本书的出版对于从事智能用电、节能服务、需求侧管理、电能计量、客户服务等电力营销专业人员具有较高的参考价值。

全书由高犁、陈杨、周敏、李显忠编著，国网四川省电力公司电力营销部高级工程师牟昊任主审，国网四川省电力公司技能培训中心胡永红副教授参加审核。全书共九章，第一章和第二章由高犁编写；第四章和第五章由陈杨编写，第六章和第八章由周敏编写；第七章由李显忠编写；第三章和第九章由高犁和陈杨共同编写。在编写过程中收集和参阅了各方面的资料，得到不少同志的大力支持和帮助，在此，谨向他们致以衷心的感谢。

本书的出版获国家电网四川省电力公司2012年科技项目经费支持。

由于水平有限，时间仓促，书中缺点和错误之处敬请广大读者批评指正。

作　者

2013 年 10 月

目　　录

第一章 概　述

第一节　智　能　电　网　基　础

电网已成为工业化、信息化社会发展的基础和重要组成部分，同时，电网也在不断吸纳工业化、信息化成果，使各种先进技术在电网中得到集成应用。电力技术的发展，使电网逐渐呈现出诸多新特征，如自愈、兼容、集成、优化，而电力市场的变革，又对电网的自动化、信息化水平提出了更高要求。

近年来，通信、计算机、自动化等技术在电网中得到广泛深入的应用，并与传统电力技术有机融合，极大地提升了电网的智能化水平。传感器技术与信息技术在电网中的应用，为系统状态分析和辅助决策提供了技术支持，使电网自愈成为可能。调度技术、自动化技术和柔性输电技术的成熟发展，为可再生能源和分布式电源的开发利用提供了基本保障。通信网络的完善和用户信息采集技术的推广应用，促进了电网与用户的双向互动。随着各种新技术的进一步发展、应用并与物理电网高度集成，智能电网应运而生。

2003 年，美国电力科学研究院首先提出了《智能电网研究框架》，能源部（DOE）随即发布 Grid 2030 计划。2006 年，欧盟智能电网技术论坛推出了《欧洲智能电网技术框架》。2009 年 4 月，美国总统奥巴马将智能电网提升为美国国家战略。

2009 年 3 月初，我国国家电网公司首次在公开场合提出了"建设坚强智能电网"，全面拉开了中国智能电网前期研究序幕。2009 年 5 月，国家电网公司在北京召开的"2009特高压输电国际会议"上正式发布了中国建设坚强智能电网的理念：立足自主创新，建设以特高压电网为骨干网架，各级电网协调发展，具有信息化、自动化、互动化特征的坚强智能电网的发展目标。2009 年 8 月，国家电网公司启动了智能化规划编制、标准体系研究与制定、研究检测中心建设、重大专项研究和试点工程等一系列工作，按照"统一规划、统一标准、统一建设"的原则和"统筹规划、统一标准、试点先行、整体推进"的工作方针，稳步、有序地推进智能电网各项建设任务。

在 2010 年 3 月召开的全国"两会"上，温家宝总理在《政府工作报告》中强调："大力发展低碳经济，推广高效节能技术，积极发展新能源和可再生能源，加强智能电网建设。"这标志着智能电网建设已成为国家的基本发展战略。2011 年初，国务院将智能电网写入新能源产业"十二五"规划，将智能电网作为发展整个新能源产业链条的重要支撑产业，其重要性不言而喻。

一、智能电网的定义

智能电网（The Smart Grid）是将先进的传感量测技术、信息通信技术、分析决策技术、自动控制技术和能源电力技术相结合，并与电网基础设施高度集成而形成的新型现代化电网。智能电网是自动的和广泛分布的能量交换网络，它具有电力和信息双向流动的特点，同时它能够监测从发电厂到用户电器之间的所有元件。智能电网将分布式计算和提供实时信息的通信的优越性用于电网，并使之能够维持设备层面上即时的供需平衡。

2003 年 7 月，美国能源部《Grid 2030》一文的副标题即豪迈地写到"电力第二个百年的国家愿景"，文中给未来电网的定义是"全自动的能量投送网络，监控每一位客户和节点，电力流、信息流可在网络任意节点之间双向流动"。这句话不仅仅说出了智能电网的本质，还描绘了未来社会电力服务的美好图景。

我国的智能电网是在传统电网的基础上发展起来的，是以特高压电网为基础的多学科、多领域、多层次的一种电网模式。智能电网与传统电网相比有明显的完善，主要表现在通信技术、量测技术、设备技术、控制技术和决策支持技术等方面。国家电网公司提出了建设坚强智能电网，它是以特高压电网为骨干网架、各级电网协调发展的坚强网架为基础，以通信信息平台为支撑，具有信息化、自动化、互动化特征，包含电力系统的发电、输电、变电、配电、用电和调度六大环节，覆盖所有电压等级，实现"电力流、信息流、业务流"的高度一体化融合，具有坚强可靠、经济高效、清洁环保、透明开放和友好互动内涵的现代电网。"坚强"与"智能"是现代电网的两个基本发展要求。"坚强"是基础，"智能"是关键。强调坚强网架与电网智能化的高度融合，是以整体性、系统性的方法来客观描述现代电网发展的基本特征。

坚强智能电网的内涵包括坚强可靠、经济高效、清洁环保、透明开放和友好互动五个方面。坚强可靠是指具有坚强的网架结构、强大的电力输送能力和安全可靠的电力供应；经济高效是指提高电网运行和输送效率，降低运营成本，促进能源资源和电力资产的高效利用；清洁环保是指促进可再生能源发展与利用，降低能源消耗和污染物排放，提高清洁电能在终端能源消费中的比重；透明开放是指电网、电源和用户的信息透明共享以及电网的无歧视开放；友好互动是指实现电网运行方式的灵活调整，友好兼容各类电源和用户的接入与退出，促进发电企业和用户主动参与电网运行调节。

为实现清洁能源的开发、输送和消纳，电网必须提高其灵活性和兼容性。为抵御日益频繁的自然灾害和外界干扰，电网必须依靠智能化手段不断提高其安全防御能力和自愈能力。为降低运营成本，促进节能减排，电网运行必须更为经济高效，同时须对用电设备进行智能控制，尽可能减少用电消耗。分布式发电、储能技术和电动汽车的快速发展，改变了传统的供用电模式，促使电力流、信息流、业务流不断融合，以满足日益多样化的用户需求。智能电网是我国电网发展的必然趋势，它将谱写电网建设的新篇章。我国智能电网建设全景图如图 1-1 所示。

二、智能电网是经济、技术发展的必然选择

1. 强化电力资源优化配置能力需要坚强的智能电网

我国能源资源与能源需求呈逆向分布，能源资源主要分布在北部、西部和西南地区，79.7% 的煤炭保有储量分布在山西、陕西、内蒙古、宁夏、新疆和黑龙江等西部和北部地区，近 70% 的水资源分布在西南地区（川、渝、云、贵、藏），风能资源主要分布在东北、西北、华北及沿海地区，太阳能资源主要分布在西藏、青海、新疆和内蒙古等北部和西部地区。我国的经济发达地区基本集中在东部沿海地区，电力需求旺盛，但东部地区受土地、环保、运输等因素的制约，已不适宜大规模发展燃煤电厂。能源资源与能源需求分布不平衡的基本国情，要求我国必须在全国范围内实行能源资源优化配置。

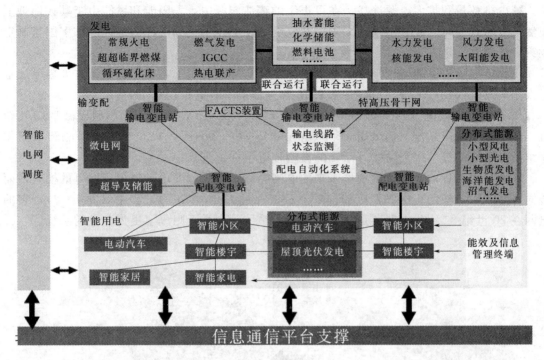

图 1-1 我国智能电网建设全景图

要从根本上解决我国电力供应紧张的局面，必须加快发展坚强智能电网，实施电力的大规模、远距离、高效率输送，形成全国范围的资源优化配置格局，显著提高电网的输送能力和运行控制的灵活性，最大限度发挥电网优化配置资源的作用。智能电网的建设将形成结构坚强的受端电网和送端电网，电力承载能力显著加强，形成"强交、强直"的特高压输电网络，实现大水电、大煤电、大核电、大规模可再生能源的跨区域、远距离、大容量、低损耗、高效率输送，显著提升电网大范围能源资源优化配置能力。

2. 实现大系统的安全稳定运行，降低大规模停电的风险需要智能电网

近年来世界上大面积连锁停电频繁发生，损失巨大。以 2003 年美国东北地区大停电为例，给这个区域所造成的经济损失约 60 亿美元，充分暴露了基于资源大范围全局优化理念而发展起来的大型互联同步电网的脆弱性。一般的观点是，提高系统的全局可视化程度和预警能力，使用较好的、灵巧的和快速的控制实现自愈，是增强电网的可靠性和避免事故扰动引起系统崩溃的关键。进而考虑到复杂大电网对自然灾害和人为有选择性的恶意攻击是脆弱的（对后者尤为脆弱），未来的电网会成为更鲁棒的、自治的和自适应的基础设施，能够通过自愈的响应减小停电范围和快速恢复供电。

3. 分布式电源的大量接入和充分利用需要智能电网

基于能源安全和可持续发展的考虑，世界上许多国家已把发展可再生能源技术提升到国家战略的高度，投入大量的资金，以期夺取技术制高点。美国总统奥巴马更认为，"引领世界创造清洁能源经济的国家将引领 21 世纪的全球经济"。

分布式发电是靠近它服务负荷的小规模电力发电技术，它能够降低成本、提高可靠

性，减少排放量和扩大能源选择。在可再生的清洁能源中，太阳能和风能由于其在地理上天然是分布式的，因此分布式的太阳能和风能的发电技术受到广泛的重视。许多国家制定政策，推广其大量应用。

由于风电价格下降，其推广应用的前景已被认知。事实上，技术上的新进展也已展示了太阳能发电的良好前景，可望在未来 10 年左右能够具有市场竞争力。

属于分布式电源（Distributed Energy Resources，DER）的还有小型、微型燃气轮机，如冷热电联产系统（Combined Heat and Power，CHP），以及小规模储能和下面将介绍的需求响应等，未来的几万千瓦的微型核电也在视野当中。

随着技术的日益进步，可预见未来的电网会逐渐摆脱过去单一集中式发电的模式，而转向分布式发电辅助集中式发电的模式。丹麦在过去 20 多年的进程中（图 1-2），它的电网在 20 世纪 80 年代中期还是一个集中式的系统，而今天则成了更为分散的系统。

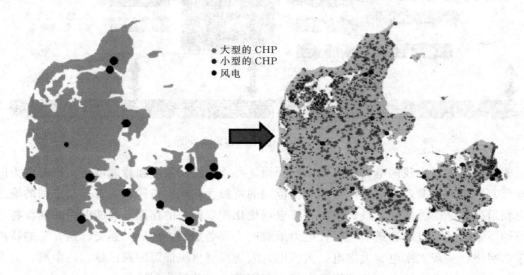

图 1-2 丹麦发电行业在过去 20 多年的演变
（此图来源为丹麦能源局）

当大量的分布式电源集成到大电网中时，多数是直接接入各级（如 110kV 及其以下电压等级的）配电网，使得电网自上而下都成了支路上潮流可能双向流动的电力交换系统，从而出现了如何处理数以万计的分布式电源和应对其发电的不确定性和间歇性，以确保电网的可靠性和人身与设备安全的问题。然而，现时的配电网络是按单向潮流设计的，不具备有效集成大量分布式电源的技术潜能。

4. 峰荷问题和需求侧管理需要智能电网

由于现时还没有经济有效的大容量存储电能的手段，致使电的发生和消费必须随时保持平衡。而电力负荷是随时间而变化的，譬如，在炎热夏天的下午，当无数商业和住宅的空调开到最大时，用电需求会大幅增高，以致到达全年负荷功率最大值（称之为全年的"峰荷"）。为满足供需平衡，电力设施必须根据全年的峰荷来规划和建造。

由于系统处于峰荷附近的时间每年很短，所以电力资产利用率低下。美国现实电网资产的利用系数约为 55%，而发电资产利用率也不高（图 1-3），其中占整个电网总资产

75%的配电网资产的利用率更低，年平均载荷率仅约44%，即一年内只有少数时间资产是被充分使用了的（如图1-3所示，一年中仅有5%的时间，即438h，其载荷率超过75%），浪费了大量的固定资产投入，不符合可持续发展的要求。

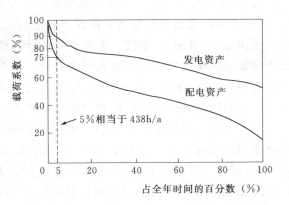

图1-3 美国电力资产利用率曲线
（此图来源为美国能源部报告《Grid2030》）

调查表明：我国目前10kV配电资产利用率比美国还低，多数城市10kV配电线路和变压器的年平均载荷率低于30%；基于电网出现一个主要元件故障后还可保证安全的条件下，峰荷时的线路载荷率全部在50%以下。解决上述问题的办法之一，是缩小负荷曲线峰谷差。

同时为了应对电网偶然事件和电力负荷的不确定性，电力系统必须随时保持（10%～13%）发电容量裕度（又称旋转备用），以确保可靠性和峰荷需求，这也增加了发电成本和对发电容量的需求。

幸运的是，现实系统中存在着大量能与电网友好合作的负荷。如空调、电冰箱、洗衣机、烘干机和热水器等，它们在电力负荷高峰（电价高）的时段可以暂停使用，而适当平移到供电不紧张（电价低）的时段再使用，帮助电网实现电力负荷曲线的削峰和填谷。如图1-4所示，在美国典型峰荷日的峰荷时刻，居民用电功率占到峰荷的30%，而其中2/3，即20%属于可与电网友好合作的负荷，其值超过占峰荷13%的旋转备用容量。如果能够提供相应的技术支撑，通过电力公司与终端用户的互动（需求侧响应或用电管理），则可实现电力负荷曲线的削峰填谷。

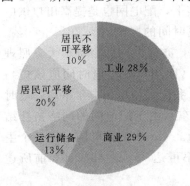

图1-4 美国典型峰荷日峰荷期间各类负荷所占比重

削峰填谷不仅可以显著地提高资产利用率，减少对系统发电和输配电总容量的需求，同时也会带来发电效率的提高和网损的降低。而要调动电力用户同电网友好互动的积极性，需要开发高级的配电市场，实行分时或实时电价，使消费者不仅可以从中获利，而且感到舒适和方便。

我国城市中居民用电功率在年典型峰荷日的峰荷时大多占到峰荷的15%～20%，其中约有1/2是可以与电网友好合作的可平移负荷。应该注意到，如果能消减6%～8%的峰荷，其所节约的电力资产额也是十分巨大的。更何况，商业用户和工业用户负荷均具有与电网友好合作的潜力。

这种需求侧用户与电网之间的友好合作，在必要时也可取代旋转备用，支持系统的安全运行。比如，在2008年年初的一天下午，美国得克萨斯州经历了风力发电突然的、未预料到的急剧下降：在3h里发电下降130万kW。此时一个紧急启动了的需求响应程序，使大型工业和商业用户在10min内恢复了大部分失去的供电，起到了对此类间歇性电源波动性缓冲的作用。这一紧急需求响应程序可实施的前提是电网公司与用户之间预先签订了协议。

5. 提高供电可靠性、提高电能质量，节能降损和环保需要智能电网

近 20 年，通信和信息技术得到了长足的发展，数字化技术及应用在各行各业日益普及。美国在 20 世纪 80 年代，内嵌芯片的计算机化的系统、装置和设备，以及自动化生产线上的敏感电子设备的电气负载还很有限。而在 20 世纪 90 年代这部分用电就大约占到了总负荷的 10%。今天，这部分电力负荷的比重已升至 40% 以上，预计 2015 年将超过 60%。它对电网的供电可靠性和电能质量提出了很高的要求。

调查表明，每年美国企业因电力中断和电能质量问题所耗掉的成本超过 1000 亿元，相当于用户每花 1 美元买电，同时还得付出 30 美分的停电损失。其中，仅扰动和断电（不计大停电）每年的损失就达 790 亿美元。表 1-1 给出了美国电力科学院（Electric Power Research Institute，EPRI）对未来 20～30 年用户对供电可靠性需求的预测。目前的电网不仅满足不了数字化社会的这些需要，而且它在数字化技术的自身应用方面也相对落后，特别是在配电网方面，尽管通信技术和信息技术的进步已经使得对电力系统的实时监控和资产管理进一步扩展到配电网络日益经济可行。

表 1-1　　　　　　　　美国 EPRI 对未来 20～30 年用户对供电可靠性需求的预测

对可靠性的要求	目前占总用户比率	未来 20～30 年占总用户比率	对可靠性的要求	目前占总用户比率	未来 20～30 年占总用户比率
99.999 9	8～10	60	99.999 999 9	0.6	10

随着产业结构的调整和产业的升级，我国会有日益增多的数字化企业对供电可靠性和电能质量提出更高的要求。

众所周知，用户电能质量问题多起源于配电网，而事实上，配电网也是提高用户供电可靠性的瓶颈。调查表明，我国 10kV 以下电网对用户停电时间的影响占到 70%～80%。而与此同时，如上所述，我国城市 10kV 电网的载荷率低下，亦即电网的裕量很大。照理说我国城市 10kV 配电网的裕量大，其供电可靠性应该高（即用户处停电时间应该短），但事实并非如此。调查数字显示，即使减去计划停电时间，我国大城市用户年平均停电时间也大都在 1h 以上，多数为几个小时，甚至更长。而日本东京由于配电网的网络拓扑结构灵活和实现了配电自动化，其用户的年平均停电时间仅为 2～5min；在电网出现一个主要元件故障后还可保证安全的条件下，峰荷时的线路载荷率可达 75%～85%（如前所述我国该值小于 50%）。

三、智能电网的特征

智能电网的"智能化"包括三大方面：信息化、自动化和互动化。信息化指实时和非实时信息高度集成、共享与利用；自动化指电网运行实现自动控制；互动化则将实现电源、电网、用户的互动协调。实质上来说，与传统电网相比，智能电网即为"下一代电网"。

智能电网包括八个方面的主要特征，这些特征从功能上描述了电网的特性，而不是最终应用的具体技术，它们形成了智能电网完整的景象。

1. 智能电网是自愈电网

自愈指的是把电网中有问题的元件从系统中隔离出来并且在很少或不用人为干预的情

况下可以使系统迅速恢复到正常运行状态，从而几乎不中断对用户的供电服务。从本质上讲，自愈就是智能电网的"免疫系统"。这是智能电网最重要的特征。

自愈电网进行连续不断的在线自我评估以预测电网可能出现的问题，发现已经存在的或正在发展的问题，并立即采取措施加以控制或纠正。自愈电网确保了电网的可靠性、安全性、电能质量和效率。自愈电网将尽量减少供电服务中断，充分应用数据获取技术，执行决策支持算法，避免或限制电力供应的中断，迅速恢复供电服务。基于实时测量的概率风险评估将确定最有可能失败的设备、发电厂和线路；实时应急分析将确定电网整体的健康水平，触发可能导致电网故障发展的早期预警，确定是否需要立即进行检查或采取相应的措施；和本地和远程设备的通信将帮助分析故障、电压降低、电能质量差、过载和其他不希望的系统状态，基于这些分析，采取适当的控制行动。

自愈电网经常应用连接多个电源的网络设计方式。当出现故障或发生其他的问题时，在电网设备中先进的传感器确定故障并和附近的设备进行通信，以切除故障元件或将用户迅速地切换到另外的可靠的电源上，同时传感器还有检测故障前兆的能力，在故障实际发生前，将设备状况告知系统，系统就会及时地提出预警信息。

2. 智能电网激励和促进用户参与

在智能电网中，用户将是电力系统不可分割的一部分。鼓励和促进用户参与电力系统的运行和管理是智能电网的另一重要特征。从智能电网的角度来看，用户的需求完全是另一种可管理的资源，它将有助于平衡供求关系，确保系统的可靠性；从用户的角度来看，电力消费是一种经济的选择，通过参与电网的运行和管理，修正其使用和购买电力的方式，从而获得实实在在的好处。

在智能电网中，用户将根据其电力需求和电力系统满足其需求能力的平衡来调整其消费。需求响应（Demand Respond）计划将满足用户在能源购买中有更多选择的基本需求，减少或转移高峰电力需求的能力使电力公司尽量减少资本开支和营运开支，通过降低线损和减少效率低下的调峰电厂的运营，同时也提供了大量的环境效益。

在智能电网中，和用户建立双向实时的通信系统是实现鼓励和促进用户积极参与电力系统运行和管理的基础。实时通知用户其电力消费的成本、实时电价、电网目前的状况、计划停电信息以及其他一些服务的信息，同时用户也可以根据这些信息制定自己的电力使用方案。

3. 智能电网将抵御攻击

电网的安全性要求一个降低对电网物理攻击和网络攻击的脆弱性并快速从供电中断中恢复的全系统的解决方案。智能电网将展示被攻击后快速恢复的能力，甚至是对那些决心坚定和装备精良的攻击者展示。智能电网的设计和运行都将阻止攻击，最大限度地降低其后果和快速恢复供电服务。智能电网也能同时承受对电力系统的几个部分的攻击和在一段时间内多重协调的攻击。

智能电网的安全策略将包含威慑、预防、检测、反应，以尽量减少和减轻对电网和经济发展的影响。不管是物理攻击还是网络攻击，智能电网要通过加强电力企业与政府之间重大威胁信息的密切沟通，在电网规划中强调安全风险，加强网络安全等手段，提高智能电网抵御风险的能力。

4. 智能电网提供满足 21 世纪用户需求的电能质量

电能质量指标包括电压偏移、频率偏移、三相不平衡、谐波、闪变、电压骤降和突升等。由于用电设备的数字化对电能质量越来越敏感，电能质量问题可以导致生产线的停产，对社会经济发展具有重大的损失，因此提供能满足 21 世纪用户需求的电能质量是智能电网的又一重要特征。但是电能质量问题又不是电力公司一家的问题，因此需要制定新的电能质量标准，对电能质量进行分级，因为并非所有的商业、企业用户和居民用户，都需要相同的电能质量。

电能质量的分级可以从"标准"到"优质"，取决于消费者的需求，它将在一个合理的价格水平上平衡负载的敏感度与供电的电能质量。智能电网将以不同的价格水平提供不同等级的电能质量，以满足用户对不同电能质量水平的需求，同时要将优质优价写入电力服务的合同中。

5. 智能电网将减轻来自输电和配电系统中的电能质量事件

通过其先进的控制方法监测电网的基本元件，从而快速诊断并准确地提出解决任何电能质量事件的方案。此外，智能电网的设计还要考虑减少由于雷电、开关涌流、线路故障和谐波源引起的电能质量的扰动，同时应用超导、材料、储能以及改善电能质量的电力电子技术的最新研究成果来解决电能质量的问题。

智能电网将采取技术和管理手段，使电网免受由于用户的电子负载所造成的电能质量的影响，将通过监测和执行相关的标准，限制用户负荷产生的谐波电流注入电网。除此之外，智能电网将采用适当的滤波器，以防止谐波污染送入电网，恶化电网的电能质量。

6. 智能电网将容许各种不同类型发电和储能系统的接入

智能电网将安全、无缝地容许各种不同类型的发电和储能系统接入系统，简化联网的过程，类似于"即插即用"，这一特征对电网提出了严峻的挑战。改进的互联标准将使各种各样的发电和储能系统容易接入。从小到大各种不同容量的发电和储能系统在所有的电压等级上都可以互联，包括分布式电源，如光伏发电、风电、先进的电池系统、即插式混合动力汽车和燃料电池。商业用户可以安装自己的发电设备（包括高效热电联产装置）和电力储能设施，将更加容易和更加有利可图。在智能电网中，大型集中式发电厂包括环境友好型电源，如风电和大型太阳能电厂和先进的核电厂将继续发挥重要的作用。加强输电系统的建设使这些大型电厂仍然能够远距离输送电力。同时，各种各样的分布式电源的接入一方面减少对外来能源的依赖，另一方面提高供电可靠性和电能质量，特别是对应对战争和恐怖袭击具有重要的意义。

7. 智能电网将使电力市场蓬勃发展

在智能电网中，先进的设备和广泛的通信系统在每个时间段内支持市场的运作，并为市场参与者提供了充分的数据，因此电力市场的基础设施及其技术支持系统是电力市场蓬勃发展的关键因素。

智能电网通过市场上供给和需求的互动，可以最有效地管理如能源、容量、容量变化率、潮流阻塞等参量，降低潮流阻塞，扩大市场，汇集更多的买家和卖家。用户通过实时报价来感受到价格的增长从而将降低电力需求，推动成本更低的解决方案，并促进新技术的开发，新型洁净的能源产品也将给市场提供更多选择的机会。

8. 智能电网优化其资产应用，使运行更加高效

智能电网优化调整其电网资产的管理和运行以实现用最低的成本提供所期望的功能。这并不意味着资产将被连续不断地用到其极限，而是有效地管理需要什么资产以及何时需要，每个资产将和所有其他资产进行很好的整合，以最大限度地发挥其功能，同时降低成本。智能电网将应用最新技术以优化其资产的应用。例如，通过动态评估技术以使资产发挥其最佳的能力，通过连续不断地监测和评价其能力使资产能够在更大的负荷下使用。

智能电网通过高速通信网络实现对运行设备的在线状态监测，以获取设备的运行状态，在最恰当的时间给出需要维修设备的信号，实现设备的状态检修，同时使设备运行在最佳状态。系统的控制装置可以被调整到降低损耗和消除阻塞的状态。通过对系统控制装置的这些调整，选择最小成本的能源输送系统，提高运行的效率。最佳的容量、最佳的状态和最佳的运行将大大降低电网运行的费用。此外，先进的信息技术将提供大量的数据和资料，并将集成到现有的企业范围的系统中，大大加强其能力，以优化运行和维修过程。这些信息将为设计人员提供更好的工具，创造出最佳的设计，为规划人员提供所需的数据，从而提高其电网规划的能力和水平。这样，运行和维护费用以及电网建设投资将得到更为有效的管理。

智能电网的愿景，在智能化及诱人的视野方面是极不寻常的。它将像互联网那样改变人们的生活和工作方式，并激励类似的变革。但实现智能电网，由于其本身的复杂性和涉及广泛的利益相关者，需要漫长的过渡、持续的研发和多种技术的长期共存。短期内，可以着眼于实现一个较为智能的电网。它利用已有的或不久的将来就可配置的技术，使目前的电网更有效；在提供优质电力的同时，也提供相当大的社会效益。

智能电网与传统电网的功能比较见表 1-2。

表 1-2　　　　　　　　　　智能电网与传统电网的功能比较

特　　征	目　前　电　网	智　能　电　网
使用户能够积极参与电网优化运行	用户无信息，只能被动地参与系统的运行	消费者拥有信息，并可介入和积极参与系统的运行——需求响应和分布式能源
容纳全部发电和储能选择	中央发电占优，对分布式发电接入电网有许多障碍	有大量带有"即插即用"设施的分布式电源（发电和储能）辅助集中发电
使新产品、新服务和新市场成为可能	有限的趸售市场，未很好的集成——用户只有有限的机会	建立成熟的、很好集成的趸售电力市场，为消费者扩大新的电力市场
为数字经济提供电能质量	关注停运——对电能质量问题响应很慢	保证电能质量，有各种各样的质量/价格方案可供选择，并可快速的解决问题
优化资产利用和高效运行	很少把运行数据同资产管理结合起来——竖井式的业务进程	极大地扩展了电网运行参数和健康状态的采集，使决策科学化
预测并对系统干扰做出响应（自愈）	为防止设备损毁而做出响应，扰动发生时只关注保护资产	自动检测所存在的问题并做出响应——聚焦于防止和最小化对消费者的影响
袭击和自然灾害发生后迅速恢复运行	对恐怖的恶意行为和自然灾害脆弱	遇到攻击和自然灾害时，具有快速恢复供电能力

第二节 智 能 用 电 技 术

智能电网在国内外的应用已经取得了很好的效益。欧美等国的应用偏重于配电、用电领域。美国在伯德尔（Boulder）建设全世界第一个"智能电网"示范城市，并在纽约启动以超导输电为基础的 ProjectHydra 计划；欧洲各国逐步推广了智能化电表网络，并大规模推广了分布式发电。中国目前的智能电网应用不仅在输电、配电全面开展，也在用电等领域全面实践。

智能电网可以接入小型家庭风力发电和屋顶光伏发电等装置，并推动电动汽车的大规模应用，从而提高清洁能源消费比重，减少城市污染。智能电网可以促进电力用户角色转变，使其兼有用电和售电两重属性；能够为用户搭建一个家庭用电综合服务平台，帮助用户合理选择用电方式，节约用能，有效降低用能费用支出。

智能电网的建设将推动智能小区、智能城市的发展，提升人们的生活品质，实现与电力用户"电力流、信息流、业务流"的双向互动的智能用电。家庭智能用电系统既可以实现对空调、热水器等智能家电的实时控制和远程控制；又可以为电信网、互联网、广播电视网等提供接入服务；还能够通过智能电能表实现自动抄表和自动转账交费等功能。

电力企业为了达成智能用电的发展目标，必须建设和完善智能双向互动服务平台和相关技术支持系统，全面提升电力公司与用户双向互动用电服务能力，构建智能用电服务体系，实现营销管理的现代化运行和营销业务的智能化应用。

一、智能用电是智能电网建设的重要内容

智能电网的建设重点是电网智能化，智能电网的核心特征：信息化、自动化、互动化，层层递进，最终实现电网智能化。在科技创新、电力市场化改革两大因素的推动下，我国的智能电网建设已经全面转向电网智能化的六大方面，即智能发电、智能输电、智能化变电站、智能配电网、智能用电、智能调度。

利用现代通信技术、信息技术、营销技术，构建智能用电服务体系是智能电网的重要工作之一。智能用电是依托智能电网和现代管理理念，利用高级计量、高效控制、高速通信、快速储能等技术，实现市场响应迅速、计量公正准确、数据实时采集、收费方式多样、服务高效便捷，构建智能电网与电力用户电力流、信息流、业务流实时互动的新型供用电关系。

智能用电将供电端到用户端的所有设备，通过传感器连接，形成紧密完整的用电网络，并对信息加以整合分析，实现电力资源的最佳配置，达到降低用户用电成本、提升供电可靠性、提高用电效率的目的，从而带动智能家居、智能交通、智能社区、智能城市的发展。

1. 用户侧分布式电源广泛应用

用户侧光伏发电、风能发电、生物质发电等分布式电源具有数量多、范围广、容量小、随机性、间歇性等特点，其大规模应用将给用电服务带来很大影响。

（1）对电能质量、供电可靠性和电力安全的影响。分布式电源的间歇性和随机性会引起配电网电压波动和闪变，加大电压调整的难度，导致一些负荷节点的电压质量超标；分布式电源中不适当的逆变器控制策略会产生不平衡电压和谐波污染，对电气设备产生不良影响。分布式电源并网运行，会因安装地点、容量和接入方式不合理，与继电保护配合不恰当等因素，导致供电可靠性降低。如果对分布式电源的管理和监控不到位，会给安全检修、用户用电安全等带来隐患。

（2）对计量和通信的影响。分布式电源的应用将改变传统用户侧电能计量的方式，需要增加具备直流计量、双向计量等功能的智能电能表，掌握更为全面和准确的电能信息，满足不同时段不同结算电价的计量计费新要求。双向计量和信息采集、监控要求的提高，需要通信信道提供更高的带宽和更快的响应时间，鉴于此，现行通信信道的建设水平有待进一步提高。

（3）对微电网发展的影响。随着分布式电源的增多，用户侧小型分布式电源构成微电网，在维持自身运行的同时实现与配电网的互联，这种微电网的控制、保护、能量管理和能量储存等技术与常规技术相比有较大不同，微电网形成后将引起用户侧网络结构的改变，从而引起传统用电服务模式的改变。

（4）对电力交易的影响。分布式电源的大规模应用将对电力交易格局产生深远的影响，将促使电网企业和用户之间形成新型的供用电关系，即用户可以从电网企业购电，也可以用自己拥有的分布式电源向电网企业有偿提供削峰、紧急功率支持等服务。

2. 电动汽车及储能装置迅猛发展

电动汽车及储能装置将迅猛发展，数量众多的电动汽车及储能装置的充放电应用将对配电网设备容量配置、电网负荷产生较大影响。

（1）对配电设备的影响。电动汽车及储能装置的大范围使用，充放电的随机性将引起负荷的瞬变，给配电容量配置、配电线路选型、继电保护配合等带来很大困难，直接影响配电设备使用的经济性、安全性和寿命。为满足充电高峰时集中短时充电功率的需求，需要提高配电设备的容量等级，而在充电需求低谷时，会因配电设备的利用率不高，造成资源浪费。如何合理设置充放电站点，对电动汽车及储能装置充电时间进行科学管理，采用合理有效的技术及经济手段，协调电动汽车的有序充放电，是智能用电服务需要解决的新问题。

（2）对电网负荷的影响。电动汽车是一种耗能装置，同时也是一种储能装置，通过制定有效的充放电策略，合理安排时间，可起到削峰填谷及后备应急的作用。当电网处于用电低谷时，通过对大量的电动汽车及储能装置进行供电，可填补低谷；当电网电力供应紧张或发生供电故障时，通过储能装置向电网供电，可起到后备电源的作用。如何制定优化的电动汽车及储能装置充放电策略，发挥其平衡电网负荷的功效，是智能用电服务面临的挑战。

3. 终端能源综合利用效率亟待提高

目前，我国电力用户用电效率、发电和供电设备利用效率较低，同时用电峰谷差不断拉大，节能潜力很大。如何利用经济、技术等手段，落实需求侧管理相应策略，充分调动发电企业、电网企业、用户等各方积极性，优化用电方式，提高终端用电效率，提高发供电设备利用效率，改变仅仅依靠扩大电厂、电网建设满足用电增长的模式，是智能用电服务面临的新任务。

4. 用户对供电服务需求日趋多样

用户对电网企业的服务理念、服务方式、服务内容和服务质量不断提出新的更高要求，除成本更低、安全可靠等用电需求外，还希望享受更加个性化、多样化、便捷化、互动化的服务。电力用户通过有效手段实现与电网企业的互动，实时了解用电价格，参考电网企业提供的数据和用电策略，实现远程控制及动态自主调配用电设备，从而实现降低用电成本；通过多种灵活、方便、透明的途径和交互方式，详细了解自身的电力消费情况，从而方便进行服务选择、缴费结算、信息查询、故障报修、业扩报装、电动汽车充放电预约服务等。同时，随着分布式发电及储能技术的发展和成熟，电网购售关系和售电侧管理将发生变化。如何进一步丰富服务渠道，拓展服务内涵，改变服务模式，提升服务效率，是智能用电服务面临的新要求。

二、智能用电技术涉及的领域

智能用电主要涉及的技术领域包括双向互动服务技术、用电信息采集技术、智能用能服务技术、电动汽车充放电技术、智能量测技术等领域。

（1）双向互动服务技术。包括智能用电体系架构、信息模型、用户需求分析及响应、互动业务流程与运作模式等互动营销运行与支撑技术；互动平台、终端设备及系统研发。

（2）用电信息采集技术。包括数据加密、安全认证、信息安全传输、信息交互等数据采集技术；先进传感、谐波计量、安全防护、低功耗等智能电能表技术；采集终端、智能电能表等设备及系统研发。

（3）智能用能服务技术领域。包括现场和远程能效诊断、能效测量（含装置）等智能需求侧管理技术；用户侧分布式电源及储能入网监控系统技术；电能利用效率模拟分析、能效评估、用能评测等用电能效提升技术；交互设备及系统研发。

（4）电动汽车充放电技术。包括电动汽车与电网间能量转换控制、电动汽车和充电设施与电网间通信、双向计量计费、柔性充电控制、充电网络运行对配电网运行影响等电动汽车充放电关键技术；充放电设备及系统研发。

（5）智能量测技术。包括智能用电设备及系统测试标准体系和功能规范、测试理论与技术条件、标准检定装置及系统研发等计量传溯源测试技术，高级计量、智能控制、远程编程及诊断等智能量测技术；量测设备及系统研发。

智能用电的关键技术如图1-5所示。

三、智能用电技术催生新型营销业务

1. 分布式电源管理

分布式电源管理是智能电网用电环节面临的新型业务需求，而智能用电技术将是对分布式电源实施有效管理的重要手段。利用智能电网，分布式电源管理系统可以实现对分布式电源的灵活接入、实时监测和柔性控制。

分布式电源管理主要实现分布式电源接入管理、分布式电源并网实时监控、分布式电源潮流分析与负荷预测、故障保护管理、系统设备运行管理、发电信息综合分析、发电能力预测、客户档案管理等功能，这些功能都需要智能电网的支撑。

2. 充放电与储能管理

电动汽车充放电、储能等技术的广泛应用，对智能电网提出了新的业务需求。如

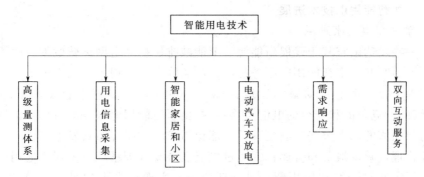

图1-5 智能用电的关键技术

何利用智能用电技术，对电动汽车充放电、储能实施有效管理是供电企业面临的新挑战。

充放电与储能管理系统是实现灵活的柔性充放电的综合管理系统。该系统以用电信息采集系统所提供的数据为依托，通过制定有效的充放电方案，协调平衡电动汽车的有序充放电，发挥储能装置改善电能质量的功效，提高设备利用率。

充放电与储能管理系统主要实现充放电与储能需求预测、充放电与储能接入管理、有序充放电优化方案管理、柔性充放电管理、故障保护管理、充放电与储能设备运行管理、充放电与储能信息综合分析、客户档案管理、客户充放电记录等功能。

3. 智能量测管理

智能量测管理系统以用电信息采集系统的数据为支撑，采用先进的传感、测量、通信和控制等技术，实现智能化的监控和用电设备资产管理，满足电力计量中心对智能用电设备（智能电能表、智能终端、数字化计量装置等）快速检测、资产管理、远程检定、计量管理、过程监控等要求，是高级计量体系（AMI）的重要内容。

智能量测管理主要实现计量装置自动化检定、量值传递、精益需求预测、现代仓储和物流配送、状态运行管理、数字化校验、计量投诉和故障管理、寿命评估、动态轮换、优化派工、装接移动作业、计量计费、实时监测、智能控制等功能。

4. 客户用能服务

客户用能服务是通过智能交互终端对客户的用能信息进行采集与监控，并为客户提供用能策略、用能辅助决策等的多样化服务，是利用智能用电技术对客户提供的增值服务。可将客户用能信息通过多种交互渠道向客户展现；也可接收来自95598门户等交互渠道的信息，为客户提供用能信息和用能策略查询服务，对智能用能设备进行监控，并将监控信息反馈给客户。

客户用能服务的服务对象包括大客户（智能小区、智能楼宇）和居民客户（智能家居）。对于大客户，该系统将采集的用能数据传递至电力能效管理系统，完成能效评测等服务，达到提高能源利用效率的目的。对居民客户，该系统可与智能家居的各种应用子系统有机结合，通过综合管理，实现智能家居服务，为家庭生活提供舒适安全、高效节能、具有高度人性化的生活空间，通过执行优化的客户用能策略，提高用电效率，降低用电成本，减少能源浪费。

四、国内外智能用电技术进展

1. 国外智能用电技术进展

目前，一些发达国家基于发展新能源、节能减排、提高电网运营效率、改善供电服务质量等需要，陆续开展了智能用电服务的研究和实践，并取得了阶段性成效。

（1）明确了智能用电互动服务发展目标。2006 年，欧盟理事会发布了能源绿皮书《欧洲可持续的、竞争的和安全的电能策略》，提出了智能用电服务的目标：①以用户为中心，提供高附加值的电力服务，满足灵活的能源需求；②将分布式发电集成到电网中，进行本地能源管理，减少浪费和排放；③通过电能表自动管理系统，实现当地用电需求调整和负荷控制；④通过开发和使用新产品、新服务，实现对需求的可选择响应。2009 年，美国发布了智能电网建设发展评价指标体系，提出智能电网的六个特性：①基于充分信息的用户参与；②能够接纳所有的发电和储能；③允许新产品、新服务等的引入；④根据用户需求提供不同的电能质量；⑤优化资产利用效率和电网运行效率；⑥电网运行更具柔性，能够应对各类扰动袭击和自然灾害。

（2）拟定了智能用电服务实施计划。2008 年，法国电力公司计划将 2700 万只普通电能表更换为智能电能表，使用户能自动跟踪自身用电情况，并能进行远程控制。2009 年，美国计划为居民家庭安装 4000 万只智能电能表，实现远程管理及读表等功能。地中海岛国马耳他计划更换 2 万只普通电能表为互动式智能电能表，实现电厂实时监控，并制定不同的电价奖励节电用户。

（3）开展了系列负荷响应控制实践。2001～2008 年，意大利的电力公司改造和安装了 3180 万只智能电能表，建起了智能化计量网络。2008 年，美国科罗拉多州的波尔德市通过为全部家庭安装智能电能表，使用户可以获得电价信息，从而自动调整用电时间，并可优先使用风电和光伏发电等清洁能源；变电站则可采集每户的用电信息，并且在故障发生时重新调整供电方式。预计 2020 年，法国智能电表安装数量将达 3500 万个，家庭智能电表普及率达到 80%，用户可以通过网站、邮件、电话、专门的电子接收装置，获得峰荷电价信息，实现实时调整用电方式。

（4）开展了分布式电源接入等实践。丹麦正在博恩霍尔姆岛试验采用汽车与电网双向有序电能转换技术，解决间歇风电并网问题。法国电力公司（EDF）高度重视并承担了电动汽车充电技术研究、标准制定及基础设施建设工作，为电动汽车提供便利的能源供应服务。美国、澳大利亚、加拿大、日本、英国、德国等近 20 个发达国家已经开展绿色电力项目。

综上所述，欧美等发达国家近几年开展的智能用电服务研究和实践，主要是以用电信息采集和用电设备自动控制（需求响应）为主，并开始分布式能源接入研究实践，开展节能服务。根据各国对智能电网功能的描述，已经得到国际认同的智能用电服务主要有：①广泛的用户参与；②提高能源利用效率，减少浪费；③分布式能源接入；④资产优化配置，提高资产利用效率；⑤提高电力供应质量，提供高附加值的增值服务。

2. 国内智能用电技术进展

国内在智能用电服务相关技术领域已开展了大量的研究和实践，一些研究应用已达到国际先进水平，主要体现在以下几个方面：

（1）营销自动化、信息化。建立了涵盖电力营销所有业务和服务节点的营销业务应用系统，大用户负荷管理系统和低压集中抄表系统已大量应用。

（2）技术标准。制定了《电能信息采集与管理系统》、《多功能电能表》、《多功能电能表通信协议》和《智能电能表》等行业标准和相关企业标准，统一了11类静止式电能表的型式、功能及技术条件。

（3）关键技术研究。开展了数字化变电站计量溯源技术研究，风电监控及并网控制研究，分布式电源并网逆变器性能测试、能效评测，电动汽车充电站设计与接入研究等。

（4）需求响应措施。部分省（自治区、直辖市）出台尖峰电价、避峰补偿等激励措施，通过经济手段引导用户避峰；依托电力负荷管理系统，开展有序用电预案的科学编制和可靠实施。

（5）电网与用户互动服务。初步建立了用户服务网站和呼叫中心，为用户提供互动服务，开展了网上营业厅等新型互动服务模式的探索。

未来城市的电力服务景图如图1-6所示。

图1-6　未来城市的电力服务景图

第二章　电力需求侧管理与响应

20 世纪 90 年代初，电力需求侧管理（Demand Side Management，DSM）引入到我国。1996~2000 年期间，各省（自治区、直辖市）先后开展了多种 DSM 示范项目，取得了一定的经验。特别是 2002 年以来，随着电力供需紧张，DSM 进一步得到了全社会的普遍关注。DSM 在我国进入了一个较快发展的时期，国家有关政府部门及部分省级政府出台了很多关于 DSM 的政策，对实施有序用电、提高能效、缓解电力供需矛盾发挥了积极的作用。

随着智能电网技术的推广，电网信息化的发展允许客户在 DSM 中拥有更多的能动性，需求侧竞价与可中断负荷合同等机制为 DSM 增添了新的活力，成为供电企业与电力客户之间有效的有序互动机制。

第一节　电力需求侧管理机制

DSM 发源于美国。1973 年第一次世界石油危机爆发后，燃料价格飞涨，美国能源界意识到单纯依靠能源供应很难满足不断增长的能源需求，还应该考虑需求侧的节约。DSM 正是适应这一变化而兴起的新的能源管理方法。这期间，美国建立了同时将供应方和需求方两种资源作为一个整体进行综合资源规划（IRP）的新理念，对供电方案和节电方案进行技术筛选和成本效益分析，形成综合规划方案。第二次石油危机爆发后，更多国家开始重视电力需求侧管理的研究和应用，目前已逐渐扩展到加拿大、日本、巴西及欧盟国家等 30 多个国家和地区。

一、DSM 的概念

DSM 是指通过采取有效的激励措施，引导电力用户改变用电方式，提高终端用电效率，优化资源配置，改善和保护环境，实现电力服务成本最小所进行的用电管理活动，是促进电力工业与国民经济、社会协调发展的一项系统工程。

DSM 的目标主要集中在电力和电量的改变上，一方面，采取措施降低电网的峰荷时段的电力需求或增加电网的低谷时段的电力需求，以较少的新增装机容量达到系统的电力供需平衡；另一方面，采取措施节省或增加电力系统的发电量，在满足同样的能源服务的同时节约了社会总资源的耗费。从经济学的角度看，DSM 的目标就是将有限的电力资源最有效地加以利用，使社会效益最大化。

二、DSM 的意义

DSM 对于促进电力行业的可持续发展具有较强的现实意义和长远意义，推广实施 DSM 的意义主要体现在以下方面：

（1）可以实现电力资源以及社会资源的优化配置，保证电力行业的长远持续发展。

DSM 是综合资源规划的重要组成部分。它通过对用户的用电方式进行合理引导，减少或推迟了发电机组的投资，实现了整个电力系统资源以及社会资源的优化配置，从而保证了电力行业的可持续发展。

1991～2000 年的 10 年间，我国通过开展 DSM，实现累计节电 1300 亿 kW·h，节煤 6000 万 t，减排二氧化硫 130 万 t，为国民经济以及电力工业可持续发展做出了积极贡献。有预测表明，如果实施有效的 DSM，到 2020 年，我国可减少电力装机 1 亿 kW 左右，超过 5 个三峡工程的装机容量，同时还可以节约 8000 亿～10000 亿元的电力投资，不仅能大大化解资源、环境和投资压力，而且还将带来巨大的节电效益、经济效益、环境效益和社会效益。

（2）可以引导用户侧科学、合理用电，提高全社会的用电水平。

某些 DSM 的手段，如峰谷电价、可中断负荷电价等，提供了一种使用户对供电方式进行选择的机制，即用户可以选择在用电高峰期继续用电（辅以较高的电价），也可选择在高峰期中断用电，以获得电费支出的降低。因此，这种机制可以引导用户根据自己的生产特点和要求选择用电方式，以更加科学、合理地用电。同时，DSM 带来电网高峰负荷的降低、负荷曲线的平稳，提高了全社会的用电水平。

我国幅员广阔，气候等自然条件以及产业结构不同，导致各地电网负荷特性差异很大。例如，南方电网中的广东省日最高负荷一般出现在 19 点左右，而云南、贵州西部省份最高负荷要推迟 1h 左右，错峰潜力明显。因此，加强对我国各地区、各产业的负荷特性的研究，以及气候、气温、电价、产业调整等因素对负荷影响的研究，摸出规律，充分利用各地区的峰谷差、时间差，发挥电力系统联网特性，削峰填谷，DSM 工作的效益可以更充分的显现出来。

（3）利用 DSM 的方法解决缺电问题，顺应了电力工业市场化改革的要求，体现了电力体制的进步。

过去在解决电力工业发展中的问题时，往往侧重于采用行政手段。例如，在电力供应不足时，对用户进行指令性的拉闸限电，而用户因缺电所造成的损失基本由自己承担。现在实施 DSM，考虑到用户的用电特点、电价对其用电的影响程度以及对用户缺电损失的适当补偿，体现了由行政手段向经济手段的转变，是顺应电力工业市场化改革的要求并促进其发展的重要举措。

随着经济发展和人民生活条件的不断改善，夏季空调用电持续攀升。2006 年，北京、上海等大城市的空调负荷已接近或达到总负荷的 1/3，电网短时间的尖峰负荷越来越大，同期全国各大区电力负荷曲线表明，最大负荷 95% 以上的尖峰部分累计约为 1500 万 kW，年累计持续时间不超过 30h。据预测，到 2020 年这部分负荷将达到 5000 万～6000 万 kW，若采用增加发电装机的方法来满足这部分高峰负荷是很不经济的。

面对电力持续紧张的困局，作为缓解电力供应紧张矛盾的有效手段，DSM 得到了全社会的极大重视。各地区、各部门和电力企业必须认真贯彻国务院关于做好电力供应工作的部署和要求，结合自身情况，切实采取有效措施，转移高峰负荷，减少电力需求，有效缓解了电力供需矛盾，最大限度地保证了居民生活、农业生产和重点单位的用电需要，促进了经济持续健康发展。2004 年迎峰度夏期间，通过强化 DSM，国家电网公司削减高峰用电负荷最高达 2186 万 kW，占全部缺口的 73.3%，取得巨大的综合效益。

三、DSM 的运作机制

1. 垄断专营体制下 DSM 的运作

在垂直垄断一体化的电力体制下，政府监管下的电力公司实施 DSM 是国家法规约束的强制性活动，实行电力公司出资的 DSM 计划，是电力行业重组前 DSM 的主要运作模式。

电力公司作为 DSM 实施主体在客观上存在着开拓能效市场与开拓电力市场之间的利益冲突，电力公司缺乏实施 DSM 的积极性，没有与之配套的激励机制来激发电力公司实施 DSM 的内在动力，甚至产生不少抵触情绪。为克服电力公司实施 DSM 的障碍，1989年在美国总统指示下，由联邦政府制定的《美国国家能源战略》中确定了"国家能源战略以节约能源和提高效率为前提"，"在发电与降低需求方面推动竞争"，"最好是给电能消费者与生产者适当的经济刺激，提高消费与生产效率"。敦促州政府促使电力部门采用 IRP方法进行电源开发的最小成本规划和大力提高终端用电效率，在法规、标准、借贷、税收、监督、政策与效率服务等方面做必要的修改和调整，并可得到联邦政府的支持。1989～1991 年已经实施 DSM 的州政府陆续出台了推动电力公司实施 DSM 计划的若干激励政策，电力公司也对参与 DSM 计划的终端用户采取了多种激励措施，逐渐形成了比较完整的激励机制。

对电力公司的激励政策主要集中在三个方面：

（1）实施 DSM 计划的成本回收。在成本回收方面主要有两种措施：一是将 DSM 计划支出作为费用，类似燃料成本进行年度费用调整计入电价；二是将 DSM 计划的支出作为投资，如同发、输、配电的固定资产投资一样纳入电价基数计入电价。

（2）实施 DSM 计划的收入损失补偿。将售电收入与售电量解耦分离，把售电收入调整到一个允许的目标上，每年的收入总额由次年收入目标来调整，这样就使电力公司失去了一味推动增加售电的动力，也消除了为提高能效而减少售电的阻力。

（3）实施 DSM 计划的效果奖励。效果奖励主要有三种方式：一种是电力公司投入DSM 计划的资金可获得若干个百分点的增值回报（如比电价基数回报率高 1％～3％），本质上类似未折旧资产获得回收的方式；另一种是根据 DSM 计划节省的电量和容量超过基数部分 DSM 计划投资给予若干个百分点的回报（如 1％～2％）；再一种是给予 DSM 计划对应的净资源价值若干个百分点的回报（如 10％～25％），净资源价值是一个差值，它等于可避免成本与 DSM 计划成本之差。第一种着重于 DSM 计划的投资规模，第二种是基于节约资源的物理量，第三种是以绩效为基础的节电效益分享机制，使效率和效益相结合，更符合 DSM 的总体目标，也是采用较多的一种。当然，若电力公司没有完成 DSM计划，政府电力监管部门按规定予以经济惩罚。

激励机制的确立，为电力公司实施 DSM 计划的操作和提高用户 DSM 的参与率开通了道路。

2. 电力市场体制下 DSM 的运作

电力行业重组后，随着经营体制的分立和引入竞争机制，使原来由电力公司出资的DSM 计划的融资和成本回收发生了困难。于是把电力公司出资的 DSM 计划转向以消费者出资的 DSM 计划成为必然选择，以便继续发挥 DSM 的节能环保作用。1998 年，加州在美国率先进行了电力行业重组的市场化改革，1996 年州政府就把 DSM 的能效管理纳入了出台的《电力重组法》（AB1890），决定设立"公益计划基金"，实行征集系统效益费（SBC）的制度，从而确立了 DSM 新的融资体制。

SBC 是指通过电力附加费的形式从电力用户征集公益计划基金，以支持能源可持续发展的公益事业，用于 DSM 能效计划、可再生能源发展计划、研究与开发计划、低收入居民资助计划等四个方面。它是政府以立法形式出台的强制性征集公益计划基金的制度，征集范围包括联入电网使用电力传输系统的所有用户，不管用户属于哪种类型，也不管用户从哪一家发电厂购电。同时还包括那些有自发电能力的用户，因为它们也要从电网购电和占用系统容量。SBC 以千瓦时（kW·h）计算，按用户购电量的多少征集电力附加费，征集幅度大都占电费的 2%～3%。从消费者处征集的 DSM 能效基金有三种比较典型的运作模式。

（1）中介机构主导的运作模式。中介机构主导的运作模式是一个由非政府、非盈利的节能投资中介服务机构来直接管理 SBC 并负责项目管理，包括项目策划、资金分配、项目评估、项目验收、项目服务等。通常它与政府的公用事业委员会签订协议，接受政府的监督，对项目计划和资金计划等定期审计检查。电力公司把征集的 SBC 直接转到中介服务机构的账户上，并与能源服务公司（ESCO）、电力用户、产品生产销售商、承包商等一样，处于平等地位参与 DSM 项目的公开竞标。

（2）政府主导的运作模式。政府主导的运作模式是由州政府设置的一个没有政府拨款的非盈利的准政府机构来负责 DSM 项目管理，政府的电力监管部门负责审批 DSM 项目计划和 SBC 的支出。

（3）电力公司（配电和售电）主导的运作模式。电力公司作为 DSM 实施主体，在政府的委托和监督下进行项目管理和运作。

应当指出：无论采用哪一种 DSM 运作模式，都强调由消费者出资的 DSM 计划要立足于公众利益和环境保护，SBC 能效基金要用到终端能效项目上，通过提高需求侧的用电效率，达到"资源获取"和污染减排的目的，以支持社会可持续地发展。电力公司利用 SBC 能效基金运作的 DSM 计划，也要在提高终端用电效率基础上拓展用电需求，达到开拓能效市场和电力市场的双重目的。

四、国内外实施 DSM 的经验

为了应对两次世界能源危机以及日益严重的环境压力，国外自 20 世纪 70 年代开始研究推广了 DSM，采取法律和经济激励等手段实施节约用电和移峰填谷措施，在减少和减缓电力建设投资、改善电网运行的经济性和可靠性、控制电价上升幅度、减少电力用户电费开支、降低能源消耗、改善环境质量等方面取得了显著成效。目前 DSM 已成为国际上先进的能源管理活动和发达国家可持续发展战略的重要手段，在法国、德国、韩国、美国、加拿大等 30 多个国家和地区得到了成功实施，并越来越受到关注。国际能源署（IEA）2004 年报告显示，发达国家自石油危机以来，通过实施 DSM 等多种措施，使单位 GDP 能耗降低了约 50%。如 2000 年美国人均一次能源消费量与 1973 年几乎相等，但人均 GDP 却增长了 74%。法国通过应用电力负荷监控等 DSM 措施，日负荷率由 73% 提高到 85% 左右，相应减少发电容量 1900 万 kW。英国筹集 1.65 亿美元，投资到 500 多个

提高能效的项目中，实现节能 68 亿 kW·h，相当于 200 万个家庭的年用电量。DSM 引入我国后，受到政府的高度重视，有关部门为推动其在中国的开展做了大量的工作，电力企业发挥主体作用，一些大、中电力用户也积极参与，取得了一定的成效。

1. 美国加州实施 DSM 应对电力危机

（1）加州电力危机的产生背景。加州是美国人口最多、经济最发达、高科技产业最集中的州，其发电量约占美国总发电量的 7%。20 世纪 90 年代以来，经济的快速增长刺激了加州电力需求的增加，1988～1998 年，加州高峰电力需求增长了 13%。但由于环保的限制，加州的电源建设却未同步跟上，发电机组容量同比下降了 5%。天气干旱也使加州的水电资源减少了 35%。此外，由于加州实施的电力重组计划存在缺陷，导致趸售电价上涨了 300%。加州电力公司面临趸售电价不断增长而零售电价却有上限控制的情况，造成 200 亿美元的债务，使之濒临破产。正是上述各因素导致了加州电力危机的发生。

（2）加州通过 DSM 应对电力危机成效及主要措施。加州 2001 年电力供应形势异常严峻，加州能源委员会预测夏季高峰电力负荷短缺 5000MW。独立电力调度中心预计加州夏季将停电 34 天，经济损失 160 亿美元。北美电力可靠性委员会预计加州将面临 700h 以上的轮流停电，每次平均影响 200 万人口。然而，由于加州发起了该州历史上最为成功的 DSM 运动，通过一系列政策和激励措施，充分挖掘了加州需求侧的资源潜力，成功度过了电力危机的难关。

加州政府 2001 年共花费 8.5 亿美元用于提高能效和负荷管理，共削减高峰负荷 5700MW，其中节电 1100MW，避免直接经济损失 160 亿美元。电力危机期间该州的节电成本约为 3 美分/(kW·h)，远远低于 7 美分/(kW·h) 的平均购电成本。加州通过 DSM 应对电力危机的主要措施包括：

1）资助电力公司开展能效项目。加州电力用户的电费中约有 3% 用于提高能效，通过这个被称为"系统效益收费"的项目资助，激励了许多居民和工商业用户提高能效。1990～1998 年，由于节电使加州经济获得约 30 亿美元收益。2000 年后加州政府为确保能效项目得到系统效益收费的支持，对电力公司提供能效基金，规模约为 2.43 亿美元/年。

电力公司的 DSM 项目帮助了一大批节能新技术投入加州市场，电力公司负责监督和管理能效项目的实施，这些项目每年合同金额达到数亿美元。在电力危机期间，电力公司的 DSM 项目主要包括：①在住宅和商场用节能灯替换老旧灯具；②在商场和工厂改造暖通空调设备；③安装需求管理系统；④改造农业水泵。

2）削减高峰时段电力需求。加州首先关注政府和农业部门，通过要求政府公务员关灯、调整空调温控器和调整水泵的运行，2001 年加州政府部门平均减少 23% 的电力需求，减少高峰负荷 285MW。此外，加州还充分利用政府延伸职能来教育用户提高节能意识。他们通过所有向商业和公众宣传节能的渠道（如营业执照、机动车登记、网站、信函、税务通知书等）以及学校、公园、博物馆等公共场所，通过散发节能宣传手册等形式开展节能教育。2001～2002 年，加州仅通过州政府各部门传递的直接信息就超过 6000 万条，有数百万人通过各种渠道得到以上信息。

工商业用电量占加州总用电量的 57%，加州政府高度依靠行业协会等组织争取企业对减少用电的支持，具体内容包括：指定节能管理员；向员工散发节能宣传册；将空调温度设定在约 26℃；立即减少 25％ 的照明用电等。此外政府与电力公司合作为企业提供培训和能源审计，帮助寻找节能的途径。

最后，政府还敦促零售商向客户宣传节能信息。麦当劳在 1100 家餐馆 400 万托盘流水线上摆放了政府提供的节能信息，3000 多家大型食品店共分发节能宣传册超过 1350 万份；家电商场采取促销措施培养客户的能效意识，并对购买高效家电产品的客户提供政府资助的折扣。通过努力，加州高效节能灯、家用电器和其他节能产品的销售在几年里增长了 50％～400％，处于全国领先水平。

3）政府开展 20/20 项目。为鼓励用户节约用电，加州通过电力公司给可在夏季高峰期减少用电 20％ 以上的用户再加上 20％ 的电费折扣，这被称为"20/20"项目。通过这项激励措施，并结合向用户宣传三种最有效的节能方法（即空调温度设定在约 26℃、19 点前不用大的家用电器、人走灯灭），使 20/20 项目受到用户的热烈欢迎，并取得了成功。33％ 的居民用户达到了减少用电量 20％ 的目标，另外还有数百万家庭节电达到 10％～20％。为确保低收入家庭全部参与计划，加州政府特别对 5 万多个低收入家庭住房进行保温隔热改造，并帮助另外 5 万个家庭提高能效。

4）制定能效标准。加州对建筑和部分电器设备制订了新的节能标准，其中 2001 年 6 月实行的建筑能效标准是全美最严格的，预计每年可新增节约 200MW 的电力。加州还提高了电冰箱、洗衣机等许多电器设备的最低能效标准，预计每年可新增节约 100MW 的电力。

5）电力公司恢复综合资源规划。加州立法机构在 2002 年采取的最重要举措就是恢复电力公司对综合资源规划的管理。加州立法机构还出台了一项长期的法规，指导电力公司"在提高能效和配电效率方面去探索、开拓所有可行的和具有成本效益的节电措施，使之提供同等的或更好的系统可靠性"。公共事业委员会也重申了电力公司的义务，即在获取资源方面要考虑所有具有成本效益的能效投资，当前电力公司的预算可全部用于能效投资。

6）使 DSM 对电力公司有利可图。允许能效投资和发电投资在同等地位进行竞争的首要问题就是要保证电力公司能够获利，或至少在投资供应侧或需求侧资源时在投资收益方面没有区别。20 世纪 90 年代中期加州电力工业重组时期，电力公司将收入与销售电量挂钩，从而使其即使面对最廉价的能效资源，由于减少销售电量和电费收益，电力公司同样缺乏兴趣。目前这种情况已经通过建立一种称作"售电量与效益分离"的新的收入机制而改变。

（3）电力危机后加州 DSM 的发展和前景。加州政府并未将 DSM 仅仅作为应对电力危机的权宜之计，而是将其不断发展深化。2005 年 1 月，公共事业委员会决定对加州能效项目采用新的管理结构，以确保电力公司在能效项目的投资始终比新建电厂便宜。这样未来 10 年加州电力公司的节电水平将比现有水平提高一倍，同时给加州带来巨大的经济效益和环境效益。该项目的资金来源包括系统效益收费和新建电厂的资金。2004～2005 年，加州电力公司向政府递交了 18 项总投资为 2.44 亿美元的 DSM 项目建议，此外近期加州又有 2.45 亿美元的资金投资于 DSM 项目。

2004 年 9 月，加州政府制定了全国最积极的 10 年节能规划目标，要求未来通过提高能效、削减负荷和可再生能源等项目，使加州的能源需求得到 100％ 的满足。要实现这个目标，加州电力公司将在规划期内总计投资约 60 亿美元，实现减少负荷 5000MW，避免建造 10 座大型发电厂，年节电超过总用电量的 1％，年减排 CO_2 900 万 t，总计为加州电力用户带来约 120 亿美元的净收益。

2. 我国河北省的电力需求侧管理经验

(1) 出台奖励政策，推动 DSM 活动开展。参照国外"系统能效收费"的做法，2002年河北省发展和改革委员会会同物价、财政、地税、建委、环保六部门联合出台了《关于大力开展电力需求侧管理的意见》。2003 年，又制定了《河北省电力需求侧管理专项资金管理办法》。在电价所含的城市附加费中，每度电集中上缴 1 厘钱，年约近亿元，作为省 DSM 专项资金。主要用于支持 DSM 技术改造、产品推广和科研开发等。这项奖励政策的实施，每年可带动 6 亿元左右的 DSM 项目的投资。另外，河北省还规定对节电调荷技术改造项目参照有关规定享受国产设备投资抵免所得税政策。

(2) 建立和发展专业机构，提供有力的组织保障。2002 年，河北省成立了"河北省电力需求侧管理指导中心"。需求侧管理中心又注册成立了电力需求侧展销公司，开始培育扶持一批能源服务公司，逐步建立滚动发展的市场机制。2003 年，省电力公司成立了电力需求侧管理处。电力需求侧管理机构和队伍的建设，为全面加强电力需求侧管理提供了有力的组织保障。

(3) 充分利用经济、技术手段控制和转移高峰负荷。2003 年和 2004 年，河北省实施了《河北省南部电网可中断负荷补偿办法》，对尖峰时段自愿中断负荷的企业，按照 1 万元/(万 kW·h) 标准给予补偿。2004 年削减高峰负荷 23.7 万 kW。同时，加强电力负荷监控技术的推广应用。全省 11 个市全部建立电力负荷监控系统，累计安装终端负荷控制设备 4151 台，可实时监控负荷 416 万 kW。

1987 年，河北省开始试行峰谷电价。2004 年，继续对各中心城市工业和商业企业实行峰谷电价，占全部用电量的 50.2％，转移高峰负荷约 110 多万 kW。在此基础上，对蓄冷蓄热用户实行优惠电价。在 6～8 月用电高峰时段，对大工业和部分非普通工业用户实行"尖峰电价"。这两项政策共转移高峰负荷 30 多万 kW。

(4) 积极推广 DSM 项目。

1) 推广电力蓄能技术。1997 年，开始推广电力蓄冷、蓄热技术。全省共建成 131 套蓄冷、蓄热项目，累计装机容量 12.5 万 kW，转移高峰负荷 8 万～10 万 kW。

2) 开展节电技术改造，强化能效管理。2004 年，46 个电力需求侧管理试点示范项目已全部验收。项目总投资额 4458 万元，平均节电率 35.06％，节电容量 7574.7 万 kW，年可节约电量 5453.8 万 kW·h，节约电费 2726.9 万元。用户 1.13 年就可收回投资。5个"双蓄"试点、示范项目，投资 2114.7 万元，总装机容量 8826 万 kW，总移峰容量5616 万 kW，节省电力建设投资 4212 万元。

3) 积极引导企业加强内部能效管理，将利用峰谷电价政策和节约电能纳入对车间、班组和个人的考核内容并与工资奖金挂钩。

4) 大力推广绿色照明技术。从 1998～2004 年，全省累计推广节能型灯具 300 万套。

(5) 总体规划，分步实施"十项绿色工程"。结合省情，谋划了河北省 DSM 的总体框架和思路，即"DSM 十项绿色工程"。主要是"百万绿色照明"工程、"双蓄"工程、"绿色窗口"工程、"高效节电"工程、"绿色家电"工程、"绿色产业"工程、"电能系统服务"工程、"智能管理"工程等 8 项工程，并有重点地进入实施阶段。

　　尽管我国的电力需求侧管理工作取得了积极进展和明显成效，但由于过去 20 多年里经济的粗放型增长，我国现有工业体系从整体上看还处于发展中阶段，先进的工业装备和民用设施所占比重较小，终端用电效率明显低于国际先进水平。尤其值得注意的是，随着工业进程的进一步发展，加上生活水平提高带来的需求刺激，国内低效率、高电耗的生产能力和民用设施仍在迅速增长，我国终端用电效率与国际先进水平的差距有进一步扩大的趋势。无论是从现状还是发展的角度看，我国都存在巨大的电量和电力节约潜力，DSM大有可为。

第二节　电力需求侧管理的实施

　　为了完成综合资源规划，实施 DSM，必须采取多种手段。这些手段以先进的技术设备为基础，以经济效益为中心，以法制为保障，以政策为先导，采用市场经济运作方式，讲究贡献和效益。概括起来主要有：经济手段、技术手段、行政手段、引导手段等四种。

一、经济手段

　　DSM 的经济手段是指各种电价、直接经济激励和需求侧竞价等措施，主要有实施峰谷分时电价、尖峰电价、丰枯电价、季节性电价、可中断负荷电价（避峰电价）。具体实施时通过适当扩大峰谷分时电价执行范围和拉大峰谷价差；扩大两部制电价执行范围，提高两部制电价中基本电价的比重；采取上网侧与销售侧分时电价联动；对使用电力蓄冷蓄热技术的用户提供进一步优惠等。公平合理的电价能够提供正确的经济信号，调节经济运行，实现社会资源的最优化配置。经济手段是需求侧管理有效的调节手段之一，它通过价格信号，引导电力消费者采取合理的用电结构和方式，避免形成高峰低谷的电力消费方式。

1. 峰谷分时电价

　　峰谷分时电价是指为改善电力系统年内或日内负荷不均衡性，反映电网峰、平、谷时段的不同供电成本而制定的电价制度。以经济手段激励用户少用高价的高峰电，多用便宜的低谷电，达到移峰填谷、提高负荷效率的目的。

　　分时电价作为一种有效的 DSM 方法，是世界各国进行电力市场化改革所不可缺少的一部分。但是根据各国自身电力市场改革的方式和程度的差异，分时电价的制定方法和标准也不尽相同。《中华人民共和国电力法》第四十一条规定：国家实行分类电价和分时电价。自 1995 年开始，各地以省电力局为单位，相继开始峰谷分时电价的制定和实施。

　　峰谷分时电价是对电网负荷的不同用电时段实施不同的电价，利于削峰填谷，其效果依赖于科学的峰谷时段划分和合适的分时电价。一般来说，用户对峰谷分时电价的响应程度与其用电方式、负荷特性、行业特点（生产班制、工艺流程、生产计划、产品产值单耗、主要耗能产品的性能等）有关。其中影响最大的就是用户的日负荷特性，即用户用电量在不同时段的分布。

假设：K_1 为峰、谷电价比；K_2 为峰、谷电量比；K_3 为峰、平电价比。

在峰谷分时电价测算时，要保证电力公司与用户的双方利益。则根据电力公司全年收支平衡原则（实施峰谷分时电价前后的电费收益相等），由峰谷分时电价的电价结构推导得到

$$K_1 = \frac{K_3}{1 - K_2(K_3 - 1)}$$

根据上式绘出的峰谷分时电价调节曲线如图 2-1 所示。

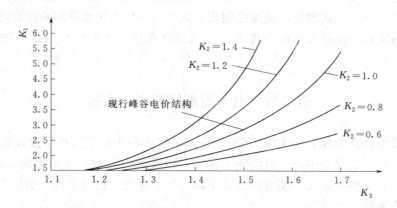

图 2-1　峰谷分时电价调节曲线

由图 2-1 可见，供电部门要确定合理的峰谷分时电价，就必须计算过去某一时期的各时间段的电量比。如在某一划定的峰谷时段，$K_2 = 1.0$（或希望 K_2 达到理想的 1.0），则在图 2-1 中"现行峰谷电价结构"曲线上所对应的 K_1、K_3 值是合理的峰谷分时电价结构。峰谷分时电价结构确定后，用户即可调整自己的各时段用电能量比。如果 $K_2 < 1.0$，则用户就收益，反之则利益受损，这就促使用户降低 K_2，从而达到移峰填谷的目的。

2. 季节性电价

季节性电价是指为改善电力系统季节性负荷不均衡性、反映不同季节供电成本的一种电价制度，其主要目的在于抑制夏、冬用电高峰季节负荷的过快增长，以减缓电力设备投资，降低供电成本。2003 年 4 月 25 日，国家发展和改革委员会以发改价格〔2003〕141 号文发出《国家发展改革委关于运用价格杠杆调节电力供求促进合理用电有关问题的通知》指出，对水电比重大的地区，可按照不影响电价总水平、有利于调节和平衡丰枯季节电力供求的原则，在上网和销售环节实行丰枯电价，合理安排丰水期、枯水期电价价差。我国四川、湖北等省在销售侧都实行了丰枯电价。

（1）执行范围。上网电量丰枯电价执行范围为装机容量在 2000kW 及以上水电厂的上网电量。销售电量丰枯电价的执行范围为受电变压器容量在 315kVA 及以上的大工业用户；受电变压器容量在 50kVA 及以上非工业、普通工业用户；除党政机关、事业社团、学校、医院、民政福利单位和城市公用路灯以外的非居民照明用户；趸售用电。大工业或非工业、普通工业用户中的自来水生产和城市热力燃气用电不实行丰枯电价办法。

（2）丰枯季节划分。

　　1）丰水期：6～10月。

　　2）枯水期：1～4月、12月。

　　3）平水期：5月和11月。

　　（3）丰枯电价浮动。对于上网电价，丰水期在基准电价基础上下浮25％；枯水期在基准电价基础上上浮50％；平水期按基准电价执行。对于销售电价，丰水期在基准电价基础上下浮10％，枯水期电价在基准电价基础上上浮20％，平水期电价按基准电价执行。基准电价为按物价管理部门批准的上网电价（不含增值税）和销售电价，随电价计征的增值税均按以平段电价为基础的税额执行。

　　3. 可中断负荷电价（避峰电价）

　　可中断负荷电价是指电网公司对某些可实施避峰用电的用户实行的优惠电价。当系统负荷高峰时，由于电力供应不足，电网公司可以按照预先签订的避峰合同，暂时中断部分负荷，从而减少高峰时段的电力需求。

　　根据我国电力工业市场化改革所处的阶段和外部条件，可中断负荷的实施方案可分为短期方案和长期方案，分别进行设计。短期看来，可中断负荷主要在用电高峰期实施，首要问题是降低尖峰期负荷；长远看来，可中断负荷应作为调节负荷曲线、提高能源利用效率、实现电力资源整体优化配置的有效机制。

　　（1）可中断负荷短期实施方案的设计。短期方案的主要目的是解决目前高峰期，尤其是尖峰期缺电的问题。因此，实施方法比较简单，给用户的电价折扣率或补偿标准也可较为单一。并且，结合我国现阶段的实际情况，应较多地借助政府部门的行政协调能力，以保证实施的效果。实施方案中的关键问题是实施时间、实施目标、实施对象、补偿标准、结算方式等的确定。

　　1）实施时间。实施时间应为每年的用电高峰期。我国的年用电高峰期一般出现在冬、夏两季，各地区可根据各自电网的负荷特点及缺电情况，选择具体的实施时间。如河北省的年用电高峰一般在7月、8月，即可选择在这两个月实施可中断负荷。在实施期间，负荷中断的时间为日负荷的尖峰时段，如某些地区的日负荷尖峰在20～21点，即可选择在这个时间内对特定的用户实施负荷中断管理。

　　2）实施目标。短期方案的实施目标为解决尖峰期缺电的问题，因此，要中断的总负荷量应是所缺电量（负荷）的某一比例。江苏省2003年负荷缺口约为200万kW，实施可中断负荷解决了80万kW的缺口，比例为40％；2003年夏季，河北省南网电力缺口达到200万kW，实施可中断负荷措施解决了30万kW，比例为15％。

　　3）操作主体。可中断负荷方案的具体操作由各省（自治区、直辖市）、地区电力公司进行。省（自治区、直辖市）、地区电力公司根据本省（自治区、直辖市）、地区内电力供需的情况，决定是否实施可中断负荷、实施的企业以及操作方式等。与实施用户的协调及负荷中断的具体执行则由相关供电企业完成。

　　4）实施对象。实施对象应为受电容量较大，并且中断潜力也较大的大工业用户。推荐容量标准为1万kVA以上，推荐实施行业为冶金、水泥、塑料、纤维、纺织和造纸等。具体实施企业的名单由省区电力公司拟定，并在获得政府认可、实施中断企业同意的基础上确定。

　　对于具体中断的时间，应提前一天通知企业，如有特殊情况，最晚不应迟于实施前2h，以使中断企业做好充分的准备，减少缺电损失。也可按照被中断企业的要求来确定。每次中断持续的时间不应超过4h，以尽量减轻对企业的影响，也可按照被中断企业的要求来确定。对某实施企业中断的负荷占该企业总负荷的比例不宜过大，应以维持企业主要生产线的基本运转，同时可起到较为明显的中断效果为准。

　　5）补偿标准。具体补偿标准或给予的基本电费折扣率由政府（电力监管部门）、省（自治区、直辖市）、地区电力公司、实施的企业协商确定，应以实施企业同意、电力公司可以承受为准。目前在江苏、河北等省实行的每中断1万kW·h，补偿1万元的标准较为可行。

　　6）结算方式。在每年的可中断负荷实施期结束后，对各实施企业应得的补偿金或电费折扣额统一结算，结算公式如下：

　　对某实施用户的补偿金额＝补偿标准×∑（该用户每次中断的负荷×该用户每次中断的时间）

　　或对某实施用户的电费折扣额＝基本电费的折扣率×实施期间基本电费总额

　　7）其他事项。在实施可中断负荷前，应由电力监管部门协同政府出面，组织省（自治区、直辖市）、地区电力公司与实施企业签订协议。具体协议内容包括实施时间、提前通知时间、负荷中断最长持续时间、补偿标准、结算方式、违约罚金等。并由政府和电力监管部门监督，省（自治区、直辖市）、地区电力公司和实施企业执行。

　　在每年可中断负荷的实施期结束后，由省（自治区、直辖市）、地区电力公司的营销部门对该年实施可中断负荷的效果、经验、教训进行总结，并对下一年的实施计划进行初步准备。

　　（2）可中断负荷长期实施方案的设计。长期方案的实施目的与短期方案有所不同，它不仅要解决某个时期尖峰缺电的问题，而且更多地强调将可中断负荷这项需求侧管理的措施作为一种长期机制予以实行，以通过可中断电价的刺激来引导用户需求，优化负荷曲线，实现电力资源的优化配置。

　　1）实施时间。实施时间不再局限于用电高峰期，全年任何时候需要降低负荷时都可应用该措施。对各用户中断的时间可根据要求具体安排。

　　2）实施形式。实施形式多样化，用户既可选择全年中断特定次数的形式，也可选择只在用电高峰时期中断，并且中断的次数和持续的时间也有多种选择。

　　3）电价折扣标准。相对于不同的实施形式，给予的电价折扣率也存在差别，一般是用户中断的次数越多，持续时间越长，电价折扣率越大。

$$折扣率＝\frac{折扣额}{实施期的基本电费}$$

　　理论上电费折扣额应大于用户的实施费用。即

　　电费折扣额＞在中断时段总的缺电损失＋为实施该方案进行投资的折旧＋调整生产的费用－调整生产后可以挽回的损失

　　因为用户的实施费用往往无法精确计算，因此，确定电费折扣额的最小值时可征求用户的意见，参考其可以接受、愿意实施的最低标准来进行。

理论上电费折扣额应小于电力系统可免成本与其他成本费用之差，即

电费折扣额＜可免投资成本＋可免运行成本－其他成本费用

电力系统的可免投资成本、可免运行成本等数据可进行较为准确的测算，例如，高峰负荷降低 1kW，可免调峰电厂的投资成本约为火电 5000 元，水电 6000 元。因此，电费折扣额的最大值可以有较为具体的计算结果。

电费折扣额在最大值与最小值之间选择，应注意保证用户和电力系统都达到一定的收益率。

4. 容量电价

容量电价又称基本电价，它不是电量价格而是电力价格，以用户变压器装置容量或最大负荷需量收取电费，促使用户削峰填谷和节约用电。基本电费的计费方式有按变压器容量和按最大需量计费两种方式。按变压器容量或按最大需量计收基本电费，由用户选择。

基本电费的计费方式，由用户提前一个月提出申请，经供用电双方充分协商后确定，在 12 个月内应保持不变。按变压器容量计算基本电费的用户，以受电变压器容量及不通过变压器而直接接入电网的高压电动机的容量（千瓦视同千伏安）的总和作为基本电费容量，收取基本电费。按最大需量计收基本电费的用户，最大需量由用户申请，供用电双方以合同方式确认。用户可根据用电需求情况，提前半个月申请变更下一个月的合同最大需量，供电企业不得拒绝变更，但用户申请变更合同最大需量的时间间隔不得小于六个月。

一般来说，对类似化工企业等需要连续生产的用户，要想在峰段将最大需量控制在某一值内比较困难。但对有些用电用户，如铸造行业，电炉的加温和保温过程可通过适当的生产计划和班次进行调整，从而保证生产企业尽量在低谷段用电加温，在峰段实施保温或控制加温。这样一来，就可将峰段的最大需量控制在某一值内。基本电费就可控制在一定范围内，从而达到减少基本电费目的。

容量电价是两部制电价的重要组成部分。实行两部制电价，是电力需求侧管理最有力的经济措施，其功能在于引导企业合理用电，节约能源。

通过以上的经济措施可以刺激和鼓励用户改变消费行为和用电方式，安装并使用高效设备，减少电量消耗和电力需求。电价是由供应侧制定的，属于控制性经济手段，用户被动响应；直接经济激励和需求侧竞价属于激励性经济手段，需求侧竞价加入了竞争，用户主动响应，积极利用这些措施的用户在为社会做出增益贡献的同时也降低了自己的生产成本，甚至获得了一些效益。对不参与节电的用户不予经济激励，但也不应损害其经济利益。

二、技术手段

DSM 的技术手段指的是针对具体的管理对象，以及生产工艺和生活习惯的用电特点，采用当前技术成熟的先进节电技术和管理技术及其相适应的设备来提高终端用电效率或改变用电方式。改变用户用电方式和提高终端用电效率所采取的技术措施各不相同。

1. 改变用户的用电方式

改变用户用电方式的技术手段主要包括：

（1）直接负荷控制。直接负荷控制是在电网峰荷时段，系统调度人员通过负荷控制装置控制用户终端用电的一种方法。直接负荷控制多用于工业的用电控制，以停电损失最小

为原则进行排序控制。

（2）时间控制器和需求限制器。利用时间控制器和需求限制器等自控装置实现负荷的间歇和循环控制，是对电网错峰比较理想的控制方式。我国的电网企业常常采用负荷管理系统监测、控制、管理本地区用户用电负荷，实现用电负荷监控到户，做到限电不拉路，是电网错峰、削峰的重要技术手段。用电负荷管理系统也是实施可中断电力负荷的重要技术措施。另外最大需量智能控制技术是用电企业内部采用网络与计算机技术，实时采集分析各类负荷信息，组织合理有序用电，有效控制最大需量，充分利用电价政策，达到均衡、经济用电，实现降低自身用电成本的新技术。

（3）低谷和季节性用电设备。增添低谷用电设备。在夏季尖峰的电网可适当增加冬季用电设备，在冬季尖峰的电网可适当增加夏季用电设备。在日负荷低谷时段，投入电气锅炉或蓄热装置采用电气保温，在冬季后夜可投入电暖气或电气采暖空调等进行填谷。

（4）蓄能装置。在电网日负荷低谷时段投入电气蓄能装置进行填谷，如电气蓄热器、电动汽车和电动自行车的蓄电瓶以及各种可随机安排的充电装置等。

（5）蓄冷蓄热装置。采用蓄冷蓄热技术是移峰填谷最为有效的手段，在电网负荷低谷时段通过蓄冷蓄热将能量储存起来，在负荷高峰时段释放出来转换利用，达到移峰填谷的目的。

2. 提高终端用电效率

终端用电设备千万种，消费方式千差万别，节能节电具有多样分散的特点，因此提高终端效率的技术措施也多种多样。提高终端用电效率是用户通过采用先进的节能技术和高效设备来实现。主要包括以下两个方面：

（1）大力推广节电节能技术、改变用户消费行为。主要采用绿色照明，变频调速，高效风机、水泵、电动机，节能变压器，无功功率补偿，高效节能电器，热泵技术，余热利用等技术和设备。

采用绿色照明技术，使用高效电光源灯具。采用声控、光控、时控、感控等智能开关和钥匙开关等实行照明节电运行。

选用容量匹配的高效电动机提高运行的平均负载率，在电动机需要调速的场合，使用各种调速技术实现电动机节电运行。

变配电方面采用低铜损铁损的高效变压器，减少变电次数，实现变压器节电运行，配电线路合理布局和采用无功功率就地补偿，减少配电损失。

在空调使用方面，应用智能控制高效空调器节约用电，使用热泵替代热阻加热的取暖空调，建立适应人体生理条件的消费行为以节约用电。

采用专业化集中生产等方式实现作业合理调度，提高设备的用电效率和经济运行。

在建筑物方面，采用绝热性能高的墙体材料和门窗结构，充分利用自然光和热等。

（2）积极开发试点，推广节电、节能增效新技术。包括热冷联产技术，使用清洁能源的热电联产技术和热电冷联产技术等。

三、行政手段

DSM 的行政手段是指政府及其有关职能部门，通过法律、标准、政策、制度等规范电力消费和市场行为，推动节能增效、避免浪费、保护环境的管理活动。

政府运用行政手段宏观调控，保障市场健康运转，具有权威性、指导性和强制性。如将综合资源规划和需求侧管理纳入国家能源战略，出台行政法规、制订经济政策，推行能效标准标识及合同能源管理、清洁发展机制，激励、扶持节能技术、建立有效的能效管理组织体系等均是有效的行政手段。调整企业作息时间和休息日是一种简单有效的调节用电高峰的办法，应在不牺牲人们生活舒适度的情况下谨慎、优化地使用这一手段。政府可以采用的行政手段具体有：

（1）完善节能法律、法规体系，通过法规、标准和制度来控制和规范电力消费和节能市场行为。

（2）建立专项基金，用于推动 DSM 工作，加大节能增效投入。

（3）从政策、贷款、税收等方面扶持新技术、新产品、新工艺的开发、推广、应用。对高效节电产品给予适当补贴或折扣销售。发展和完善有利于节能的投资、融资机制，建立公共财政支持节能的激励机制。

（4）完善主要工业耗能设备、家用电器、照明器具、建筑等能效标准，修正主要耗能行业节能设计规范，强制性淘汰高耗能设备和工艺，将用电设备能效标准的制定、认证和标识工作纳入法制和政策轨道，推动企业节能技术进步。

（5）分析节电工作障碍，从政策、税收、信贷、财务运作体制等方面推动项目能效评估、能效审计、能效检测、节能咨询服务。建立长效推动机制，促进我国节能服务业的发展和良性循环。

（6）强制推行建筑节能设计新标准，制定和执行不同气候地区的设计规范和实施细则。

（7）政府部门起带头示范作用，采用先进节能技术，建立自身节能目标推动机制。协调和维护发、供、用电各方的利益，促进各方推进 DSM 事业良性发展。

国家发展和改革委员会、电力监管委员会在《关于加强电力需求侧管理工作的指导意见》（发改能源〔2004〕939 号）第四条明确指出各省市政府负责主导、推动本地区的电力需求侧管理工作；第六条指出电网公司是实施需求侧管理的主体。为了保证电力需求侧管理的顺利实施，各省（自治区、直辖市）纷纷建立了以政府为主导，以电网公司为主体的需求侧管理组织体系。省（自治区、直辖市）电力需求侧管理领导小组组长由政府主管领导担任，省（自治区、直辖市）电力公司、省物价局、税务局、环保局、建设厅、财政厅、建设厅等相关部门为成员单位。

各省（自治区、直辖市）电网公司市场营销部成立相应的主管需求侧管理的处室和设置相应的管理岗位。在电力需求侧管理领导小组的带领下，电网公司开展需求侧管理工作，在市场营销部内设立需求侧管理的专职机构，主要职责是协助政府做好组织工作；负责制定需求侧管理规划、方案，并把电力需求侧管理纳入电网发展规划；协助政府部门开展需求侧管理的研究，分析各类需求侧管理措施的潜力、成本、效益；组织需求侧管理项目试点工程；建立需求侧管理信息网络，收集需求侧管理信息，提供需求侧管理辅助服务；组织开展需求侧管理的培训、宣传；为用户提供优质、高效和低成本的服务。

根据国内一些省（自治区、直辖市）的经验，为更有效地指导用户优化用电方式、提高用电效率，全面推进电力需求侧管理，在省（自治区、直辖市）电力公司组建电力需求侧管理中心，加大电力需求侧管理的宣传和培训力度，引导用户内部主动节能。对全地区的需求侧管理工作提供指导和服务；进行电力需求侧管理的引导和宣传；宣传展示新技术、新工艺；引导用户合理用电；开展电力需求侧管理的培训、交流与合作等。

四、引导手段

引导是对用户进行消费引导的一种有效的、不可缺少的市场手段。相同的经济激励和同样的收益，用户可能出现不同的反应，关键在于引导。通过引导使用户愿意接受 DSM 的措施，知道如何用最少的资金获得最大的节能效果，更重要的是在使用电能的全过程中自觉挖掘节能的潜力。

主要的引导手段有：节能知识宣传、信息发布、免费能源审计、技术推广示范、政府示范等等。主要的方式有两种：

（1）利用各种媒介把信息传递给用户，如电视、广播、报刊、展览、广告、画册、读物、信箱等。

（2）与用户直接接触提供各种能源服务，如培训、研讨、诊断、审计等。经验证明：引导手段的时效长、成本低、活力强，关键是选准引导方向和建立起引导信誉。

第三节　电力需求侧市场

一、电力需求侧市场改革现状

由于电力工业的重要性和特殊性，各国电力工业放松管制、实现市场化的进程各不相同，但共同点是首先在发电领域打破垄断、引入竞争。有些国家的电力市场还开放了需求侧竞争，如北欧电力市场和德国电力市场等。要充分发挥市场竞争的潜力和效率，开放配电和零售环节是必要的。2000 年底加州电力市场的失败也证明了单纯重视发电领域的竞争，忽视用电侧的需求弹性和负荷管理潜力，不利于抑制市场力，不利于电力市场的健康有序发展。

在目前世界范围开展的电力工业市场化改革的 20 多年里，在市场运营、提供可靠的供电服务和稳定电价方面不同程度地出现了一些问题。主要原因是：

（1）少量市场占优的发电商滥用市场力（尤其是在输电发生阻塞时）。

（2）不完善的市场设计（包括配电及零售市场的不完善）。

（3）没有激发用户对电价的弹性。

（4）投资规划市场不充裕以及长期交易不足等。

世界各国在需求侧进行市场化改革的进程和所取得的成效不一。关于需求侧改革目前还存在一些重要的政策性问题，例如，是否要把配电从供电服务中分离出来，存在不同的做法：有仍然垄断经营不分开的；有将经营和所有权与财务计费分开的。

从理论上讲，有必要保持配电企业统一运行，以利于完成电能的可靠配送。但是，可以把电能销售服务（即电力零售）业务完全开放，这样会出现大量电力零售商，用户有自由选择供电商的机会，引入竞争、改善服务，通过零售竞争理顺电价。但在需求侧改革具体实施过程中出现大量测量、计费、信息共享等技术问题。

新西兰电力工业改革初期，配电和零售环节仍然是垄断的，价格管制及公共服务义务依然存在，小的用户没有动力去选择供电商；随后于 1992 年颁布能源公司法，配电侧实施股份化和私有化，取消供电专营区。1992～1994 年实现竞售电力市场。1996 年新的电力工业体制开始运行，电网对所有发电商和所有零售用户开放，发电和售电领域可以自由进出公平竞争。在零售市场上，电力供应商直接竞争，或者通过中间商和零售用户签订售电合同。

澳大利亚于 1994 年进行电力市场试点，1995 年新南威尔士州（NSW）进行电力工业结构重组，1996 年国家电力市场运营规则的颁布，标志着国家电力市场正式开始运作。在发电领域实行完全竞争，在供电领域开展零售竞争。1996 年，大用户（年用电量大于 160MW·h）可以自由选择供电商；2001 年 1 月，新南威尔士州的小型零售用户也可以自由选择供电商。

在新加坡，已有约 220 个用电大户可以选择电力供应商，而且已有约 70% 的用户更换了电力供应商。在部分开放基础上，逐步扩大开放程度的新加坡电力市场已经完成系统测试。2003 年 1 月 1 日，新加坡改革后的新电力市场开始运作。随着新电力市场投入运作，新加坡的电力市场继续开放。3 个月后，有大约 5000 个电力用户能够选择电力供应商，再过 6 个月，又有约 5000 个电力用户可以选择电力供应商，到 2004 年初，新加坡的所有家庭用户都可任意选择电力供应商。

对于北欧（挪威、瑞典和芬兰）电力零售市场，挪威于 1990 年颁布能源法，对所有发电商和所有零售用户开放电网，自由办电厂。1991 年发电商、供电商和大用户进入电力库（Power Pool）交易，在发电侧实行竞价上网，在配电侧实现零售竞争。在零售市场上，供电商可以直接供电给用户，也可以通过中间商和零售用户签订售电合同来提供供电服务。瑞典于 1992 年颁布电力市场竞争法，开始进行结构重组与股份化。1993 年提出自愿型电力库方案（和挪威电力库联网），进行竞售市场改革的研究。1995 年颁布电力交易竞争法案，确定管制框架，设计改革方案。1996 年正式进行改革，电网对所有发电商和所有零售用户开放，在法律上保证他们自由进出发电和供电领域。在零售市场上与挪威的做法相同。目前所有北欧国家都已实行零售开放。在开放零售市场初期，对于小用户改变电能服务商没有什么吸引力，因为需要自费安装分时计量表。逐渐地，这种严格的分时计量被基于负荷特性的结算方式所代替，因此，吸引了大量用户，包括大的工业、商业和小用户。从 1998 年开始，挪威的所有用户每个星期都可以更换供电商。

英国在进行电力市场改革以后，其 1999 年的电价比 1990 年下降了 29%。开放配电网，取消配电专营区，为所有用户提供零售转运服务，加剧了电力零售市场的竞争。在 1997～1998 年度，英国有 40% 的大用户选择外地电力供应商供电。1999 年 4 月，英国所有的 2600 万用户可以自由选择自己的售电商。至 2000 年初，超过 300 万用户更换了电力供应商。在完全竞争市场运行初期，高峰时一家主要的英国售电商每星期要处理 35000 次转换（失去现有用户并得到新用户），频繁转换售电商的用户年转换率约在 10% 以上。

我国在经过长期省级电力市场改革试点后，已于 2004 年开始区域电力市场的试运行。根据《国务院关于印发电力体制改革方案的通知》（国发〔2002〕5 号），在已经投运的东北和华东两个区域电力市场中，一定容量的发电企业都需要竞价上网，并实行市场竞争的上网价格机制。输电和配电实行管制，输配电价格按国家规定执行。符合条件的大用户

（含独立配售电企业）直接向发电企业购电，其购售电价格由双方协商确定。国家电力监管委员会于 2005 年 2 月发布《电力用户向发电企业直接购电试点暂行办法》规定开展大用户（含独立核算的配电企业）向发电企业直接购电试点工作，要达到下列目的：

（1）优化电力资源配置，提高资源利用效率，促进电力发展。

（2）在发电和售电侧引入竞争机制，促进企业降低成本，提高效率，提高国民经济整体竞争力。

（3）探索输配分开、电网公平开放的有效途径和办法，改变电网企业独家购买电力的格局，促进竞价上网，进一步打破垄断。加快建立竞争、开放的电力市场。

（4）探索建立合理的输配电价形成机制，促进电价改革，促进电网的可持续发展。

（5）自主协商直购电价格。大用户向发电企业直接购电的价格、结算办法，由购售双方协商确定，并在相关合同中明确。

在市场化改革的新形势下，配电公司负责维护配电网络的安全运行，为本地用户继续提供配电服务并将电能直接送至用户，为外地用户提供网络零售转运服务。

配电公司不再拥有自己的专属配电区，配电网络必须向所有用户开放，负责向用户提供可靠高质量的电能服务。开放配电网实现零售竞争，要求传统的供电公司将配电和售电业务分离，配电公司只负责配电网络的运行、检修和接入服务等项业务，售电公司负责向用户卖电。零售竞争的实现还促使原来由电力公司负责的对用户电能量的计量、收取电费及输配电费等项业务交给完全独立的计量公司管理，由这些计量公司向用户提供多种电能计量服务。在电力零售市场上，配电和售电业务从结构上进行分离使得配电公司以后在电力交易过程中将扮演独立和中立的角色。用户在市场化环境下有了更多的选择，能够充分发挥主观能动性，积极调整用电方式，提高用电效率。电力市场运营给电力需求侧各个层面带来很大的变革，出现了大量新的技术和经济问题。

二、电力需求侧市场运营模式

目前电力市场运营模式大体分为三类：发电竞争型市场（联营体 Pool 模式）、批发竞争型市场（联营体＋双边合同模式）和零售竞争型市场（双边＋多边合同模式）。

批发竞争型市场运营模式是电力市场运行中的基本模式，它的能量市场主要由现货市场（日前和实时交易市场）和双边交易组成。图 2-2 是典型的批发竞争型市场，图中的双边合同仅适应于发电商与配电公司之间的交易。目前，随着各国电力市场的发展，双边交易的范围逐步扩大，用户也能够与发电商直接签订购电合同。如我国华东区域电力市场允许符合条件的大用户（含独立配售电企业）直接向发电企业购电。

作为电力需求侧的配电企业和大用户在这种运营模式中有了一定的选择权利，可以自由地与发电商之间签订购电合同，但输电和配电依然是垄断运行的，用户还是不能选择配电商，对电能质量的要求难以满足，且难以激发用户的用电弹性。

批发竞争型市场模式在一些国家得到了稳定的运行，但不同程度上也暴露出一些问题，如用户希望能够选择供电质量，选择供电服务商等需求难以满足；另外存在发电商滥用市场力现象，尤其是双边交易量小，以现货交易为主的情况下，容易导致现货电价飞涨。加州电力市场 2000 年底出现的严重电力危机就是一个教训。自从这次危机后，美国联邦能源调节委员会（Federal Energy Regulatory Commission，FERC）及有关研究机构

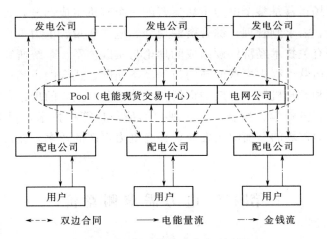

图 2-2 典型的批发竞争型市场

试图建立一个更完善的市场运营模式，进行了相当长一段时间的"标准化市场设计"（Standard Market Design，SMD）。但是，由于现代电力系统是一个超大规模、高度复杂的动态系统，各个系统的组成和结构不同，系统的安全稳定运行又至关重要，因此，要建立一个统一标准的市场运行模式，实践证明很难，美国也因此放弃了设计了近两年的SMD 计划。而北欧四国组成的电力市场的成功运行说明了零售竞争型市场模式的合理性。在保留各自系统特征的基础上，进一步开放配电网，加强零售竞争，有专门的零售公司甚至中间商出现并负责用户的电能服务需求。

在零售竞争型市场模式（图 2-3）中，电力需求侧具有更大的选择和竞争空间，和开放输电网一样，配电网也需要开放运行。用户能够根据自己的需要选择合适的电能服务商、电能质量及服务费率，并积极参加需求侧管理，提高电能使用效率。

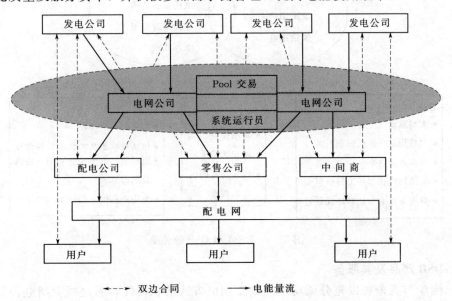

图 2-3 零售竞争型市场模式

电力需求侧市场运营是整个电力市场运营的一个有机组成部分，是由配电运行管理与规划、需求侧竞价、需求侧管理、综合资源规划、电能质量、电力零售、市场运营、市场监管及风险管理等有关技术经济问题组成的理论与实践体系。系统研究电力需求侧从垄断运行逐步转向市场运营过程中出现的新的技术经济问题、适合的市场运营模式、积极有效的需求侧管理措施和激励机制、有效的市场监管体系具有重要的理论和实践指导意义。运用经济学、管理学、投资学、控制理论、现代通信与计算机技术，根据电力系统生产特点，构建并推动电力市场的全面深入发展，提高电力生产的效率，促进电力市场的长效健康发展。

第四节　电力需求侧竞价

一、电力需求侧竞价的定义

电力需求侧竞价（Demand Side Bidding，DSB）是DSM的一种实施机制，使得用户能够通过参与市场竞争主动改变自己的用电方式，获得相应的经济利益，而不再单纯是价格的接受者。在市场环境下，DSB是鼓励用户积极改变用电方式，提高用电效率，科学实施DSM长效机制的有效方法。

虽然DSB与DSM相关，但两者还是有很大区别。总体上讲，DSB是基于市场的短期负荷响应行为和市场机制，而DSM是指长期改变负荷特性的行为和机制，图2-4描述了两者之间的关系。

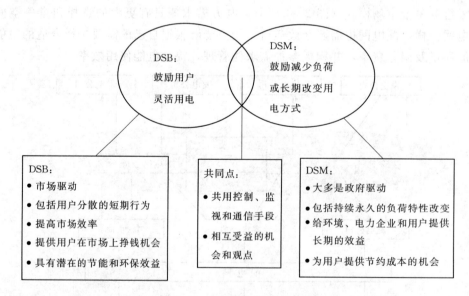

图2-4　DSM和DSB的关系

二、DSB产品及其服务

需求侧参与竞争可以充分调动用户改变用电方式的积极性，通过减少用电、节能或能源替代等措施，对系统备用、安全及环保做出贡献，相应也获得一定的回报。因此，开放需求侧后，DSB 相当于提供了潜在的功率产品，即所谓的 Negawatts（负功率）代替 Megawatts（兆瓦），或称为 DSB 产品。DSB 产品可分成两类：①全部电力需求参与市场竞争；②只参与需求改变量竞争。

全部电力参与竞争通过两种方式实现：①用户和发电商之间直接签订一定量和一定价格的双边合同；②用户对自己的需求曲线进行竞价，即在多少电力上希望多少价格，类似发电商的竞价曲线。

参与需求改变量的竞争内容就丰富得多，用户可以竞价增负荷，也可以竞价减负荷。在不同的市场运行模型（物理市场或合同市场）、不同时段的市场（日前市场或实时市场）、不同形式的市场（主能量市场或辅助服务市场）下，DSB 产品参与市场的方式和作用都不一样。同时，对于市场中不同的参与者（发电商、输电系统运行人员、配电商、中间商），DSB 产品的作用也不同。图 2-5 概括了 DSB 产品可能的用途。

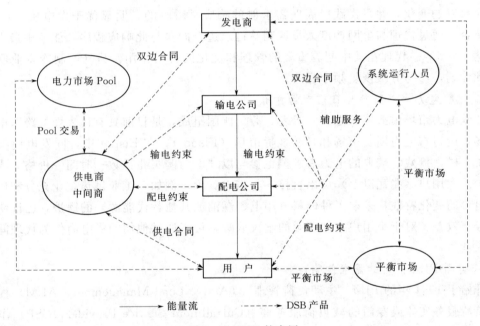

图 2-5　DSB 的应用

DSB 产品可能的用途有：各种形式的辅助服务、参与可中断供电合同或峰谷电价计划、需求报价参与现货交易、与发电商之间的双边合同、在平衡市场中竞价增或减出力、缓解输配电阻塞等。其中参与辅助服务的环节包括频率控制、电压控制、备用和黑启动。表 2-1 总结了七个国家电力市场中 DSB 的运行情况。

表 2-1　　　　　　　　　　**七个国家电力市场中 DSB 的运行情况**

国家	辅助服务	输电约束	供电合同	平衡市场	现货市场
芬兰	√，↔	√	√，↔	√	√
荷兰	√	√	√	√	√
挪威	√	√，↔	√，↔	√	√

续表

国家	辅助服务	输电约束	供电合同	平衡市场	现货市场
西班牙	√	√	√, ↔	√	√, ↔
瑞典	√, ↔	√	√	√	
英国	√, ↔	√, ↔	√, ↔	√, ↔, (＊)	√, ↔, (＊)
希腊	√	√	√	√	√

注 √表示允许 DSB 运行，↔表示正在运行，(＊) 表示适合 2001 年 3 月以后的新英国电力市场（NETA）。

三、DSB 实施的范例

1. 英国电力市场需求侧参与快速频率响应

英国电力市场中为了应对突然的频率下降，除了发电机提供功率支持外，需求侧也可以响应频率的变化，并且实践已表明需求侧的响应是瞬时的，明显优于发电机。13 个水泥制造企业通过代理与电网调度人员谈判签订双边合同参与此响应程序，能减少最大瞬时负荷达 110MW。代理在其中起着重要的管理和优化的桥梁作用。另外，制冷企业联合也参与此计划，参与分级恢复频率程序。

2. 北欧电力需求侧参与日前市场竞价

北欧电力市场由挪威、瑞典、丹麦、芬兰四国组成，是目前具有代表性的跨国电力交易市场，运行有电力期货市场和日前现货市场（Elspot）。在 Elspot 中，同发电商参与市场竞价一样，挪威、瑞典的电力需求侧也参与以"电力购买兆瓦数—时间—价格"为形式的竞价。大用户（兆瓦以上）可以直接参与需求竞价，例如，工业供热企业充分利用现货市场电价的变化特性，采取多种燃料（用电、燃油或其他替代能源）的锅炉，已证明能够取得经济效益。对于小用户，如挪威的学校取暖，可以通过他们的供电商作为代理间接参与需求竞争。

3. 美国 PJM 公司的需求侧响应程序

开始于 1991 年的 PJM "主动负荷管理"（Active Load Management，ALM）程序是指导负荷服务实体或专门的减负荷服务商 (Curtailment Service Provider，CSP) 作为终端用户代表参与削减负荷时的管理办法。终端用户需要通过 CSP 参与此计划。CSP 参与 ALM 要求每年支付一定的定金（500～5000 美元），如果 CSP 启用分散发电，则需要取得环境许可。终端用户可自愿参与，参与程序的用户可以得到 500 美元/(MW·h) 的赔偿，或者按实时系统边际电价赔付。

ALM 的类型有三种，即直接负荷控制、固定负荷消费水平和根据通知削减负荷。PJM 在 2001 年夏天实施了三次 ALM，当电价高于 135 美元/(MW·h) 时启动，平均减少用电 23MW。自实施 ALM 后，再未出现过发电不足的紧急情况。从 2002 年 7 月以来又补充了"负荷响应程序"（LoadResponse Program，LRP），目的是鼓励用户广泛参与 LRP，去除了终端用户不能直接参与削减用电的障碍，能够更好地激励用户对实时电价做出反应。同时，允许分散电源参与 LRP，并分别按日前负荷响应程序和实时负荷响应程序制定了具体的实施细则。

第五节　可中断负荷调度与运营

一、可中断负荷合同

可中断负荷运行是 DSM 的重要组成部分，对电力系统安全可靠运行有重要作用。实施可中断负荷可以调动需求侧参与市场的积极性，增加需求侧弹性。对电网调度机构而言，实施可中断负荷可以削弱价格尖峰，减少市场中的投机行为；对售电商，可中断负荷提供了在实时市场电价偏高时中断部分负荷的机会，从而减少了市场风险；对发电商，与某些大用户签订可中断合同等效于新增装机容量，增加了在市场报价中的灵活性，并且有助于提高系统稳定性，降低运行成本；对用户，不仅可以得到在中断供电后的赔偿，而且可以从可中断负荷实施后提高系统可靠性，削弱价格尖峰中受益。还可以减少与用户的法律纠纷和矛盾，避免因中断负荷造成的经济赔偿损失和法律诉讼费用。

在管制的电力系统运行时期，系统负荷常常被当作一种物理负载，在电力不足或系统紧急情况下，系统调度员往往通过切除负荷来保证电力系统的安全稳定运行。这种方式没有考虑用户的停电意愿，往往给用户带来很大的经济损失。随着市场观念逐渐引入电力系统运营，电力需求侧也成为市场的一个平等的主动参与方。

中止对用户的供电服务不能单纯从电网运行的角度，而要考虑对中断供电用户的经济补偿，所以，系统需要对用户的负荷类型、用电效益、停电意愿等加以考虑，即需要通过用户主动参与的 DSM 进行。因此，在电力市场运行环境下，可中断负荷的调度运行主要是通过以下两种方式进行：

（1）供电方与用户签订可中断负荷合同。

（2）在运行良好的电力市场，以市场价格为杠杆指导发电方和用电方的行为，这种情况下负荷/可中断负荷可以参与市场竞争，即通过本章第四节介绍的 DSB 方式充分发挥需求侧的弹性。

出于电力市场的特殊性，通过可中断负荷合同调度可中断负荷的运行方式目前普遍存在于电力市场改革初期，即供电方和用户协商签订有关中断负荷和补偿费用事项的合同，在系统实际运行时按照合同条款执行。

如何确定可中断负荷合同的内容对充分发挥可中断负荷效用，提高系统供电可靠性有着很大影响。通过总结可以发现，目前各国电力市场中可中断负荷合同的内容大致包括：合同有效期、提前通知时间、中断持续时间、负荷中断容量及费用等。表 2-2 总结了美国加州 ISO、纽约 ISO，加拿大 Alberta，中国台湾可中断合同内容。

表 2-2　可中断合同类型

名　称	合同形式	提前通知时间	最小切除容量（MW）	切除时间（h）	补　偿　费　用
美国加州 ISO 类型 1	一般合同	30min	1	每次 2～8 每月＜30	容量费用＋实际调度的能量费用
美国加州 ISO 类型 2	一般合同	15min	1	每次 2～8 每月＜30	

续表

名　称	合同形式	提前通知时间	最小切除容量（MW）	切除时间（h）	补偿费用
美国纽约 ISO	一般合同	10min 30min	1，2	每月<1	1MW 负荷给予旋转备用市场价格； 2MW 负荷给予日前市场电能价格与中断次数无关的固定费用：每月 1MW 付 P（$）
加拿大 Alberta 类型 1	月合同	1h	1	每次>4	
加拿大 Alberta 类型 2	周合同	1h	1	每次>4	按实际中断负荷付费
中国台湾 A 型	一般合同	1d，7d	5	每次=6	电能合同电价 5 折优惠
中国台湾 B 型	一般合同	1d，4h，1h	所有工业负荷	每次<6 每年<100	依据提前通知时间而定

从表 2-2 可以看出，一般只有那些可中断容量大于指定值（1MW）的大用户才能签订可中断合同。中断提前通知时间和持续时间不同，给予的补偿也是不一样的。

要想充分发挥可中断负荷管理的效果，需要采取有效的激励措施，鼓励用户积极参与，并制定合理的补偿价格，因此，需要对可中断负荷进行成本效益分析。对可中断负荷进行成本效益分析是进行可中断负荷定价的基础。实施可中断负荷管理的费用相当大，一般电力用户难以支付，因此电力公司可采取一定的经济激励措施与用户共同协作实施各项措施。同时，电力部门可从发电侧提取为此而减少的发电侧固定成本和从输电公司提取减少的电力维护、运行费用等。电力用户可从电力部门获取一定的经济激励以减少投资成本的回收期。实际上，采取 DSM 措施后可减少环境污染、减少政府投资，使电力公司、用户和社会三方受益。

用户的成本效益分析：用户在实施可中断负荷管理的时候是需要一定的费用的，包括实施可中断负荷管理的设备费用和为了满足可中断负荷要求而对生产计划、工艺等的调整费用。这些费用最好用对用户实施可中断负荷管理的电力公司对其以电价折扣刺激而产生的电费节约来弥补。电费节约和费用之间的差值为用户收益。电价折扣率越大，用户收益越大，通常用户可中断的负荷也越大。很明显，电价折扣率有一个最小值，即此时用户实施可中断负荷措施的电费节约刚好弥补其实施费用。

电力公司的成本效益分析：中断负荷的成本就是停电给用户带来的损失，即停电损失。对可中断负荷成本的影响因素有：提前通知时间、停电持续时间，停电发生时间、缺电比率以及用户侧的负荷特性、用电效益、停电意愿等。通常电力公司的成本可分为装机成本、发电成本、输配电投资成本和运行成本，以及向用户供电的成本。可中断负荷不仅可以直接节省运行费用，还可以减少发电机组和输配电设备的容量投资，因此在实施可中断负荷规划时涉及到发电机组、输配电系统的可免运行成本和可免设备投资成本。可中断负荷的实施还能削减系统峰荷，相当于给系统增加备用机组，提高了系统的可靠性。在电力市场下，该措施还可以增加需求侧的弹性，降低价格尖峰。

二、可中断负荷的市场运营

这里讨论的可中断负荷的市场运营主要是针对如何按照可中断负荷合同进行调度运

行。按照可中断负荷合同进行可中断负荷市场运营要解决以下几个问题：

（1）如何确定合同的内容，即如何确定合同的有效期、中断持续时间、每次中断负荷量及补偿费用。

（2）准确确定可中断合同有效期内的缺额容量，即需要中断的负荷量。

（3）如何刺激用户披露真实的停电损失。

（4）如何制定具体的可中断负荷管理计划，即如何确定合同有效期内中断负荷类型、中断时刻、中断持续时间和中断容量等具体中断计划。

如何确定合同的内容要考虑到实际电力系统的构成，即发电系统、负荷组成、季节与作息时间等多方面的因素，既要考虑负荷的个性化要求，又不能划分类型太细，种类太多就趋于复杂，不宜推广和竞争。结合我国国情，有人设计了合同有效期为六个月，每次最小切除 0.5MW，中断持续时间分别为 4h 和 8h 的两种中断合同。

如何刺激用户披露真实的停电损失是一项艰巨的任务。传统的方法有宏观分析法和用户调查法，得到一些参考模型和 VOLL 值（Value of Lost Load），这些方法得到的结果往往比较粗略。电力市场化改革以来，大多采用可中断负荷竞价的方式，即用户参与可中断容量报价，电网/供电公司根据用户报价结合平衡市场或者辅助服务市场，合理购买可中断负荷。这种购买可中断负荷的机制相当于单边拍卖方式，即电网公司供电运行人员发布可中断容量缺额，用户进行一次性报价，然后根据缺额和报价进行出清，得到中断负荷方案和赔偿费用。设计了一个市场购买可中断负荷的框架，同时，经过经济分析发现处于某些位置的用户具有明显的市场力。因此，为了刺激用户更加真实地披露其停电损失费用，减少市场力，提高可中断负荷的利用效率，可以采用多次拍卖缺额容量的方案，具体分两轮进行：

第 1 轮：不公布缺额总量，每个合格的参与者按照规定的可中断合同形式提交匿名的报价，最低报价是公开的，作为一个参考。在这一轮次每个参与者可以随时修改自己的竞价。

第 2 轮：公开拍卖缺额容量。由于第 1 轮次的最低出价是公开的，所以，参与第 2 轮次公开竞标必须提交更有优势的出价，也可以坚持第 1 轮的报价不变。这 1 轮后得到用户报价由低到高的次序表。

在经过拍卖得到用户报价由低到高的次序表后，就可以制定可中断负荷管理的具体实施计划，即转化为以购买可中断负荷费用最小为目标的优化问题。按照"Pay-as-bid"方式确定可中断负荷购买费用，即根据第 2 轮的优先次序表，按照自身报价逐次买进可中断负荷量，直到满足每个时刻所需中断的负荷量为止。出于需要统筹考虑合同有效期内的可中断负荷管理问题，除了以整个时间段内的购买费用最低为目标之外，还要保持每一时刻负荷平衡（包括满足该时刻需中断的负荷量）、不同用户允许

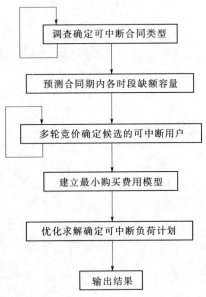

图 2-6　可中断负荷市场化管理流程

中断的总小时要求以及两次中断之间时间间隔要求等。建立起来的数学模型往往是一个复杂的规划问题，普遍采用的求解方法有动态规划法、最优潮流法等。综上，可中断负荷市场化调度管理流程如图 2-6 所示。

　　这种多次拍卖方式能够调动用户参与的积极性，并且根据其自身的停电损失申报中断价格，刺激其披露停电损失，解决供电公司难以确定不同用户的停电损失的难题；而且由于第 1 轮采用最低报价公开的方式，第 2 轮报价不能超过第 1 轮的规则，减少了用户实施市场力的机会。

第三章 合同能源管理与节能服务

发展合同能源管理业务，开展各种节能技术服务，发挥电网市场功能和对其他产业的带动力，建立绿色发展共识，凝聚绿色发展合力，拓展绿色产业链，服务我国的生态文明建设战略目标。

节能服务是 DSM 的主要技术手段，通过采用当前成熟的先进节能设备，达到改变用户用电方式和提高用电效率，从而实现降低电力需求和电量消耗的管理手段。先进节能设备包括绿色照明、高效电动机、高效变压器、蓄能技术等。

为客户提供能效管理和节能技术服务，是电力企业在智能电网环境下开展的一项全新业务。

第一节 合同能源管理

一、合同能源管理的基本概念

伴随着人类生产力的高度发展，能源消耗的日益增加，由此带来的地区环境和全球环境急剧变化，其中，由温室效应引起的全球气候变暖成为国际社会关注的热点。温室气体的排放主要来源于人类大量的迅速增长的矿物能源——煤、石油、天然气的消耗。各国在发展经济的同时，如何节约和充分利用能源成为首先加以考虑的问题。作为高耗能企业，能源成本已经占到企业总成本相当大的比重，如何降低能耗费用，如何开源节流，也已成为各个企业积极探索的问题之一。20 世纪 70 年代中期以来，一种基于市场的、全新的节能项目投资机制"合同能源管理"（EPC）在市场经济国家中逐步发展起来，而基于合同能源管理这种节能投资新机制运作的专业化的"节能服务公司"（国外简称 ESCO，国内简称 EMCo）的发展十分迅速，尤其是在美国、加拿大，EMCo 已发展成为新兴的节能产业。

合同能源管理机制的实质是一种以减少的能源费用来支付节能项目全部成本的节能投资方式。这种节能投资方式允许用户使用未来的节能收益为工厂和设备升级，降低目前的运行成本，提高能源利用效率。

合同能源管理这种市场节能新机制的出现和基于合同能源管理机制运作的 EMCo 的繁荣发展，带动和促进了美国、加拿大等国家全社会节能项目的加速和普遍实施。

二、合同能源管理机制的运作模式

EMCo 是一种基于合同能源管理机制运作的、以赢利为直接目的的专业化公司。EMCo 与愿意进行节能改造的用户签订节能服务合同，为用户的节能项目进行投资或融资，向用户提供能源效率审计、节能项目设计、原材料和设备采购、施工、监测、培训、运行管理等一条龙服务，并通过与用户分享项目实施后产生的节能效益来赢利和滚动发展。

　　按照合同能源管理模式运作节能项目，在节能改造之后，客户企业原先单纯用于支付能源费用的资金，可同时支付新的能源费用和 EMCo 的费用。合同期后，客户享有全部的节能效益，会产生正的现金流。

　　合同能源管理成本和效益分析如图 3-1 所示。

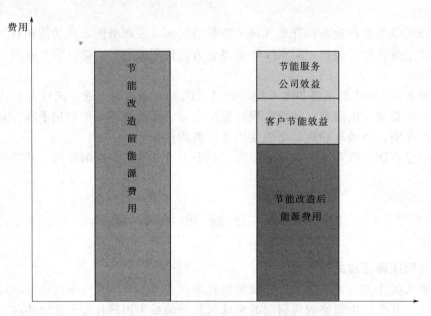

图 3-1　合同能源管理成本和效益

　　客户企业为什么要和 EMCo 共同按照合同能源管理模式实施节能项目呢？这可能会有很多原因，但通常是出于三个考虑，即投资效益、运作效益和转嫁风险效益。

　　从 EMCo 的业务运作方式可以看出，EMCo 是市场经济下的节能服务商业化实体，在市场竞争中谋求生存和发展，与我国传统的节能项目运作模式有根本性的区别。与传统的节能项目运作模式相比，采用合同能源管理方式实施节能项目具有以下优点：

　　（1）通过把实施节能项目的风险和负担转嫁给 EMCo，帮助克服由于实施项目的可能风险所造成的企业对实施节能项目的保留态度。

　　（2）通过把节能项目开发的主要负担转嫁给 EMCo，帮助企业克服节能项目经济效益不明显、占用企业精力太多的担心和疑虑。

　　（3）EMCo 通过同类项目的开发和大量"复制"来提高其节能项目运作能力，降低节能项目的实施成本，并且节能项目的投资出自节能项目本身产生的节能效益，从而减轻了企业实施节能项目的融资压力。

　　三、合同能源管理的意义

　　我国是世界上第二能源消费大国，同时也是能源效率低、能源浪费最严重的国家之一。典型案例研究和市场调查分析表明，大量技术上可行、经济上合理的节能项目，完全可以通过商业性的以盈利为目的的 EMCo 来实施。

　　过去，我国的节能工作主要是通过政府节能主管部门、各级节能服务机构和企业节能管理部门三位一体的能源管理机制运作。这一节能体系在原来的计划经济体制下，发挥了重要的作用并取得了显著的节能成就。但是，随着我国经济体制面向市场的转变，原有的节能管理体制和社会的节能机制，已不适应变化了的形势，也必须随之转变。

另一方面，在新形势下，企业的自主权扩大，节能已由原来的国家投资转变为企业的自主行为，节能的阻力主要表现为节能投资的市场障碍。由于大多数节能项目的规模和经济效益在企业经营中并不占有重要地位，加上节能技术引入的成本及其投资风险，多数企业领导往往把主要注意力放在扩大生产和增加产品的市场份额上，通常并不把节能放在主要地位，从而使大量的节能项目难以实施。为进一步推动我国的节能工作，当前最为迫切的任务是引导和促进节能机制面向市场的过渡和转变，借鉴、学习和引进市场经济国家先进的节能投资新机制，以克服目前我国存在的上述种种节能投资障碍，加快我国为数众多的技术上可行、经济上合理的节能项目的普遍实施。从较成熟的市场经济国家的节能事业发展的经验来看，合同能源管理这种节能新机制比较适合我国的情况，我国已有的节能机构和潜在的投资者完全可以结合我国的实际情况对节能项目进行投资并从中获得盈利和发展。

在我国引进和推广"合同能源管理"具有十分重大的意义。原国家经济贸易委员会于2000年6月30日发出《关于进一步推广合同能源管理机制的通告》，随之涌现出许多新兴/潜在的EMCo。一方面，通过专业化的EMCo按照"合同能源管理"方式为客户企业实施节能改造项目，不仅可以帮助众多企业克服在实施节能项目时所遇到的障碍，包括项目融资障碍、节能新技术/新产品信息不对称障碍等，还可帮助企业全部承担或者部分分担项目的技术风险、经济风险和管理风险等。另一方面，EMCo帮助客户企业克服这些障碍，可以加速各类具有良好节能效益和经济效益的项目的广泛实施；更重要的是，基于市场运作的EMCo会千方百计寻找客户实施节能项目，努力开发节能新技术和节能投资市场，从而使自身不断发展壮大，终将在我国形成一个基于市场的节能服务产业大军。

2010年4月，国务院转发了国家发展和改革委员会、财政部等四部门《关于加快推行合同能源管理促进节能服务产业发展的意见》，提出具体的财政和税收优惠政策。2011年1月，财政部、国家税务总局联合下发了《关于促进节能服务产业发展增值税营业税和企业所得税政策问题的通知》，对符合条件的节能服务公司暂免征收营业税和增值税，同时给予"三免三减半"的所得税优惠，这被业内解读为"为合同能源管理企业再开三盏减免'绿灯'"，直接利好节能服务企业。

目前，合同能源管理项目已纳入中央预算内投资和中央财政节能减排专项资金支持范围，有条件的一些地方也安排一定资金，用于支持和引导节能服务产业发展。随着环境的改善，节能服务行业在"十二五"的发展将明显提速。"十二五"期间，全国节能服务公司数量将从"十一五"期末的782家发展到2500家，节能服务产业将实现总产值3000亿元。

四、节能服务合同的基本类型

节能服务合同中最重要的部分涉及如何确定能耗基准线，如何计算和监测节能量，怎样向EMCo付款等条款，在合同中清楚地陈述上述有关内容并让客户理解，这一点是极为重要的。而根据客户企业和EMCo各自所承担的责任，客户企业向EMCo付款的方式的不同，又可以将节能服务合同分成不同的类型。随着合同能源管理机制在我国的不断发展，已经发展出了以下三种不同的类型，与目前在北美和日、韩等国的情况基本相似。

1. 节能效益分享型

节能效益分享型的合同规定由 EMCo 负责项目融资，在项目期内客户和 EMCo 双方分享节能效益的比例。

主要特点如下：

（1）EMCo 提供项目的资金。

（2）EMCo 提供项目的全过程服务。

（3）在合同期内 EMCo 与客户按照合同约定的比例分享节能效益。

（4）合同期满后节能效益和节能项目所有权归客户所有。

例如，在五年项目合同期内，客户和 EMCo 双方分别分享节能效益的 20％和 80％，EMCo 必须确保在项目合同期内收回其项目成本以及利润。此外，在合同期内双方分享节能效益的比例可以变化。例如，在合同期的前两年里，EMCo 分享 100％的节能效益，合同期的后三年里客户和 EMCo 双方各分享 50％的节能效益。

2. 节能量保证型

在节能量保证型的合同里，EMCo 保证客户的能源费用将减少一定的百分比，即可由 EMCo 提供项目融资，也可由客户自行融资。

主要特点如下：

（1）客户提供项目资金。

（2）EMCo 提供项目的全过程服务并保证节能效果。

（3）按合同规定，客户向 EMCo 支付服务费用。

（4）如果在合同期项目没有达到承诺的节能量或节能效益，EMCo 赔付按合同约定向客户补偿未达到的节能效益。

例如，EMCo 保证客户锅炉的燃料费减少 10％，而所有附加的节能效益全归 EMCo 享受。

3. 能源费用托管型

在能源费用托管型合同中，由 EMCo 负责管理客户企业整个能源系统的运行和维护工作，承包能源费用。

主要特点如下：

（1）客户委托 EMCo 进行能源系统的运行管理和节能改造，并按照合同约定支付能源托管费用。

（2）EMCo 通过提高能源效率降低能源费用，并按照合同约定拥有全部或者部分节省的能源费用。

（3）EMCo 的经济效益来自能源费用的节约，客户的经济效益来自能源费用（承包额）的减少。

从目前情况看，大部分合同是上述三种方式之一或某几种方式的结合。对每一种付款方式都可以作适当变通，以适应不同耗能企业的具体情况和节能项目的特殊要求。但是，无论采用哪种付款方式，建议均应坚持以下原则：

（1）EMCo 和客户双方都必须充分理解合同的各项条款。

（2）合同对 EMCo 和客户双方来说都是公平的，以维持双方良好的业务关系。

（3）合同应鼓励 EMCo 和客户双方致力于追求可能的最大节能量，并确保节能设备在整个合同期内连续而良好的运行。

第二节 绿 色 照 明

一、绿色照明简介

1. 绿色照明的内涵

绿色照明是美国国家环保局于 20 世纪 90 年代初提出的概念。完整的绿色照明内涵包含高效节能、环保、安全、舒适等四项指标，不可或缺。高效节能意味着以消耗较少的电能获得足够的照明，从而明显减少电厂大气污染物的排放，达到环保的目的。安全、舒适指的是光照清晰、柔和及不产生紫外线、眩光等有害光照，不产生光污染。

2. 对绿色照明内涵的理解

绿色照明工程不能单纯地理解为节约用电，要将其提高到节约能源、保护环境的更高层次上去。绿色照明工程提出的宗旨不是实现经济效益，而更主要的是着眼于资源的利用和环境保护。通过照明节电，从而减少发电量，即降低燃煤量（中国 70％以上的发电量还是依赖燃煤获得），以减少 SO_2，CO_2 以及氮氧化合物等有害气体的排放，对于世界面临环境与发展的课题，都有深远的意义。

绿色照明工程不只是传统意义的节能，而是要提高了照明质量和视觉环境条件。我国"绿色照明工程实施方案"中提出的宗旨，就是要满足对照明质量和视觉环境条件的更高要求，因此不能靠降低照明标准来实现节能，而是要充分运用现代科技手段提高照明工程设计水平和方位，提高照明器材效率来实现。

二、高效节能的电光源

高效光源是照明节能的首要因素，必须重视推广应用高效光源。可用卤钨灯取代普通照明白炽灯、用高效能荧光灯取代白炽灯等方式，并且大力推广钠灯、金属卤化物灯和发光二极管（LED）的应用。

这些高效光源各有其特点和优点，各有其适用场所，决非简单地用一类节能光源能代替的。根据应用场所条件不同，至少有三类高效光源应予推广使用。

（一）卤钨灯

卤钨灯（halogen lamp）是填充气体内含有部分卤族元素或卤化物的充气白炽灯。在普通白炽灯中，灯丝的高温造成钨的蒸发，蒸发的钨沉淀在玻壳上，产生灯泡玻壳发黑的现象。1959 年时，发明了卤钨灯，利用卤钨循环的原理消除了这一发黑的现象。

1. 卤钨循环原理

卤钨循环的过程是这样的：在适当的温度条件下，从灯丝蒸发出来的钨在泡壁区域内与卤钨反应，形成挥发性的卤钨化合物。由于泡壁温度足够高，卤钨化合物呈气态，当卤钨化合物扩散到较热的灯丝周围区域时又分化为卤素和钨。释放出来的钨部分回到灯丝上，而卤素继续参与循环过程。

氟、氯、溴、碘各种卤素都能产生钨的再生循环。它们之间的主要区别是发生循环反应所需的温度以及与灯内其他物质发生作用的程度有所不同。现在大量生产各种溴钨灯和碘钨灯，某些灯中还部分采用氯作为循环剂。

2. 卤钨灯的尺寸及特点

为了使灯壁处生成的卤化物处于气态，卤钨灯的管壁温度要比普通白炽灯高得多。相应地，卤钨灯的泡壳尺寸就要小得多，必须使用耐高温的石英玻璃或硬玻璃。由于玻壳尺寸小，强度高，灯内允许的气压就高，加之工作温度高，故灯内的工作气压要比普通充气灯泡高得多。既然在卤钨灯中钨的蒸发受到更有力的抑制，同时卤钨循环消除了泡壳的发黑，灯丝工作温度和光效就可大为提高，而灯的寿命也得到相应延长。

3. 卤钨灯的分类

卤钨灯分为主电压卤钨灯（可直接接入 220V 电源）及低电压卤钨灯（需配相应的变压器）两种。可直接应用于电网电压 220V 的卤钨灯，其尺寸可小到 14mm×54mm，具有灯丝稳定性和抗震性都优异的特性，泡壳有透明和磨砂两种不同规格，内带保险丝符合 IEC A32-2 标准，灯头为 G9 型易于连接，它的主要技术参数见表 3-1。低电压卤钨灯具有相对更长的寿命，安全性能等优点。

表 3-1 <center>卤 钨 灯 的 技 术 参 数</center>

工作电压（V）	220	220	220	220	光通量（lm）	285	510	940	1225
功率（W）	25	40	60	75	寿命（h）	1500	1500	2000	2000

卤钨灯按用途分为六类：

（1）照明卤钨灯。又分为高压双端灯、低压单端灯和多平面冷反射低压定向照明灯三种，广泛用于商店、橱窗、展厅、家庭室内照明。

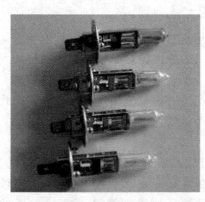

（2）汽车卤钨灯（图 3-2）。又分前灯，近光灯，转弯灯，刹车灯等。

（3）红外、紫外辐照卤钨灯。红外辐照卤钨灯用于加热设备和复印机上，紫外辐照卤钨灯已开始用于牙科固化粉的固化工艺。

（4）摄影卤钨灯。已在舞台影视和新闻摄影照明中取代普通钨丝白炽灯。

（5）仪器卤钨灯。用于现代显微镜、投影仪、幻灯以及医疗仪器等光学仪器上。

（6）冷反射仪器卤钨灯。用于轻便型电影机、幻灯机、医用和工业用内窥镜、牙科手术着色固化、彩

图 3-2　汽车卤钨灯

色照片扩印等光学仪器上。

近年来又推出多种节能卤钨灯新品种，如在石英泡壳上采用涂敷 TiO_2/SiO_2 红外反射层技术（IRC）制成 JD 型和 JDR 型新颖卤钨灯，通过让可见光透过，而将红外线反射回灯丝的过程，使灯的光效有 30%～45% 的提高，寿命达 3000h。

4. 卤钨灯的适用范围

卤钨灯适用于照度要求较高、显色性较好或要求调光的场所，如体育馆、大会堂、宴会厅等。其色温尤其适用于彩色电视的演播室照明。由于它的工作温度较高，不适于多尘、易燃、爆炸危险、腐蚀性环境场所，以及有振动的场所等。石英聚光卤钨灯用于拍摄电影、电视及舞台照明的聚光灯具或回光灯具中。

照明开闭频繁，需要迅速点亮，需要调光或需要避免对测试设备产生高频干扰的地方和屏蔽室适合选用卤钨灯；需要正确识别色彩，照度要求较高或进行长时间紧张视力工作的场所，选用卤钨灯能够达到良好的效果。

（二）高效能荧光灯

1. 直管型荧光灯

直管型荧光灯属双端荧光灯。常见标称功率有 4W、6W、8W、12W、15W、20W、30W、36W、40W、65W、80W、85W 和 125W。管径用 T5、T8、T10、T12。灯头用 G5、G13。目前较多采用 T5 和 T8。T5 显色指数大于 30，显色性好，对色彩丰富的物品及环境有比较理想的照明效果，光衰小，寿命长，平均寿命达 10000h。适用于服装、百货、超级市场、食品、水果、图片、展示窗等色彩绚丽的场合使用。T8 色光、亮度、节能、寿命都较佳，适合宾馆、办公室、商店、医院、图书馆及家庭等色彩朴素但要求亮度高的场合使用。

为了方便安装、降低成本和安全起见，许多直管形荧光灯的镇流器都安装在支架内，构成自镇流型荧光灯。荧光灯管的管径越细，光效越高，节电效果越好。荧光灯管，管径越细，启辉点燃电压越高，对镇流器技术性能要求越高。

2. 自镇流单端荧光灯

自镇流单端荧光灯是一种节能型荧光灯，荧光灯的灯管、镇流器和灯头紧密地联成一体（镇流器放在灯头内），除了破坏性打击，无法把它们拆卸，故被称为"紧凑型"荧光灯。由于无需外加镇流器，驱动电路也在镇流器内，故这种荧光灯也是自镇流荧光灯和内启动荧光灯。整个灯通过 E27 等灯头直接与供电网连接，可方便地直接取代白炽灯。

从荧光灯的发光机制可见，荧光粉对荧光灯的质量起关键作用。这种荧光灯大都使用稀土元素三基色荧光粉，它是将能够发出人眼敏感的红、绿、蓝三色光的荧光粉氧化钇（发红光）、多铝酸镁（发绿光）和多铝酸镁钡（发蓝光）按一定比例混合而成，它的发光效率高（平均光效在 80lm/W 以上，约为白炽灯的五倍）、色温为 2500～6500K，显色指数在 85 左右，用它作荧光灯的原料可大大节省能源，因而具有节能功能。但稀土元素三基色荧光粉也有其缺点，其最大缺点就是价格昂贵。

荧光灯管实际光效高低，与所采用的镇流器技术性能，和镇流器与荧光灯管匹配程度等技术要素，有直接关系。

（三）钠灯、金属卤化物灯

1. 钠灯

钠灯利用钠蒸气放电产生可见光的电光源。钠灯又分低压钠灯和高压钠灯。低压钠灯的工作蒸气压不超过几个帕。低压钠灯的放电辐射非常接近人眼视觉曲线的最高值，故其发光效率极高，成为各种电光源中发光效率最高的节能型光源。高压钠灯（图 3-3）的工作蒸气压大于0.01MPa。高压钠灯是针对低压钠灯单色性太强，显色性很差，放电管过长等缺点而研制的。高压钠灯又分普通型（标准型）、改进型、高显色型。

图3-3　高压钠灯

钠灯是一种高强度气体放电灯泡。由于气体放电灯泡的负阻特性，如果把灯泡单独接到电网中去，其工作状态是不稳定的，随着放电过程继续，它必将导致电路中电流无限上升，最后直至灯光或电路中的零部件被过流烧毁。在恒定电源条件下，为了保证灯泡稳定地工作，电路中必须串联一具有正阻特性的电路无件来平衡这种负阻特性，稳定工作电流，该元件称为镇流器或限流器。电阻器、电容器、电感器等均有限流作用。

电阻性镇流器体积小，价格便宜，与高压钠灯配套使用会发生启动困难，工作时电阻产生很高的热量，需有较大的散热空间、消耗功率很大，将会使电路总照明效率下降。它一般在直流电路中使用，在交流电路中使用灯光有明显闪烁现象。

低压钠灯辐射单色黄光，显色性一般，适用于照度要求高但对显色性无要求的照明场所，如高速公路、高架铁路、公路、隧道、桥梁、港口、堤岸、货场、建筑物标记以及各类建筑物安全防盗照明。由于黄色光透雾性强，该灯也适宜于多雾区域的照明。因此，太阳能低压钠灯系统是应用于太阳能照明领域的最佳选择。

2. 金属卤化物灯

金属卤化物灯（图3-4）又简称金卤灯，是以交流电源工作的，在汞和稀有金属的卤化物混合蒸气中产生电弧放电发光的放电灯，金属卤化物灯是在高压汞灯基础上添加各种金属卤化物制成的第三代光源。照明采用钪钠型金属卤化物灯，具有发光效率高、显色性能好、寿命长等特点，是一种接近日光色的节能新光源。它兼有荧光灯、高压汞灯、高压钠灯的优点，克服了这些灯的缺陷，但其缺点是灯内的填充物中有汞，汞是有毒物质，制灯注汞时，处理不慎，会造成对生产环境污染，有损工人的身体健康，电弧管排气时，有微量的汞蒸气排出，若处理不当，会直接排入大气，当使用的灯破损，皆会对环境造成污染。

金属卤化物灯适用于要求照度高、显色性好的场所，如体育馆、美术馆、展览馆等。采用混光照明的方法可以获得高光效，光色也可得到改善。适用于路灯照明，繁华街道照明。投光灯或高杆照明，高杆照明可设置在立交桥、广场、车站、码头等处。

有高挂条件并需要大面积照明的场所宜采用金属卤化物灯。当气体放电灯供电电压瞬间波动下降较大时，灯管会自行熄灭，这对某些熄灭后不能马上再启动的光源尤其要注意。应考虑一定的安全系数，使电网瞬间电压变化不低于某一允许值。气体放电灯多采用电感镇流器，功率因数均小于1。在大面积采用气体放电灯照明时，为节省有色金属并提高设备利

图3-4　金属卤化物灯

用率，应考虑补偿以提高功率因数，一般采用集中补偿方法比较方便。在选择导线截面和照明变压器容量时，不仅要计算光源所消耗的电功率，而且应计入镇流器的损耗功率。

（四）发光二极管

发光二极管简称为 LED。由镓（Ga）与砷（AS）、磷（P）的化合物制成的二极管，当电子与空穴复合时能辐射出可见光，因而可以用来制成发光二极管。在电路及仪器中作为指示灯，或者组成文字或数字显示。磷砷化镓二极管发红光，磷化镓二极管发绿光，碳化硅二极管发黄光。

发光二极管与普通二极管一样是由一个 PN 结组成，也具有单向导电性。当给发光二极管加上正向电压后，从 P 区注入到 N 区的空穴和由 N 区注入到 P 区的电子，在 PN 结附近数微米内分别与 N 区的电子和 P 区的空穴复合，产生自发辐射的荧光。不同的半导体材料中电子和空穴所处的能量状态不同。当电子和空穴复合时释放出的能量多少不同，释放出的能量越多，则发出的光的波长越短。常用的是发红光、绿光或黄光的二极管。

发光二极管的反向击穿电压约 5V。它的正向伏安特性曲线很陡，使用时必须串联限流电阻以控制通过管子的电流。限流电阻 R 可用下式计算

$$R=\frac{E-U_{F}}{I_{F}}$$

式中　E——电源电压；

　　U_{F}——LED 的正向压降；

　　I_{F}——LED 的一般工作电流。

发光二极管作为光源的特点是：

（1）LED 使用低压电源，供电电压在 6～24V 之间，根据产品不同而异，所以它是一个比使用高压电源更安全的电源，特别适用于公共场所。

（2）消耗能量较同光效的白炽灯减少 80%。

（3）体积很小，所以可以制备成各种形状的器件，并且适合于易变的环境。

（4）稳定性好，响应时间快，白炽灯的响应时间为毫秒级，LED 灯的响应时间为纳秒级。

（5）无有害金属汞，不会造成环境污染。

（五）几种高效光源的比较

常用电光源有白炽灯、卤钨灯、荧光灯、荧光高压汞灯、高压钠灯、低压钠灯和金属卤化物灯等。各种电光源的适用场所见表 3-2，特性比较见表 3-3，常用混光照明的种类、效果和适用范围见表 3-4。

表 3-2　　　　　　　　　　　　　　各种电光源的适用场所

光源名称	光 源 特 点	适 用 场 所
低压钠灯	综合光效高，显色性很差	小功率低压钠灯适用于厂区道路，大功率低压钠灯适用于广场、煤场、停车场
高压钠灯	综合光效在常用气体放电灯中最高，显色性差，灯泡寿命长	小功率高压钠灯适用于室内停车场、仓库，大功率高压钠灯适用于在不要求显色指数的大型车间、道路、广场等要求照度高的场所

续表

光源名称	光源特点	适用场所
荧光高压汞灯	综合光效较高，寿命较长	小功率荧光高压汞灯适用于室内照明、楼道照明或厂区小道路照明，大功率荧光高压汞灯可与大功率高压钠灯作混光光源用于大型车间的照明
金属卤化物灯	综合光效略高，灯泡寿命略长	适用于要求显色指数高的场所
荧光灯	综合光效较高	适用于车间、办公室等照明
白炽灯	—	局部照明、事故照明，需要调光的场所

表 3 - 3　　　　常用电光源特性比较

光源名称	白炽灯	卤钨灯	荧光灯	荧光高压汞灯	管形氙灯	高压钠灯	低压钠灯	金属卤化物灯
额定功率范围（W）	15～1000	250～400	18～180	250～3500	1500～10000	250～400	18～180	250～3500
光效（lm/W）	7～9	19.5～21	27～67	32～53	20～37	90～100	75～150	72～80
平均寿命（h）	1000	1500	1500～5000	3500～6000	500～1000	3000	2000～5000	1000～1500
一般显色指数 R_a	95～99	95～99	70～80	30～40	90～94	20～25	黄色	65～80
启动稳定时间	瞬时		1～3s	4～8min	1～2s	4～8min	8～10min	4～10min
再启动时间	瞬时			5～10min	瞬时	10～20min	25min	10～15min
功率因数	1	1	0.32～0.7	0.44～0.67	0.4～0.9	0.44	0.6	0.5～0.61
频闪效应	不明显			明显				
表面亮度	大	大	小	较大	大	较大	较大	大
电压变化对光通量的影响	大	大	较大	较大	较大	大	大	较大
温度变化对光通量的影响	小	小	大	较小	小	较小	小	较小
耐震性能	较差	差	较好	好	好	较好	较好	好
所需附件	无	无	镇流器起辉器	镇流器	镇流器触发器	镇流器	漏磁变压器	镇流器触发器

表 3 - 4　　　　常用混光照明的种类、效果和适用范围

级别	分类	混光照明所要达到的目的	混光光源种类	光通量比（%）	一般显色指数 R_a	色彩识别效果	适用场所举例
I	对色彩识别要求很高的场所	获得高显色性和高光效	DDG＋NGG DDG＋NGX DDG＋PZ GGY＋PZ DGG＋RR	50～70 50～70 50～80 ＜20 40～60	≥85	除个别颜色为中等外其余良好	配色间、颜色检验、彩色印刷

续表

级别	分类	混光照明所要达到的目的	混光光源种类	光通量比（%）	一般显色指数 R_a	色彩识别效果	适用场所举例
II	对色彩识别要求较高的场所	获得较高的显色性和高光效	DDG＋NGX DDG＋PZ DDG＋NG KNG＋NGG GGY＋NGG ZJD＋NGX	30～60 ＞80 40～80 40～70 ＜30 40～60	70≤R_a＜85	除部分颜色为中等外其余良好	色织间、控制室、展览室、体育场馆
III	对色彩识别要求一般的场所	改善显色性和提高发光效率	DDY＋PZ KNG＋NG GGY＋NGG DDG＋NG	50～60 50～80 30～50 30～40	60≤R_a＜70	除个别颜色为中等和可以外其余良好	机电、仪表仪器装配
IV	对色彩识别要求较低的场所	改善显色性和提高发光效率	GGY＋NG KNG＋NG DDG＋NG GGY＋NGX ZJD＋NG	40～60 20～50 20～30 40～60 30～40	40≤R_a＜60	除个别颜色为可以外其余为中等	焊接、冲压、铸造、热处理

注 GGY—荧光高压汞灯；DDG—镝灯；KNG—铊钠灯；NGG—高显色高压钠灯；NG—高压钠灯；RR—日光色荧光灯；NGX—改进型高压钠灯；PZ—白炽灯；DGG—高显色荧光灯；ZJD—金属卤化物灯。

（六）高效光源的发展趋势

光源是能量转换成光的器件，是实施绿色照明的核心。过去一个世纪，世界光源产品发展迅速，近 20 年中国也在加速追赶世界潮流。预计未来一二十年，将会有更大的发展，从所了解的情况分析，主要发展趋势有以下几方面。

1．进一步提高光源的性能和技术参数

（1）提高发光效率。预计气体放电灯光效将普遍超过 100lm/W，HID 灯将更高，白炽光源将通过多种技术革新进一步提高光效。

（2）提高显色性能。多数光源的显色指数将超过 80，荧光灯将普遍使用三基色荧光粉。

（3）提高使用寿命。气体放电灯将超过 10000h，将有多种更长寿命的新光源出现。

2．光源产品将有更好的环境保护效果和视觉效果

（1）21 世纪将更重视环境保护，将研究更多措施减少污染，如研制少汞和无汞的放电灯，缩小荧光灯管管径和改进荧光粉涂覆工艺，以降低荧光粉用量。

（2）进一步发展高频荧光灯和直流荧光灯，提高发光稳定性，消除频闪效应，降低电磁辐射，消除噪声，以改善环境效果和视觉效果。

（3）光源进一步向紧凑和小型方向发展。

（4）研制管径更细的荧光灯和多种形式的紧凑型荧光灯，以降低制灯材料用量，特别是有害物质的耗量；同时，提高光源的光效，降低灯具尺寸，提高灯具效率。

3．广泛应用电子技术

电子技术飞速发展，已广泛应用于各个领域，在光源和配套电器制造中也开创了新路。今后还将发展更多的高频放电灯、直流荧光灯、高频感应灯、微波灯等寿命更长、显

色性更好、光效更高的光源提供使用。预计未来一二十年，LED 将进一步提高光效，降低成本，有可能成为一种新型照明光源，将引起照明领域的巨大变革，对绿色照明实施产生重大影响。

4. 利用太阳能

太阳能是最清洁而又取之不尽的能源，新世纪将按绿色照明的要求，作出积极的研究和推广应用，包括更小尺寸、更高效率的太阳能电池和相关的高效光源，将在环保要求高、取得电能不便等场所优先应用。

5. 研制新品种

灯具应随光源的发展而研制新的品种，适应新光源的需要。

三、高效节能照明电器附件

高效照明器材是照明节能的重要基础，但照明器材不只是光源，光源是首要因素，已经为人们认识，但不唯一，灯具和电气附件（如镇流器）的效率，对于照明节能的影响是不可忽视的。

灯用电器附件则宜用节能电感镇流器和电子镇流器取代传统的高能耗电感镇流器。按 GB 50034—2004《建筑照明设计标准》规定，直管荧光灯应配用电子镇流器或节能型电感镇流器；高压钠灯、金卤灯应配节能型电感镇流器。总之，不能再采用传统的功耗大的普通电感镇流器。

各种照明节能的控制设备或器件有：①光传感器；②热辐射传感器；③超声传感器；④时间程序控制；⑤直接或遥控调光。这些照明节能的控制设备或器件能使照明设备在无需求时自动中断工作，不用人工开关控制，做到随用随开，大大地起到了节能的作用。

高效的器材是重要的物质基础，但是还应有正确合理的照明工程设计。设计是统管全局的，对能否实施绿色照明要求起着决定作用。此外，运行维护管理也有不可忽视的作用，没有这一因素，照明节能的实施也不完整。绿色照明旨在改善提高人们工作、学习、生活的条件和质量，因此设计人员必须很好领会绿色照明的要求和掌握国家有关照明设计规范，使之满足要求。

第三节　高效电动机

我国电机系统效率比发达国家低约 20%～30%。目前我国工业能耗约占总能耗的 70%，其中电机能耗约占工业能耗的 60%～70%，而发达国家只占工业耗能 45% 左右。因此，电机节能成为工业节能中最为关键的项目，在我国指定的十大重点节能工程中，电机系统节能工程也是其中之一。

我国目前高效节能电机应用比例低。根据国家中小电机质量监督检验中心对国内重点企业 198 台电机的抽样调查，其中达到 2 级以上的高效节能电机比例只有 8%。这对整个社会资源产生了极大的浪费。有机构做过计算，如果将所有电动机效率提高 5%，则全年可节约电量达 765 亿 kW·h，这个数字接近三峡 2008 年全年发电量。所以说节能电机行业的发展空间大、需求性强。

一、电动机能效限定值定义

高效电动机是指通用标准型电动机具有高效率的电动机。高效电动机从设计、材料和工艺上采取措施，例如，采用合理的定子、转子槽数，风扇参数和正弦绕组等措施，降低损耗，效率可提高 2%～8%，平均提高 4%。

国家标准化管理委员会于 2006 年发布了强制性标准《中小型三相异步电动机能效限定值及节能评价》，文件规定 2011 年 7 月 1 日以后将禁止销售 3 级能效电机。2010 年 6 月 2 日，财政部、国家发展改革委员会联合出台《关于印发节能产品惠民工程高效电机推广实施细则的通知》，将高效电机纳入节能产品惠民工程实施范围，采取财政补贴方式进行推广。

在标准规定测试条件下，所允许电动机效率最低的保证值，即电动机的效率（%）应不低于表 3-5 的规定。此值是强制性执行的，满足不了这个规定值是不可生产和使用的。

表 3-5　　　　　　　　　　　　　电动机能效限定值

额定功率（kW）	效率（%）			额定功率（kW）	效率（%）		
	2 极	4 极	6 极		2 极	4 极	6 极
0.55		71.0	65.0	30	91.4	91.4	91.5
0.75	75.0	73.0	69.0	37	92.0	92.0	92.0
1.1	76.2	76.2	72.0	45	92.5	92.5	92.5
1.5	78.5	78.5	76.0	55	93.0	93.0	92.8
2.2	81.0	81.0	79.0	75	93.6	92.6	93.5
3	82.6	82.6	81.0	90	93.9	93.9	93.8
4	84.2	84.2	82.0	110	94.0	94.5	94.0
5.5	85.7	85.7	81.0	132	94.5	94.8	94.2
7.5	87.0	87.0	86.0	160	94.6	94.9	94.5
11	88.4	88.4	87.5	200	94.8	94.9	94.5
15	89.4	89.4	89.0	250	95.2	95.2	94.5
18.5	90.0	90.0	90.0	315	95.4	95.2	
22	90.5	90.5	90.0				

二、节能电动机评价

电动机节能评价是依据相关的电动机能效标准，按照以下几方面进行技术指标评定的过程。

1. 基本要求

电动机的一般性能、安全性能、防爆性能以及噪声和振动要求应分别符合相关标准。

2. 节能评价值定义

在标准规定测试条件下，节能电动机效率应达到的最低保证值，即电动机的效率应不低于表 3-6 的规定。

表 3 - 6   电 动 机 节 能 评 价 值

额定功率 (kW)	效率（%）			额定功率 (kW)	效率（%）		
	2 极	4 极	6 极		2 极	4 极	6 极
0.55		80.7	75.4	30	92.9	93.2	92.5
0.75	77.5	82.3	77.7	37	93.3	93.6	93.0
1.1	82.8	83.8	79.9	45	93.7	93.9	93.5
1.5	84.1	85.0	81.5	55	94.0	94.2	93.8
2.2	83.6	86.4	83.4	75	94.6	94.7	94.2
3	86.7	87.4	84.9	90	95.0	95.0	94.5
4	87.6	88.3	86.1	110	95.0	95.4	95.0
5.5	88.6	89.2	87.4	132	95.4	95.4	95.0
7.5	89.5	90.1	89.0	160	95.4	95.4	95.0
11	90.5	91.0	90.0	200	95.4	95.4	95.0
15	91.3	91.8	81.0	250	95.8	95.8	95.0
18.5	91.8	92.2	91.5	315	95.8	95.8	
22	92.2	92.6	92.0				

3. 杂散损耗

电动机杂散损耗应不大于表 3 - 7 中所规定的要求。

表 3 - 7   杂 散 损 耗 限 值

电动机额定功率 (kW)	负荷杂散损耗占输入功率的比值（%）	电动机额定功率 (kW)	负荷杂散损耗占输入功率的比值（%）
0.55	2.5	30	1.8
0.75	2.5	37	1.7
1.1	2.5	45	1.7
1.5	2.4	55	1.6
2.2	2.3	75	1.6
3	2.3	90	1.5
4	2.2	110	1.5
5.5	2.1	132	1.4
7.5	2.1	160	1.4
11	2.0	200	1.3
15	1.9	250	1.3
18.5	1.9	315	1.3
22	1.8		

4. 功率因数

电动机的功率因数应符合相关产品标准规定的数值。

目前达到上述 1～4 条款规定的电动机基本上可视为节能电动机。

三、我国现有高效节能电动机

国内目前广泛使用的主要有 Y 和 Y2 两个低压异步电动机系列。Y 系列是 20 世纪 80 年代初全国统一设计的产品，功率范围从 0.55～250kW，机座中心高为 80～315mm，共 12 个机座。Y2 系列是 20 世纪 90 年代中期统一设计的新一代产品，功率从 0.12～315kW，机座中心高为 63～355mm，共 15 个机座。Y 系列和 Y2 系列电动机比老型号的 J02 系列从设计、选材及制造工艺等方面均应用了许多节电措施，电动机效率得到很大的提高，也有效地节约了电能。

Y 系列高效节能电动机有如下特点：

（1）Y 系列电动机的性能较 J02 系列电动机优良，功率因数和效率较高。Y 系列电动机的加权平均效率已达到 88.263%，比 J02 系列效率提高 0.415%。Y 系列电动机启动性能好，启动转矩约为额定转矩的两倍，比 J02 系列提高 30%，相当于高启动转矩的电动机。Y 系列电动机比 J02 系列适当增大丁定子和转于绕组的导线截面积，减少了铜损耗；适当增大了铁芯量，减少丁铁芯损耗；适当调整了气隙，缩小了风扇尺寸，减少了轴承摩擦，降低厂机械损耗；采用了热冲击及高级铁芯材料，减少了杂散损耗。

（2）Y 系列电动机比 J02 系列电动机体积减小约 15%，质量减轻 12%，结构坚固，外形美观。

（3）Y 系列电动机采用 B 级绝缘材料（J02 系列为 E 级绝缘材料），使电动机允许温升高，所以电动机运行较可靠，且噪声小、寿命长、经久耐用。

（4）符合国家标准，便于配套使用。Y 系列电动机为一般用途的高效节能电动机，可以用来拖动没有特殊要求的各种机械负载设备，但不能用作长期满载运行的电动机。

在 Y 系列基础上，我国又研制出 YX 系列高效节能异步电动机，其效率比 Y 系列平均提高 3%，且铜量平均增加 24%，硅钢片量增加 13.4%。YX 系列适用于负载率高，且使用时间长的场所。应用 YX 系列电动机虽对制造厂来说增加了原材料消耗，对企业来讲增加了投资费用，但从整体来说还是提高了社会经济效益。

目前，Y 系列和 YX 系列电动机的标称容量规格有 0.55kVA、0.75kVA、1.1kVA、1.5kVA、2.2kVA、3kVA、4kVA、5.5kVA、7.5kVA、11kVA、15kVA、18.5kVA、22kVA、30kVA、37kVA、45kVA、55kVA、75kVA、90kVA。这些数据既是电动机的标称容量值，又是作为典型负载值。

我国推广应用的部分高效节能电动机的主要性能参数，如表 3-8 所示。

表 3-8　　　　　　　　　　部分高效节能电动机的主要性能参数

产品名称	主要技术参数	技术经济效益	可代替的老产品型号
Y 系列三相异步电动机	全系列共 65 个规格，11 个机座号，19 个功率等级，0.55～90kW，与老产品 J02 比较：效率提高 0.413%，启动转矩提高 30%，体积缩小 15%，质量减轻 12%	以年产 1600 万 kW 计，全部代替 J02 系列，每年可节电 1.4 亿 kW·h	J02，J03

续表

产品名称	主 要 技 术 参 数	技 术 经 济 效 益	可代替的老产品型号
YX 系列三相高效异步电动机	已试制出 4 个规格，2 个机座号，与 J02 比较：效率提高 3.2%～3.5%，达到国际标准，启动转矩提高 20%	每台 75kW 计，每年可以节电 1.27 万 kW·h	J02，J03，JY
YB 系列防爆型三相异步电动机	全系列共 65 个规格，11 个机座号，全系列效率为 88.265%，较 J02 提高 0.413%，启动转矩平均值为 1.96 倍，较 BJ02 提高 33%		JB，BJ02
冶金起重电机 LZRYZ 系列	共 43 个规格，11 个机座号，与 JZR2、JZ2 比较：效率提高 1.87%，功率因数提高 9.35%	以年产 43 万 kW 计，全部代替老产品，每年可以节电 150 万 kW·h	JZR2，JZ，JZ2，JZB，JZRGB

第四节　高 效 变 压 器

一、概述

高效变压器是指在满足运行可靠性和经济性要求的前提下，通过采用新材料、新结构、新工艺等技术手段降低变压器空载损耗和负载损耗，使变压器在运行中消耗较少能源，达到节约能源的目的。欧美国家大力应用高效变压器：在美国，标准配电变压器的能效为 96%～98.5%，高效配电变压器的能效为 98%～99% 以上；在欧洲，变压器按能效水平划分为非晶合金、超高能效、高能效、正常能效等不同标准类型。

在我国，变压器型号中含有性能水平代号，反映了变压器的损耗水平。目前性能水平代号包括 8 型、9 型、10 型、11 型以及运用于非晶合金铁芯配电变压器的 15 型等。对不同电压等级和类型的变压器，GB/T 6451—2008《油浸式电力变压器技术参数和要求》等基础标准规定了变压器的基础空载损耗和负载损耗：不同性能水平变压器的空载和负载损耗在此基础上有规定程度的降低。如 10kV 油浸式电力变压器，11 型产品的空载损耗在标准规定损耗的基础上下降 30%，负载损耗下降 15%；110kV 变压器，10 型产品的空载损耗比标准规定损耗下降 15%，负载损耗下降 15%。

从 20 世纪 80 年代初期开始，随着晶粒取向优质冷轧硅钢片铁芯材料取代热轧硅钢片，7 型系列低损耗变压器逐步取代了高能耗和较高能耗变压器。至 90 年代末期，随着冷轧硅钢片材料性能的提高以及新工艺、新技术的应用，7 型系列产品也被作为高能耗产品，由 9 型系列产品取而代之。目前，随着技术的进步，高效变压器成熟的产品包括 S11 型油浸式配电变压器；10 型油浸式电力变压器；10 型干式变压器。上述产品均具备应用条件。

1. 铁芯损耗的控制

变压器损耗中的空载损耗，即铁损，主要发生在变压器铁芯叠片内，主要是因交变的磁力线通过铁芯产生磁滞及涡流而带来的损耗。

使用非晶态磁性材料制作的变压器，其铁损仅为硅钢变压器的 1/5，铁损大幅度降低。

2. 高效变压器应用目标与原则

(1) 在城网以及防火要求较高的场合，使用 10 型及以上干式变压器。

(2) 油浸式配电变压器使用 11 型产品。

(3) 电力变压器使用 10 型及以上产品。

(4) 要开展节能新材料在变压器制造中的应用，条件成熟时使用油浸式非晶含金铁芯变压器。

3. 高效变压器应用注意事项

(1) 应用高效变压器，可靠性是第一位的，其他性能指标（如噪声、温升、机械强度等）也要得到保证。

(2) 应用高效变压器的目的是降低变压器运行损耗以节约能源，因此，高效变压器的先进性体现在性能参数的先进性，损耗指标不但要适当低，而且要适合相应的负载率。

(3) 高效变压器的应用要把握现有条件和制造水平，把握其技术发展方向，对新一代产品的技术寿命要有前瞻性。产品换代也是有代价的，应避免频繁换代。

二、S11 高效变压器

1. 节能原理

S11 变压器卷铁芯打破了传统的叠片式铁芯结构，其铁芯材料采用高导磁取向冷轧硅钢片卷绕成封闭形，硅钢片中无对接缝，铁芯卷制后经退火处理，能彻底消除内应力，磁路各点分布无高磁区存在，故空载损耗和励磁电流均可大幅下降。S11 型变压器与同容量新 S9 型相比空载损耗下降 30%，空载励磁电流下降 70%，噪声下降 10dB 以上，变压器采用全密封结构，取消了储油柜，由于油与空气接触的途径被隔绝，绝缘不易受潮，老化程度大幅下降，变压器的可靠性和使用受命大大提高。其中 30~800kVA、10kV 级卷铁芯无励磁调压全密封型变压器技术参数见表 3-9。

2. 技术特点

S11 型变压器卷铁芯变压器是一种低噪音环保型、高效节能的配电变压器，与传统叠片式变压器（S9 变压器）相比较，有以下七个显著特点：

(1) 硅钢片连续卷制，铁芯无接缝，大大减少了磁阻，空载电流减少了 60%~80%，提高了功率因数，降低了电网线损，改善了电网的供电品质。

(2) 连续卷绕充分利用了硅钢片的取向性，空载损耗降低 20%~35%。

(3) 卷铁芯经退火工艺后，其导磁性能可恢复到机加工前的原有水平。

(4) 卷铁芯结构成自然紧固状态，无需夹件紧固，避免了因铁芯加紧力所带来的铁芯性能恶化，损耗增加。

(5) 卷铁芯自身是一个无接缝的整体，且结构紧凑，在运行时的噪音水平降低到 30~45dB，保护了环境。因此，很适合于建筑物内和生活区安装使用。

(6) 卷铁芯节约加工材料，硅钢片无横剪工序，边角废料少，材料利用率比 S9 型叠铁芯变压器高，在同容量下，铁芯重量大约下降 10%，节约了原材料，性能价格比有较大提高。

(7) 卷铁芯生产加工机械化程度高，生产效率比叠片铁芯生产率提高约 2 倍。

表 3 - 9　　　30～800kVA、10kV 级卷铁芯无励磁调压全密封型变压器技术参数表

| 产品型号 | 额定容量(kVA) | 电压组合 | | | 联结组标号 | 空载损耗(W) | 负载损耗(W) | 空载电流(%) | 阻抗电压(%) | 外形尺寸 长×宽×高(mm×mm×mm) | 轨距(mm) |
		高压(kV)	高压分接范围(%)	低压(kV)							
S11 - M. R - 30/10	30					98	600	0.5		1020×610×890	400
S11 - M. R - 50/10	50					133	870	0.5		1080×670×910	400
S11 - M. R - 63/10	63					154	1040	0.5		1140×680×980	400
S11 - M. R - 80/10	80					175	1250	0.4		1160×700×1000	550
S11 - M. R - 100/10	100					203	1500	0.4		1190×730×1040	550
S11 - M. R - 125/10	125	6、6.3、10、10.5、11	±5%	0.4	Yyn0	238	1800	0.4	4	1220×740×1100	550
S11 - M. R - 160/10	160					273	2200	0.3		1240×740×1120	550
S11 - M. R - 200/10	200					329	2600	0.3		1270×760×1180	550
S11 - M. R - 250/10	250					399	3050	0.3		1360×790×1210	550
S11 - M. R - 315/10	315					476	3650	0.3		1400×820×1240	550
S11 - M. R - 400/10	400					597	4300	0.3		1490×850×1270	660
S11 - M. R - 500/10	500					679	5150	0.3		1560×860×1438	660
S11 - M. R - 630/10	630					805	6200	0.3	4.5	1620×900×1560	820
S11 - M. R - 800/10	800					980	7500	0.3		1710×940×1590	820

卷铁芯变压器的缺点：①铁芯退火工艺要求较高；②铁芯卷绕和线圈绕制需要专用设备；③铁芯和绕组维修较困难。

3. 适用对象

由于 S11 卷铁芯变压器的加工工艺比较复杂，因此现在生产的容量还比较小，一般在800kVA 及以下容量，少数变压器厂能制造 1250～1600kVA，因此其适用范围为工矿企业及小区的配电变压器。

三、非晶态高效变压器

1. 节能原理

最早用于变压器铁芯的材料是易于磁化和退磁的软熟铁，变压器铁芯是由铁线制成，而不是由整块铁构成，为了克服磁回路中由周期性磁化所产生的磁阻损失和铁芯由于受交变磁通切割而产生的涡流。用线束制作的铁芯可有效减少涡流路径的截面积。在 20 世纪初，经研究发现在铁中加入少量的硅或铝可大大降低磁路损耗，增大导磁率，且使电阻率增大，涡流损耗降低。经多次改进，方用 0.35mm 厚的硅钢片来代替铁线制作变压器铁芯。

近年来，世界各国都在积极研究生产节能材料，变压器的铁芯材料已发展到现在最新的节能材料——非晶态磁性材料 2605S2，非晶合金铁芯变压器便应运而生。使用 2605S2制作的变压器，其铁损仅为硅钢变压器的 1/5，铁损大幅度降低。利用铁、硼、硅、碳四种元素合成的非晶态合金，经特高温熔炼而后急冷再经旋转喷制而成的非晶态带状薄膜，经过磁化而成为变压器铁芯卷材，非晶态合金因为其磁化功率小、磁滞损耗小、填充系数小、磁畴伸缩大、对应力敏感等特性而被称为跨世纪的新型功能材料，以其高效、低损耗、高导磁等优异的物理性能广泛用于电子、电力行业。

在电力行业中，采用非晶态合金作为铁芯材料的配电变压器，其空载损耗可比同容量的硅钢芯变压器降低 60%～80%。

2. 技术特点

(1) 非晶合金铁芯片厚度极薄，只有 20～30μm，填充系数较低，约为 0.82。

(2) 非晶合金铁芯许用磁密低，单相变压器一般 1.3～1.4T，三相变压器一般取 1.25～1.35T。因此，产品设计受材料限制比较高。

(3) 非晶合金的硬度是硅钢片的五倍，加工剪切很困难，一般变压器制造厂只能利用成型铁芯制造非晶合金变压器。

(4) 非晶合金铁芯材料对机械应力非常敏感，无论是张引力还是弯曲应力都会影响其磁性能。因此，在变压器器身结构上应考虑尽量减少铁芯受力。

(5) 非晶合金的磁畴伸缩程度比硅钢片高约 10%，而且不宜过度夹紧，因此，非晶合金变压器的噪声比硅钢片铁芯变压器高。

3. 适用对象

由于非晶态变压器的制作工艺限制，变压器容量还比较小，一般变压器容量不超过 1600kVA，因此非晶态变压器目前仅作为配电变压器适用于工矿企业、农村电网、配电系统，还不能作为电力变压器使用在输变电系统的电力变压器。

第五节　蓄　能　技　术

蓄能技术包括蓄冷（蓄冰）技术和蓄热技术，是移峰填谷措施之一，即可以降低峰荷，提高低谷负荷，平滑负荷曲线，提高负荷率，降低电力负荷需求，减少发电机组投资和稳定电网运行。蓄冷（蓄冰）、蓄热技术，也称储冷、储热技术。

一、蓄冷技术

蓄冷技术是一种正在使用的成熟技术。集中式空调采用蓄冷技术是移峰填谷的有效手段，它是在后夜负荷低谷时段制冷并把冰或水等蓄冷介质储存起来，在白天或前夜电网负荷高峰时段把冷量释放出来转换为空调冷气，达到移峰填谷的目的。

蓄冷技术特别适用于商业、服务业、工业以及居民楼区的集中空调。例如，大型商厦、贸易中心、酒楼宾馆、公寓、写字楼、娱乐中心、影剧院、体育馆、健身房、大型住宅区以及大面积使用空调的电子、医药、纺织、化工、精密仪器制造、食品加工、服装等生产企业。

在蓄冷技术发展的初期，人们把主要注意力集中于对水蓄冷技术的研究和应用，但由于其蓄冷槽体积大、占用面积多和蓄冷效率低等较难以解决的弱点，在近几年来，冰蓄冷技术再度引起人们的注意，并发展了利用其他相交材料进行蓄冷。随着电动机械制冷技术的发展，制冷机组成本的大幅度降低，以及现代建筑空调负荷和工业用冷负荷需求的急剧增加，即时性制冷供冷的方式已基本取代了原有的天然蓄冷供冷方式。

（一）蓄冷技术的分类

蓄冷技术有很多具体的形式，可以按照蓄冷进行的原理和蓄冷持续的时间和蓄冷使用的材料进行简单的分类。

1. 按照蓄冷进行的原理分类

在介质吸热或放热过程中，必然会引起介质的温度或物态发生变化，蓄冷就是利用工质状态变化过程中所具有的显热、潜热效应或化学反应中的反应热来进行冷量的储存，实现蓄冷的原理主要有显热蓄冷，潜热蓄冷和热化学蓄冷。

2. 按照蓄冷持续时间进行分类

按照蓄冷持续时间进行分类，蓄冷技术主要有昼夜蓄冷和季节性蓄冷两种类型。昼夜蓄冷是将电动制冷机组在夜间低谷期运行制取的冷量，以显热或潜热的形式将冷量储存起来并用于次日白天高峰期的冷量需求。季节性蓄冷是在冬季将形成的冷量（以冰或冷水的形式）储存在特定的容器或地下蓄水层中，在夏季再将其释放出来供应用户的冷负荷需求。

3. 按照用于蓄冷的介质进行分类

按照用于蓄冷的介质进行分类，蓄冷技术主要有水蓄冷、冰蓄冷、其他相变蓄冷材料蓄冷等。在季节性蓄冷中，多采用水或冰来进行。在昼夜蓄冷中，根据具体要求可以来用使用水作为蓄冷介质的显热蓄冷，或利用冰和共晶盐作为着冷介质的潜热蓄冷。简单分类情况如图 3 - 5 所示。

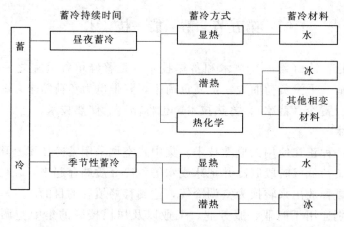

图 3 - 5　蓄冷技术分类

（二）各种蓄冷方式及其系统组成

1. 水蓄冷

水蓄冷是利用价格低廉、使用方便的水作为蓄冷介质，利用水的显热进行冷量储存的。它具有初投资少、系统简单、维修方便、技术要求低、可以使用常规空调制冷系统，以及在冬季可以用于蓄热等特点。水蓄冷技术适用于对现有常规制冷系统的扩容或改造，可以实现在不增加或少增加制冷机组容量的情况下，提高供冷能力。另外，水蓄冷系统可以利用消防水池、蓄水设施或建筑物地下室作为蓄冷容器，这样可以降低水蓄冷系统的初投资，进一步提高系统应用的经济性。

为了提高蓄冷槽的蓄冷效果，防止负荷回来的热水与储存冷水间的混合，蓄冷槽的结构形式可以采用多种方法，如多蓄水罐方法、迷宫法、隔膜法、自然分层方法。在这些方法中，自然分层水蓄冷技术应用得较为普遍。

2. 冰蓄冷

冰蓄冷就是将水制成冰的方式，利用冰的相变潜热进行冷量的储存。冰蓄冷除可以利用一定温差的水显热外，主要利用的是 335kJ/kg 的相变潜热。因此，与水蓄冷相比，储存同样多的冷量，冰蓄冷所需的体积将比水蓄冷所需的体积小得多。当然，蓄冰槽内的水并不是全部冻结成冰。为此，常使用制冰串 IPF 来表示蓄冰槽中冰所占的体积份额。图3-6所示为在不同的制冰率下冰蓄冷槽体积与水蓄冷槽体积之比的变化情况。可以看出，即使 IPF＝10％，则冰蓄冷槽的体积只是水蓄冷槽的体积的30％。这种特点促进了冰蓄冷槽与制冷机一体机化机组的发展。蓄冰系统的技术水平要求较高，它必须使用蒸发温度低的制冷机组，要求制冷剂的蒸发压力较低，所以压缩机能耗高；而且冰蓄冷系统的设计和控制比水蓄冷系统复杂得多。

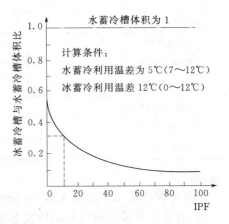

图3-6　同样蓄冷量下，冰蓄冷槽体积与水蓄冷槽体积之比与 IPF 的关系

值得注意的是：当空调系统采用蓄冰和低温送风相结合的形式后，由于输送冷水温度降低、送风温度降低，系统的管网和盘管、整个风道系统，以及水泵、冷却塔等辅机在材料、尺寸和容量方面，均要比水蓄冷和共晶盐蓄冷系统要小，系统相结合的蓄冷供冷方式在初期投资上是可以和常规制冷空调系统相竞争的，且在分时计费的电价结构下，其运行费用要比常规制冷空调系统低得多。蓄冰和低温送风系统相结合已成为建筑空调技术发展的一个方向。

3. 共晶盐蓄冷系统

共晶盐蓄冷（也称为优态盐蓄冷）是利用固液相变特性蓄冷的另一种形式。蓄冷介质主要是由无机盐、水、促凝剂和稳定剂组成的混合物。目前应用较广泛的是相变温度约为 8～9℃的共晶盐蓄冷材料，其相变潜热约为 95kJ/kg。在蓄冷系统中，这些蓄冷介质多置在板状、球状或其他形状的密封件中，再放置于蓄冷槽中。一般来讲，其蓄冷槽的体积比冰蓄冷槽大，比水蓄冷槽小。其主要优越性在于它的相变温度较高，可以克服冰蓄冷要求很低的蒸发温度的弱点，并可以使用普通的空调冷水机组。

4. 气体水合物蓄冷

在一定温度和压力下，水能在某些气体分子周围形成坚实的包络状结晶体。在水合物结晶时释放出相当于水结冰时的固化相变潜热。大多数制冷剂蒸气与水作用时能在 5～13℃条件下形成水合物，而且结晶相变热较大。

气体水合物蓄冷是一新兴的空调蓄冷技术，它不仅蓄冷温度与空调工况相吻合，蓄冷密度高，而且蓄冷—释冷时的传热效率高，特别是直接接触释冷系统。但此方法还有一系列问题有待解决，如制冷剂蒸气夹带水分的清除，防止水合物膨胀堵塞等。目前该技术还有待完善。

（三）主要蓄冷方式的比较

以上四种蓄冷方式的比较见表3-10。

表3-10　　　　　　　　　　　　　　四种蓄冷方式性能比较

蓄冷方式	水蓄冷	蓄　冰	共晶盐	气体水合物（直接接触式）
蓄冷槽容积（m³）	8～10	1*	2～3	0.89～1.0
蓄冷温度（℃）	0～7	0	8～12	5～13
机组效率	1*	0.6～0.7	0.92～0.95	0.98～1.0
热交换性能	好	一般（间接接触式）	差（间接接触式）	好
冷量损失	一般	大	小	小
不冻液需否	否	是	否	否
泵—风机能耗	1*	0.7	1.05	1.0
投资比较	0～0.6	1*	1.3～2.0	1.2～1.5

* 参数基准。

（四）蓄冷系统的蓄冷策略和运行模式

采用蓄冷技术，可以使制冷设备的运行和冷负荷的供应在时间上相分离，这也使得其运行具有较大的灵活性。从经济性角度考虑，蓄冷系统蓄冷策略的选择也关系到蓄冷系统设备的选型和蓄冷槽容积的大小。蓄冷系统的蓄冷策略主要如下。

1. 分量蓄冷策略

高峰期的冷负荷部分由蓄冷来满足，其余部分由制冷机组实时运行直接提供。该策略又可进一步分成均衡负荷和限定需求策略。

（1）均衡负荷。制冷机组全天24h满负荷或接近满负荷运行。当冷负荷低于制冷机组生产的冷量时，多余的部分储存起来。等待负荷超过制冷机组容量时，附加的需求由蓄冷来满足。该策略运用时，制冷机组容量和蓄冷量均可较小。它特别适合于高峰冷负荷大大高于平均负荷的场合。

（2）限定需求。在高峰期，电力公司对一些用户提出了限电要求，用户必须将制冷机组在较低的容量下运行。这种蓄冷策略需要安装调控设备，如需求电度表，来向用户提供控制需求的信号。与均衡负荷策略相比，这种策略具有一定的移峰能力，而制冷机组容量较大。

2. 全量蓄冷策略

全量蓄冷策略也称为移峰策略，它将整个高峰的负荷转移至非高峰期。制冷机组在非高峰期（低谷和平峰期）全负荷运行，在高峰期不运行，高峰期的冷负荷完全由储存的蓄冷量供应；在白天用电高峰期，只有一些附属输送设备使用高峰电。这样的蓄冷系统要求用较大容量的制冷机组和较大的蓄冷量。该策略较适合于高峰期持续时间短的场合。

图3-7所示为一个9000m²商业建筑的空调负荷、制冷机运行负荷在采用常规空调系统和在采用分量蓄冷与全量蓄冷策略时的变化情况。它同时也说明了蓄冷系统对制冷机组容量的要求，以及蓄冷系统运行所实现的"移峰填谷"能力。该建筑物全日空调需求量为

6120kW·h，高峰负荷为660kW，在常规空调系统中，需要容量为660kW的制冷机组来满足高峰朗的冷负荷需求。若使用分量蓄冷均衡负荷策略，需要容量为255kW的制冷机组。而全量蓄冷策略则需要容量为360kW的制冷机组。分量蓄冷限定需求策略制冷机组容量介于两者之间，在本例中约为300kW，高峰期的负荷只有非高峰期的48.6%。

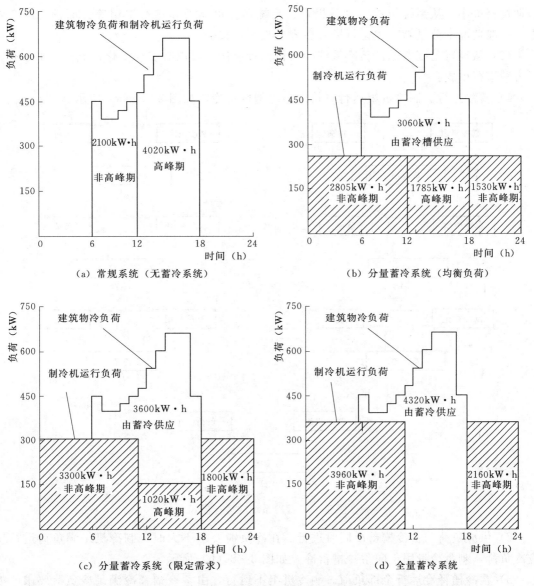

图3-7 某建筑物空调负荷和采用不同蓄冷策略下制冷机运行负荷的比较

可以看出，制冷机组容量要求的顺序从大到小依次为常规制冷系统、全量蓄冷系统、分量蓄冷（限定负荷）、分量蓄冷（均衡负荷）。"移峰填谷"能力以全量蓄冷系统为最大。

（1）从经济性角度考虑，全量蓄冷系统适合于下列场合：

1）冷负荷高峰期持续时间短的尖峰负荷。

2）高峰冷负荷和高峰电负荷重叠时间短。

3）电网公司对"移峰填谷"提供特殊奖励。

4）高峰电价很高。

一般情况下，分量蓄冷系统的经济性较好，应用得较为广泛。尽管其"移峰填谷"的能力不如全量蓄冷系统那么高，但其初期投资相对较低。其中，分量蓄冷均衡负荷系统的初期投资最小。从系统组成、设备投资、系统运行可靠性和运行费用等方面进行综合考虑，一般情况下分量蓄冷式运行模式更容易被用户接受。

（2）从运行角度考虑，蓄冷系统的运行比较灵活，可以有多种变化，概括下来，有如下五种运行模式：

1）蓄冷运行。制冷机组运行直接向蓄冷槽内蓄冷，如图 3-8（a）所示。

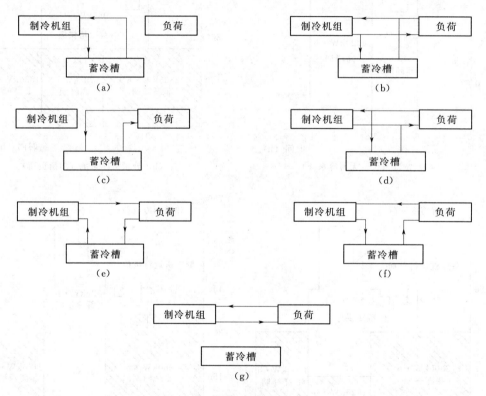

图 3-8　蓄冷系统的运行模式

2）供应负荷与蓄冷槽蓄冷同时进行。在冷负荷要求不大时，制冷机组满负荷运行供应冷负荷，剩余冷量用于向蓄冷槽蓄冷，如图 3-8（b）所示。

3）蓄冷槽释冷运行全部负荷。制冷机组不运行，由蓄冷槽释冷满足冷负荷要求，如图 3-8（c）所示。

4）蓄冷槽释冷运行部分负荷。在蓄冷槽释冷供应用户负荷时，制冷机组也同时运行，共同满足用户的总需求。这种模式还可以分成三种形式：①并行供冷方式，如图 3-8（d）所示，适用于水蓄冷系统；②蓄冷槽上游形式，如图 3-8（e）所示，蓄冷槽处于冷水机组的上游，从负荷回来的水先经蓄冷槽冷却，当蓄冷量能够满足负荷时，制冷机组不运行，只有当蓄冷量不能满足负荷时，机组才运行补充。由于制冷机组必须工作在较低的温度，所以冷水机组的效率较低，这种形式称为蓄冷优先，主要用于冰蓄冷系统；③蓄冷槽下游形式，如图 3-8（f）所示，也称为机组优先，适用于使用冰蓄冷的低温系统，由于冷水机组工作在较高的温度，所以其效率较高。

5）直接满足负荷模式。制冷机组运行直接满足负荷要求，如图 3-8（g）所示。

在很多情况下，制冷设备包括多台制冷机。特别是当制冷系统由冷水机组和冷冻机组或吸收式制冷机组所组成的情况。需要根据冷负荷情况和电价结果，仔细考虑在不同的时间段内进行制冷机组的组合运行。

（五）蓄冷技术的应用范围

蓄冷技术的应用领域十分广泛，特别是在对原有空调系统、供（制）冷系统改造方面具有巨大的潜力。蓄冷技术包括以下应用领域。

1. 暖通空调

在城市大中型商业建筑、宾馆、饭店、银行、办公大楼中，中央空调应用得十分普遍。这些建筑的夏季空调负荷相当大，冷负荷又主要集中在白天工作时间内。它们的高峰期基本上是在午后，这和电网供电高峰期相同，所以，它们是应用蓄冷的主要领域。另外，体育馆、影剧院以及采用区域集中空调的居民小区也都可以应用蓄冷空调。

2. 工艺性用冷行业

在食品的冷冻、冷藏、加工和保鲜，以及制药、啤酒等行业，产品的批量生产所需的冷负荷数量大、持续时间短。应用蓄冷技术可保证工艺性用冷的可靠性，减轻冷负荷需求与电力供应间的矛盾。

3. 其他

如燃气轮机调峰电站，它在夏季白天高峰期运行，由于环境温度高，空气密度下降，其发电量会下降。用电低谷期的蓄冷可以用来冷却燃气轮机入口空气温度，这样可以提高燃气轮发电机组在调峰运行时的效率。

在考虑应用蓄冷技术时要考察项目是否具备下列条件，当其中之一满足时，可以考虑应用蓄冷技术：

（1）大冷负荷与平均负荷相差很多。

（2）电网公司的电价结构中包含较高的增容费用，较大的峰谷电价差，或对应用蓄冷有特殊的奖励措施。

（3）现有冷却系统需要扩建。

（4）具有现成的可用于蓄冷的结构，如水池、地下室等。

（5）当地电力资源有限。

（6）希望拥有备用或富裕的冷量。

（7）可以使用低温送风系统。

二、蓄热技术

蓄热技术是在后夜负荷低谷时段，把锅炉或电加热器生产的热能储存在蒸汽或热水蓄热器中，在白天或前夜电网负荷高峰时段将其热能用于生产或生活等来实现移峰填谷，用户采用蓄热技术不但减少了高价峰电消耗，而且还可以调节用热尖峰、平稳锅炉负荷、减少锅炉新增容量，当然它和蓄冷技术一样要多消耗部分电量。但是，由于它们都是工作在日负荷曲线的低谷时段，电价便宜，所以一般蓄冷、蓄热多消耗的低谷段电费还是少于高峰负荷时段消耗的高峰段电费支出。

蓄热就是通过蓄热材料的加热、融化、气化等方式实现储能目的，通过上述过程的可逆变化释放热能。热能的储存和释放可通过蓄热材料的相变、温度变化、成分变化等实现。

（一）蓄热的分类

按储存热能方式蓄热可分为显热蓄热、潜热蓄热、化学反应蓄热等。

1. 显热蓄热

显热蓄热利用蓄热材料在物质形态不变的情况下，通过温度改变来吸收和释放热量。其蓄热效果与材料的比热容、密度等因素有关。在蓄热技术发展的初期，显热蓄热首先被提出并得到应用，这种蓄热方式简单、成本低、技术上相对比较简单。但是，显热蓄热最大的缺点就是蓄热密度低、设备体积庞大，并且在释放热能时其温度发生持续变化，不能维持在一定温度释放所储能量。常见的显热蓄热介质有水、蒸汽、砂石等。

2. 潜热蓄热

潜热蓄热利用物质在凝固/融化、凝结汽化、凝华/升华以及其他形式的相变过程中，吸收或放出相变潜热的原理进行蓄热。相变可以是固—液、液—气、气—固及固—固，其中以固—液相变最为常见。从能量密度的角度来讲，潜热储存的能量要比显热大得多。根据相变温度的高低，潜热又分为高温潜热蓄热和低温潜热蓄热。低温潜热蓄热主要用于潜热回收、太阳能蓄热以及供暖和空调系统。高温蓄热主要用于热机、太阳能电站、磁流体发电等方面。潜热蓄热介质不仅能量密度高，而且所需装置结构简单、体积小、设计灵活、使用方便且便于管理。另外，还有一个很大的优点就是蓄热材料在相变过程中，材料近似恒温，可以以此控制系统的温度。

3. 化学反应蓄热

化学反应蓄热利用蓄热材料相接触时发生可逆化学反应来储存和释放热量。发生化学反应时，可以有催化剂，也可以没有催化剂。这些反应包括气相催化反应、气—固反应、气—液反应、液—液反应等。与潜热蓄热相同，该蓄热同样也具有恒温蓄放热的优点。

实际上，上述三种蓄热方式很难截然分开，例如，潜热型蓄热材料也同时会把一部分显热储存起来，而反应型蓄热材料则可能把显热或潜热储存。三种类型蓄热方式中以潜热蓄热方式应用最为广泛。

（二）蓄热材料的比较

就蓄能过程和介质而言，水、石蜡、六水硝酸镁、硝酸钾、金属复合材料等均可使用，但成本、效率、腐蚀性、毒性、安全性存在很大差异，其对比见表3-11。

（三）蓄热技术的应用——蓄热式电锅炉

蓄热式电锅炉则以电锅炉为热源，利用晚间廉价电力，对蓄热材料加热，将热量储存起来，在电网高峰时段采用电锅炉，释放储存热量，这样就达到了"移峰填谷"的目的。由于蓄热电锅炉不释放有害气体、无污染、无噪声，且比煤锅炉、油锅炉的热效率高，又能充分利用低谷电，运行费用低，现已被广泛应用。在蓄热式电供热采暖中，主要分以下几种类型。

表 3-11　　　　　　　　　　　　蓄 热 介 质 比 较

蓄热介质	蓄热方式	蓄热量 (kW·h)	体积 (m³)	容器材料	成本 (万元)	腐蚀性	毒性	安全性
水温升 60℃	全蓄热	1120	18.0	不锈钢	4.9	小	无	优
水温升 60℃	半蓄热	720	11.9	不锈钢	3.7	小	无	优
石蜡	全蓄热	1120	24.4	碳钢	4.9	无	无	优
石蜡	半蓄热	720	15.8	碳钢	6.5	无	无	优
六水硝酸镁	全蓄热	1120	17.2	不锈钢	20.3	小	无	稍差
六水硝酸镁	半蓄热	720	11.1	不锈钢	13.1	小	无	稍差
硝酸钾	全蓄热	1120	9.0	不锈钢	4.8	较大	小	稍差
硝酸钾	半蓄热	720	6.2	不锈钢	3.3	较大	小	稍差
金属复合材料	全蓄热	1120	5.5	碳钢	8.5	小	无	优
金属复合材料	半蓄热	720	4.1	碳钢	5.5	小	无	优

1. 常压水蓄热

常压水蓄热的特点是结构简单，尤其适合蓄冷、蓄热一体供热制冷系统。缺点是单位容积蓄热量小，占地面积大，蓄热介质有效利用率不高，存在蓄热死区。这种方式较适用于华北、西北、华东、华中等地区。

2. 高温水蓄热

高温水蓄热特点是单位容积蓄热量较大。

3. 液态高温体蓄热

液态高温体蓄热如采用导热油等进行蓄热，特点是温度高、单位容积蓄热量较大。缺点是易燃，必须配备庞大的消防系统，一次性投资高。最好有一套中间换热系统，但系统复杂，不经济。

4. 固态高温体蓄热

固态高温体蓄热如采用比热容相对较大的固体，将其加热到 800℃ 左右进行蓄热。优点是单位体积蓄热量较大。缺点是需有中间热媒体、换热较困难、电加热设备寿命短、金属密封壳体易发生高温氧腐蚀等。

5. 相变介质蓄热

利用相变介质的固液相变潜热进行蓄热，优点是单位容积蓄热量较大。缺点是目前已知的相变材料潜热都小于水的固液相变潜热，单位容积潜热蓄热量受到限制，而且成本较高，还要克服相变介质过冷等现象。

由上可见，上述蓄热方式的单位容积蓄热量不是很大。因此对于一个供热小区来说，必须有足够大空间用于蓄热，才能满足非低谷期间供热需求，而对于寸土寸金的城市来说，是很难接受的。因此，如何降低蓄热器占地面积，减小蓄热器内蓄热死区，确定最佳蓄热量，降低一次性投资，成为蓄热电供热发展的主要趋势。

第四章　电动汽车智能充换电服务

电动汽车是指以电能为动力，用电机驱动车轮行驶，符合道路交通、安全法规各项要求的车辆。电动汽车无内燃机汽车工作时产生的废气，不产生排气污染，对环境保护和空气的洁净是十分有益的，几乎是"零污染"。众所周知，内燃机汽车废气中的 CO、HC 及 NO_x、微粒、臭气等污染物形成酸雨酸雾及光化学烟雾。电动汽车无内燃机产生的噪声，电动机的噪声也较内燃机小。噪声对人的听觉、神经、心血管、消化、内分泌、免疫系统也是有危害的。

对电动汽车的研究表明，其能源效率已超过汽油机汽车。特别是在城市运行，汽车走走停停，行驶速度不高，电动汽车更加适宜。电动汽车停止时不消耗电量，在制动过程中，电动机可自动转化为发电机，实现制动减速时能量的再利用。有些研究表明，同样的原油经过粗炼，送至电厂发电，经充入电池，再由电池驱动汽车，其能量利用效率比经过精炼变为汽油，再经汽油机驱动汽车高，因此有利于节约能源和减少 CO_2 的排量。

另一方面，电动汽车的应用可有效地减少对石油资源的依赖，可将有限的石油用于更重要的方面。向蓄电池充电的电力可以由煤炭、天然气、水力、核能、太阳能、风力、潮汐等能源转化。除此之外，如果夜间向蓄电池充电，还可以避开用电高峰，有利于电网均衡负荷，减少费用。

电动汽车较内燃机汽车结构简单，运转、传动部件少，维修保养工作量小。当采用交流感应电动机时，电机无需保养维护，更重要的是电动汽车易操纵。

目前电动汽车尚不如内燃机汽车技术完善，尤其是动力电源（电池）的寿命短，使用成本高。电池的储能量小，一次充电后行驶里程不理想，电动车的价格较贵。但从发展的角度看，随着科技的进步，投入相应的人力物力，电动汽车的问题会逐步得到解决。扬长避短，电动汽车会逐渐普及，其价格和使用成本必然会降低。

第一节　电动汽车的历史沿革和现状

一、电动汽车的历史沿革

早在 19 世纪后半叶的 1873 年，英国人罗伯特·戴维森（Robert Davidsson）制作了世界上最初的可供实用的电动汽车。这比德国人戈特利布·戴姆勒（Gottlieb Daimler）和卡尔·本茨（Karl Benz）发明汽油发动机汽车早了 10 年以上。

戴维森发明的电动汽车是一辆载货车，长 4800mm，宽 1800mm，使用铁、锌、汞合金与硫酸进行反应的一次电池。其后，从 1880 年开始，应用了可以充放电的二次电池。从一次电池发展到二次电池，这对于当时电动汽车来讲是一次重大的技术变革，由此电动汽车需求量有了很大提高。在 19 世纪下半叶成为交通运输的重要产品，写下了电动汽车在人类交通史上的辉煌一页。1890 年，法国和英国伦敦的街道上行驶着电动大客车，当时的车用内燃机技术还相当落后，行驶里程短，故障多，维修困难，而电动汽车却维修方便。

在欧美，电动汽车最盛期是在19世纪末。1899年，法国人考门·吉纳驾驶一辆44kW双电动机为动力的后轮驱动电动汽车，创造了时速106km的记录。

1900年美国制造的汽车中，电动汽车为15755辆，蒸汽机汽车1684辆，而汽油机汽车只有936辆。进入20世纪以后，由于内燃机技术的不断进步，1908年美国福特汽车公司T型车问世，以流水线生产方式大规模批量制造汽车使汽油机汽车开始普及，致使在市场竞争中蒸汽机汽车与电动汽车由于存在着技术及经济性能上的不足，使前者被无情的岁月淘汰，后者则呈萎缩状态。

电池是电动汽车发展的首要关键，汽车动力电池难在"低成本要求"、"高容量要求"及"高安全要求"等三个要求上。要想在较大范围内应用电动汽车，要依靠先进的蓄电池经过10多年的筛选，现在普遍看好的氢镍电池、铁电池、锂离子和锂聚合物电池。氢镍电池单位重量储存能量比铅酸电池多1倍，其他性能也都优于铅酸电池，但目前价格为铅酸电池的4～5倍，正在大力攻关让它降下来。铁电池采用的是资源丰富、价格低廉的铁元素材料，成本得到大幅度降低，也有厂家采用。锂是最轻、化学特性十分活泼的金属，锂离子电池单位重量储能为铅酸电池的3倍，锂聚合物电池为4倍，而且锂资源较丰富，价格也不很贵，是很有希望的电池。

二、我国发展电动汽车的意义

随着汽车工业的高速发展，全球汽车保有量的不断增加，汽车带来的能源短缺、环境污染等问题日益突出。公安部交通管理局的最新信息显示，至2012年年底，全国汽车保有量1.2亿辆，年增长1510万辆，其年耗油量已接近全国成品油总量的60%。而我国自1994年成为石油净进口国以来，石油进口量逐年增加，2012年中国石油净进口量达2.84亿t，石油对外依存度上升至58%。

而国际贸易过程中存在很多不确定因素，直接导致油价波动，严重影响到我国的石油供给，威胁到我国的经济发展。

同时，汽车尾气也是造成大气污染的罪魁祸首。据联合国调查，世界上污染最严重的10个城市中，有7个在中国。在石油危机和环保的双重压力下，我国必须转变原有的能源消费结构，更合理有效地利用能源。因此，为汽车寻找新能源已经成为各国政府和汽车行业的头等大事。

1. 电动汽车发展是资源和环境约束的要求

我国大城市的大气污染已不能忽视，汽车排放是主要污染源之一，我国已有16个城市被列入全球大气污染最严重的20个城市之中。我国现今人均汽车是每1000人平均80辆汽车，从2013年的市场形势看，由于我国依然处于汽车需求快速增长阶段，加之被短期因素影响的需求不断弱化，在宏观经济相对稳定和不出现意外影响因素的条件下，汽车需求将保持2100～2150万辆水平，增幅将回升到7%～9%，其中乘用车需求将保持1670万～1750万辆，增幅约为8%～12%，千人汽车拥有量将达到92辆左右。

但石油资源不足，每年已进口上亿吨石油，随着经济的发展，假如中国人均汽车持有量达到现在全球水平，我国汽车持有量将成倍地增加，石油进口就成为大问题，石油的安全供给压力巨大。因此在我国研究发展电动汽车不是一个临时的短期措施，而是意义重大的、长远的战略考虑。

我国在镍氢电池和锂离子电池的产业化开发方面均取得了快速的发展。电动汽车其他有关的技术，近年都有巨大的进步，如交流感应电机及其控制，稀土永磁无刷电机及其控制，电池和整车能量管理系统，智能及快速充电技术，低阻力轮胎，轻量和低风阻车身，制动能量回收等，这些技术的进步使电动汽车日见完善和走向实用化。

若要比较汽油车和电动汽车每公里的行驶成本，可以参照下面的示例。美国北卡罗来纳州现在的电费约为 8 美分/（kW·h）[如果采用分时段记账方式并在晚上进行充电的话，则电费约为 4 美分/（kW·h）]。这就意味着，电动汽车每充满一次电需要花费 1 美元（如果采用分时段记账方式，则需花费 50 美分）。因此，电动汽车每公里的行驶成本为 1.2 美分或 0.6 美分（如果采用分时段记账方式）。如果汽油的价格为 0.26 美元/L，并且汽车使用 1L 汽油可以行驶 10km，则汽油车每公里的行驶成本为 2.6 美分。

2. 电动汽车是新能源汽车的发展的重要方向

新能源汽车的发展方向有多种，但其中之一的氢燃料电池技术不成熟，成本昂贵，是 20 年之后的技术。2007 年 1 月，汽车和动力电池专家 Menahem Anderman 博士在美国参议院能源与资源委员会作证时下此结论。中国也没有氢燃料电池反应所必需的铂。虽然没有公开申明，但据传国家内部决策层曾明确表示中国不适宜发展氢燃料电池汽车，只作为科研跟踪项目。

另外就主要采用甲醇、乙醇等低成本液体燃料的技术来说，由于大量采用玉米、粮食作为原料，导致全球粮价连续上升，这也不可能成为中国的技术选择。

还有一种燃料技术清洁柴油，即含硫量低的柴油（含硫量低于 350ppm 的柴油），使用能使动力平均比汽油机节约 30% 的能源。不过因为国内的柴油品质不佳，频繁的油荒总是从柴油开始，此外柴油得不到国家政策支持。

从技术发展成熟程度和中国国情来看，纯电动汽车应是大力推广的发展方向，而混合动力作为大面积充电网络还没建立起来之前的过渡技术。

三、我国电动汽车发展概况

国内外车厂都先后推出了混合动力和纯电动汽车（图 4－1）。比亚迪先后展示了 F6DM 和 F3DM 双模电动车和 F3e 纯电动车。长安与加拿大绿色电池生产商 Electrovaya 合作，共同拓展加拿大新能源汽车市场，首推奔奔纯电动版。美国通用汽车公司推出了以电动为主的 Chevy Volt 混合动力车，Mini Cooper 推出了其纯电动版。2011 年江淮同悦推出纯电动版新车。截至 2012 年底，国家电网公司已经建成电动汽车充换电站 353 座、交流充电桩 14703 个，充换电设施总量居世界第一。

混合动力车动力系统复杂，成本昂贵。比亚迪 F3DM 有两套动力系统，其公布的动力系统成本增加了 5 万元，相当于每年要节省 8000 元的油费才能比传统汽油车经济。不过混合动力车省油有限，丰田

图 4－1 某型纯电动汽车

Prius 省油大约 10%~20%，奇瑞 A5-ISG 在北京奥运试运期间公布的省油参数为 10%。可以算一笔账，假设家庭年行驶 2 万 km，汽油车百公里油耗 7.5L，年油费 9450 元，混合动力车省油 20% 节省了 1890 元，无法抵消其车价成本的增加。

混合动力的优势是保留了传统汽油汽车的使用生活方式，根据汽油机和电动机混合程度，充电次数和传统汽油汽车加油次数相当，或者不用充电。行驶距离也不受限制。

纯电动车省去了油箱、发动机、变速器、冷却系统和排气系统，相比传统汽车的内燃汽油发动机动力系统，电动机和控制器的成本更低，且纯电动车能量转换效率更高。因电动车的能量来源——电，来自大型发电机组，其效率是小型汽油发动机甚至混合动力发动机所无法比拟的。纯电动汽车因此使用成本在下降。按比亚迪 F3e 纯电动车公布的数据，百公里行驶耗电 12kW·h，依照 0.5 元的电价算，百公里使用成本才 6 元。而其原型车 F3 汽油车百公里耗油 7.6L，按目前 6.2 元的油价，成本是 46.5 元。相比之下，电动车的使用成本才是传统汽油汽车的 1/8。

纯电动车的缺点是它改变了传统汽车的使用生活方式，需要每天充电。传统的汽车使用习惯是大致一到两周加一次油。而且每次出行也有几百公里的距离限制，虽然一个家庭远距离出行可能一年就这么几次。

纯电动汽车，相对燃油汽车而言，主要差别（异）在于四大部件，即驱动电机、调速控制器、动力电池、车载充电器。纯电动汽车之品质差异取决于这四大部件，其价值高低也取决于这四大部件的品质。纯电动汽车的用途也在四大部件的选用配置直接相关。

纯电动汽车时速快慢和启动速度取决于驱动电机的功率和性能，其续行里程之长短取决于车载动力电池容量之大小，车载动力电池之重量取决于选用何种动力电池如铅酸、锌碳、锂电池等，它们体积、比重、比功率、比能量、循环寿命都各异。这取决于制造商对整车档次的定位和用途以及市场界定、市场细分。

公用超快充电站是纯电动汽车商业化的基础设施，将它做完善到位了才能使电动汽车畅行无忧，反之则是它的短板。另外，充电机与车载电池之电缆连接器问题必须规范，形成电池品种、电压分档、快慢（功率大小）诸要素的一致，否则纯电动汽车及公用超快充电站无法有效无法对接，这个产业目前白纸一张，待我们去开拓，但必须规划、设计成型后实施，以免劳民伤财。

纯电动汽车之四大部件及公用充电站之大型充电机，专用电缆、线缆连接器乃至计费、收费系统，这是汽车行业新的零部件，没它们将是无米之炊，没做到位、不完善则是短腿受其制约。同时与此相关的零部件制造商应以此形成产业链，共图发展。

国家发展和改革委员会《新能源汽车公告管理办法和实施细则》已于 2007 年 11 月 1 日施行。《城镇乡村农用（专用）电动汽车通用技术条件》也在酝酿过程中，纯电动汽车商业化在农村已经初现雏形。

将来符合国际和符合市场需求的纯电动汽车必定遵守以下几项：

（1）电动车辆研发制造运营必须符合国家各项相关法规。整车、零部件性能必须满足国家技术标准和各项具体要求。

（2）电动车辆是以电为能源，由电动机驱动行驶的，不再产生新的污染，不再产生易燃、易爆之隐患。

（3）电动车辆储能用的电池必须是无污染、环保型的。且具有耐久的寿命，具备超快充电（200A 以上电流）的功能。车辆根据用途确定一次充电之续行里程，以此装置够用电量的电池组，充分利用公用充电站超快充电以延长续行里程。

（4）电动机组应有高效率的能量转换。刹车、减速之能量的直接利用和回收，力求车辆之综合能源利用的高效率。

（5）根据车辆用途和行驶场合设定最高车速，且不得超过交通法规的限定值，以合理选择电动机的功率和配置电池组容量。

（6）车辆驾驶操作，控制简单有效、工作可靠，确保行车安全。

（7）机械、电气装置耐用少维修。车辆运营之费用低廉。

（8）以目标市场需求为依据，提供实用、合适车型满足之，力求做到技术、经济、实用、功能诸方面的综合统一。

将来产业化、商业化为用户所欢迎的电动汽车，必定符合以下几点特征：①准确的定位、恰当的用途、宜驶的区域、最佳的效能；②合适的车型、经济的配置；③可靠的性能、便当的操控；④环保的电池、耐久的寿命、够用的电量、超快的充电、完善的网络、到位的服务；⑤低廉的费用、最少的维修。

第二节　电动汽车的结构和工作原理

电动汽车由车载蓄电池产生电流，通过电力调节器流过电动机产生动力，作用于动力传动系统，驱动汽车行驶。

一、电动汽车的总体结构

电动汽车的组成包括：电力驱动及控制系统、驱动力传动等机械系统、完成既定任务的其他工作装置等。电力驱动及控制系统是电动汽车的核心，也是区别于内燃机汽车的最大不同点。电力驱动及控制系统由驱动电动机、电源和电动机的调速控制装置等组成。电动汽车的其他装置基本与内燃机汽车相同。

电动车原理示意图如图 4-2 所示。

二、电源

电源为电动汽车的驱动电动机提供电能，电动机将电源的电能转化为机械能，通过传动装置或直接驱动车轮和工作装置。根据采用的电源不同，将电动汽车分为纯电动汽车和燃料电池汽车。正在发展的电源主要有钠硫电池、镍镉电池、锂电池、燃料电池、飞轮电池等，这些新型电源的应用，为电动汽车的发展开辟了广阔的前景。

1. 纯电动汽车

纯电动汽车是指以车载电源（高性能蓄电池）为动力，用电机驱动行驶的车辆。目前，车用蓄电池主要有铅酸电池、镍氢电池、锂离子电池等。

纯电动汽车的特点是动能来源广泛，可利用现行常规电源为蓄电池充电，可以实现使用时真正的零排放和低噪音，即使按所耗电量换算为发电厂的排放，除硫和微粒外，其他污染物排放量显著减少，且有利于污染物的集中处理。

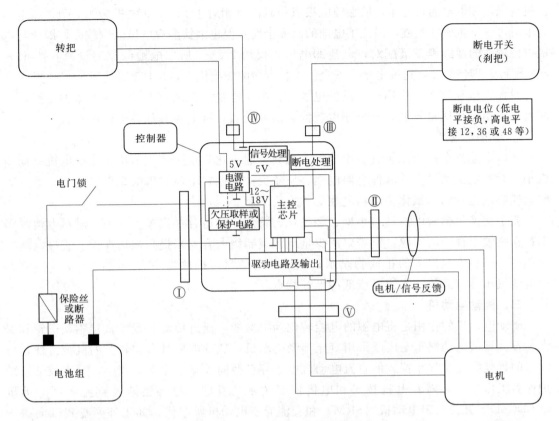

图 4-2 电动汽车原理示意图

用于电动车的高性能蓄电池应有的功能指标和经济指标包括安全性、比能量、比功率、寿命、循环价格、能量转换效率。这些因素直接决定了电动车的合用性、经济性。超级电容器、铅酸电池、以磷酸铁锂为正极的锂离子电池、以钛酸锂为负极的锂离子电池都可用于电动汽车的动力电池，其特点如下：

（1）超级电容器。超级电容器的优势是质量比功率高、循环寿命长，弱点是质量比能量低、购置价格贵，但是循环寿命长达 50 万～100 万次，故单次循环价格不高，与铅酸电池、能量型锂离子电池并联可以组成性能优良的动力电源系统。

（2）铅酸电池。铅酸电池生产技术成熟，安全性好，价格低廉，废电池易回收再生。近些年来，通过新技术，其比能量低、循环寿命短、充电时发生酸雾、生产中可能有铅污染环境等缺点在不断克服中，各项指标有很大提高，不仅可更好地用作电动自行车和电动摩托车的电源，而且在电动汽车上也能发挥很好的作用。

（3）以磷酸铁锂为正极的锂离子电池，负极为碳、正极为磷酸铁锂的锂电池。综合性能好，安全性较高，不用昂贵的原料，不含有害元素，循环寿命长达 2000 次，并已克服了电导率低的缺点。能量型电池的质量比能量可达 120Wh/kg，与超级电容器并联使用，可以组成性能全面的动力电源。功率型的质量比能量也有 70～80Wh/kg，可以单独使用而不必并联超级电容器。

（4）以钛酸锂为负极的锂离子电池。钛酸锂在充电—放电中体积变化极小，保证了电机机构稳定和电池的长寿命；钛酸锂电极点位较高（相对于 Li＋/Li 电极为 1.5V），在电池充电时可以不生成锂晶枝，保证了电池的高安全性。但也因钛酸锂电极电位较高，即使与电极电位较高的锰酸锂正极配对，电池的电压也仅约 2.2V，所以电池的比能量只有约 50～60Wh/kg。即使如此，这种电池高安全性，长寿命的突出优点，也是其他电池无可比拟的。

目前，电动汽车上应用最广泛的电源是铅酸蓄电池，但随着电动汽车技术的发展，铅酸蓄电池由于比能量较低，充电速度较慢，寿命较短，逐渐被其他蓄电池所取代。

2. 燃料电池汽车

燃料电池汽车是指以氢气、甲醇等为燃料，通过化学反应产生电流，依靠电机驱动的汽车。燃料电池的种类有碱性燃料电池、质子交换膜燃料电池、磷酸型燃料电池、熔融碳酸盐燃料电池和固体氧化物燃料电池等。

质子交换膜燃料电池具有小型、轻量化的特点，最适合在汽车上应用。燃料电池汽车不存在续驶里程短的问题，但需要用少量电池或超级电容器来提高加速性能。直接以氢气为燃料，燃料电池汽车的排放物是水；以甲醇为燃料，排放物中有少量的 CO_2。因此燃料电池汽车具有高效、无污染或低污染等特点。

三、驱动电动机

驱动电动机的作用是将电源的电能转化为机械能，通过传动装置或直接驱动车轮和工作装置。目前电动汽车上广泛采用直流串激电动机，这种电机具有"软"的机械特性，与汽车的行驶特性非常相符。但直流电动机由于存在换向火花，比功率较小、效率较低，维护保养工作量大，随着电机技术和电机控制技术的发展，势必逐渐被直流无刷电动机（BLDCM）、开关磁阻电动机（SRM）和交流异步电动机所取代，如无外壳盘式轴向磁场直流串励电动机。

纯电动汽车以电动机代替燃油机，由电机驱动而无需自动变速箱。相对于自动变速箱，电机结构简单、技术成熟、运行可靠。传统的内燃机能把高效产生转矩时的转速限制在一个窄的范围内，这是为何传统内燃机汽车需要庞大而复杂的变速机构的原因；而电动机可以在相当宽广的速度范围内高效产生转矩，在纯电动车行驶过程中不需要换挡变速装置，操纵方便容易，噪音低。与混合动力汽车相比，纯电动车使用单一电能源，电控系统大大减少了汽车内部机械传动系统，结构更简化，也降低了机械部件摩擦导致的能量损耗及噪音，节省了汽车内部空间、重量。

电机驱动控制系统是新能源汽车车辆行驶中的主要执行结构，驱动电机及其控制系统是新能源汽车的核心部件（电池、电机、电控）之一，其驱动特性决定了汽车行驶的主要性能指标，它是电动汽车的重要部件。电动汽车中的燃料电池汽车 FCV、混合动力汽车 HEV 和纯电动汽车 EV 三大类都要用电动机来驱动车轮行驶，选择合适的电动机是提高各类电动汽车性价比的重要因素，因此研发或完善能同时满足车辆行驶过程中的各项性能要求，并具有坚固耐用、造价低、效能高等特点的电动机驱动方式显得极其重要。

电动汽车的驱动电机目前有直流有刷、无刷、有永磁、电磁之分，再有交流步进电机等，它们的选用也与整车配置、用途、档次有关。另外驱动电机之调速控制也分有级调速和无级调速，有采用电子调速控制器和不用调速控制器之分。电动机有轮毂电机、内转子电机、有单电机驱动、多电机驱动和组合电机驱动等。

四、电动机调速控制装置

电动机调速控制装置是为电动汽车的变速和方向变换等设置的，其作用是控制电动机的电压或电流，完成电动机的驱动转矩和旋转方向的控制。

对于早期的电动汽车，其直流电动机的调速采用串接电阻或改变电动机磁场绕组的匝数来实现。因其调速是有级的，且会产生附加的能量消耗或使用电动机的结构复杂，现在已很少采用。目前，电动汽车应用较广泛的是晶闸管斩波调速，通过均匀地改变电动机的端电压，控制电动机的电流，来实现电动机的无级调速。在电子电力技术的不断发展中，它也逐渐被其他电力晶体管（GTO、MOSFET、BTR 及 IGBT 等）斩波调速装置所取代。从技术的发展来看，伴随着新型驱动电机的应用，电动汽车的调速控制转变为直流逆变技术将成为必然的趋势。电动汽车直流逆变调速控制结构如图 4-3 所示。

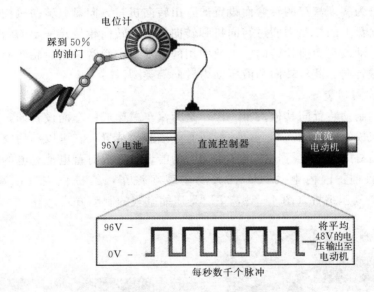

图 4-3　电动汽车直流逆变调速控制结构图

连接蓄电池与直流电动机的是一个简单的直流控制器。如果驾驶员将油门踏板踩到底，则此控制器会将来自蓄电池的全部 96V 电压传送到电动机。如果驾驶员将脚从油门上移开，则此控制器不会向电动机传送电压。对于这二者之间的任何设置，控制器每秒钟会将 96V 电压"切掉"几千次以获得介于 0～96V 之间的平均电压。

控制器从蓄电池获取电力并将其传送给电动机。油门踏板与一对电位计（可变电阻器）相连，这些电位计会发出信号以告知控制器其认为可能传送的电力。控制器可以不传送电力（当停止汽车时）、传送全部电力（当驾驶员将油门踏板踩到底时）或介于这二者之间的任何电力级别。

在驱动电动机的旋向变换控制中，直流电动机依靠接触器改变电枢或磁场的电流方向，实现电动机的旋向变换，这使得电路复杂、可靠性降低。当采用交流异步电动机驱动时，电动机转向的改变只需变换磁场三相电流的相序即可，可使控制电路简化。此外，采用交流电动机及其变频调速控制技术，使电动汽车的制动能量回收控制更加方便，控制电路更加简单。

五、传动装置

电动汽车传动装置的作用是将电动机的驱动转矩传给汽车的驱动轴，当采用电动轮驱动时，传动装置的多数部件常常可以忽略。因为电动机可以带负载启动，所以电动汽车上无需传统内燃机汽车的离合器。因为驱动电机的旋向可以通过电路控制实现变换，所以电动汽车无需内燃机汽车变速器中的倒挡。当采用电动机无级调速控制时，电动汽车可以忽略传统汽车的变速器。在采用电动轮驱动时，电动汽车也可以省略传统内燃机汽车传动系统的差速器。

六、行驶装置

行驶装置（图4-4）的作用是将电动机的驱动力矩通过车轮变成对地面的作用力，驱动车轮行走。它同其他汽车的构成相同，由车轮、轮胎和悬架等组成。

1. 电动汽车转向装置

转向装置是为实现汽车的转弯而设置的，由转向机、方向盘、转向机构和转向轮等组成。作用在方向盘上的控制力通过转向机和转向机构使转向轮偏转一定的角度，实现汽车的转向。多数电动汽车为前轮转向，工业中用的电动叉车常常采用后轮转向。电动汽车的转向装置有机械转向、液压转向和液压助力转向等类型。

2. 电动汽车制动装置

电动汽车的制动装置同其他汽车一样，是为汽车减速或停车而设置的，通常由制动器及其操纵装置组成。在电动汽车上，一般还有电磁制动装置，它可以利用驱动电动机的控制电路实现电动机的发电运行，使减速制动时的能量转换成对蓄电池充电的电流，从而得到再生利用。目前，国内电动汽车在大功率载客汽车，给提供空气制动设备有耐力NAILI滑片式空气压缩机（图4-5），主要是压缩空气的制动方式。

图4-4　某型号电动车行驶装置

图4-5　电动汽车滑片式空气压缩机

3. 电动汽车工作装置

工作装置是工业用电动汽车为完成作业要求而专门设置的，如电动叉车的起升装置、门架、货叉等。货叉的起升和门架的倾斜通常由电动机驱动的液压系统完成。

第三节　电动汽车充放电技术

电动汽车充放电技术的逐渐成熟是电动汽车规模化发展的关键。随着电网智能水平以及电动汽车保有量的大幅提高，未来电动汽车的车载电池可能作为智能电网中的移动储能单元。

一方面，在电网高峰负荷时段，由电动汽车车载电池向电网传输电能，而在电网低谷时段，由电网为电动汽车车载电池进行充电，能够有效地降低电网峰谷差，降低传统调峰备用发电容量，提高电网利用效率。同时，随着配电网智能化水平的提高以及需求侧管理手段的丰富，电动汽车还能完成需求响应等电网辅助服务，进一步提高电网配电效率。

另一方面，在微电网系统中，电动汽车在可再生能源发电功率较大而电网负荷较低的时候吸纳电能，在可再生能源发电功率较低而电网负荷较高时释放电能，辅助电网有效接纳波动性可再生能源发电容量。

同时，通过分时电价及有偿电网辅助服务政策的实行，电动汽车用户能够在不影响自身使用的前提下，通过低谷时段较低电价充电以及高峰时段较高电价放电获取直接的经济效益。

一、电动汽车充放电技术现状

目前电动汽车充放电技术主要有单向无序电能供给模式、单向有序电能供给模式和双向有序电能转换模式。

1. 单向无序电能供给模式

单向无序电能供给模式（Vehicles Plug – in without Logic/Control，VOG）是指电动汽车接入电网即充电的模式。VOG 是目前电动汽车最常见的充电方式，电动汽车（如电动公交车、高尔夫车、机场摆渡车等）作为普通用电设备接入电网充电，这种模式的充电设备主要采用单向变流技术，目前技术装备已经成熟，国内外已经建成一些公共充电设施。

VOG 的问题是电动汽车充电时成为大功率用电负荷，大量电动汽车充电会增大电网调峰的难度。

2. 单向有序电能供给模式

（1）TC 模式。TC（Timed Charging）模式为时间控制方式，指电动汽车在给定的时刻开始充电。

TC 模式考虑到了电动汽车在电网负荷高峰时段充电对电网的影响，通过控制开始充电时间来实现错峰充电，能够使用户享受到低谷电价带来的经济效益。但是其控制方式简单，不能根据实时电价或电网峰谷状态灵活地控制充电过程。这种模式的充电设备仍然主要采用单向变流技术，不需要与电网进行实时通信。目前该技术装备已经成熟，处于示范运行阶段。

（2）V1G 模式。V1G（Vehicles Plug – in with Logic/Control Regulated Charge）模式指电动汽车的充电受电网控制，电动汽车与电网进行实时通信，可在电网允许时刻进行充电。该模式能够优化充电安排，提高电网效率，但不能向电网送电。

目前美国西北太平洋国家实验室（PNNL）发布了名为"smart Charger"的电动汽车用充电控制装置，配备了采用 ZigBee 技术的近距离无线通信模块，可接收来自电网企业的电费价格设定等信息，与智能电网技术结合，自动避开高峰时间充电。ZigBee/IEEE 802.15 已经提交 IEC，申请作为国际标准。

3. 双向有序电能转换模式

双向有序电能转换模式（Vehicles Plug – in with Logic/Control Regulated charse/Discharge，V2G）指电动汽车与电网的能量管理系统通信，并受其控制，实现电动汽车与电网间的能量转换（充、放电）。此种方式下，电动汽车可以作为电能存储设备、备用电源设备来使用。

目前主要在美国进行 V2G 相关研究及示范。美国特立华大学 KemPton 教授 1997 年正式提出 V2G，领导一个团队开展了 V2G 试点研究，于 2007 年 10 月成功将 1 辆 AC Propulsion "eBox"（Toyota scion 改装车）接入电网并接受调度命令，车辆作为调频、备用发电设备运行。据示范运行测算，每车每年为电网企业带来约 4000 美元的效益。

目前，仍需研究技术可靠、成本低廉的满足 V2G 商业化运行的双向变流及通信装备。同时，需要研究支持 V2G 模式的先进电网通信、调度、控制与保护技术。

二、电动汽车充放电设备及管理系统

电动汽车充放电是智能电网与用户双向互动的重要组成部分，主要内涵为电能互动及信息互动，电动汽车与电网间进行实时的信息交换，内容包括车辆能量状态、电网运行状态、电网电价及辅助服务计费信息等，为电能根据电网或者电动汽车的需要合理优化的双向流动提供信息支持。电动汽车通过充放电设备连接到电网，实现电能双向流动。但由于电动汽车的庞大数量及分散性，由智能电网双向互动服务系统直接与电动汽车通信并控制其充放电的操作难以实现，因此在智能电网双向互动服务系统与电动汽车之间建设电动汽车充放电管理系统作为纽带，实现电动汽车与电网间的实时信息交换，根据双方需求合理控制电动汽车的充放电操作。电动汽车充放电过程电能与信息互动如图 4-6 所示。

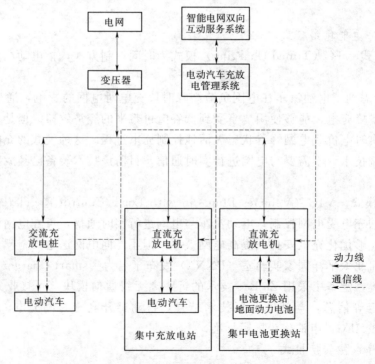

图 4-6　电动汽车充放电过程电能与信息互动示意图

（一）电动汽车充放电设备

电动汽车充放电设备主要包括为带有车载充放电机的小型电动乘用车服务的交流充放电桩和为公交、环卫、邮政等公共服务车辆服务的直流充放电机两类，主要完成对电动汽车的充放电操作。

充放电设备连接方式如图 4-7 所示。

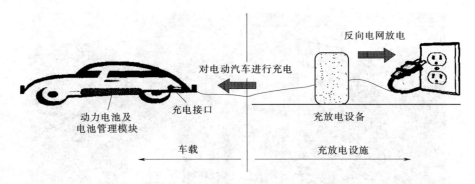

图 4-7　充放电设备连接示意图

1. 交流充放电桩

电动乘用车将占未来电动汽车的最大比重，交流充放电桩为带有车载充放电机的小型电动乘用车服务，分散地安装在低压配电网中，将电动乘用车与智能电网连接起来，具有智能充放电控制功能，能够与充放电管理系统及电动汽车通信，实时掌握电网运行状态与电动汽车储能状态，智能地控制电动乘用车的车载充放电机进行合理充放电操作，在电网低谷时段或电动汽车有刚性充电需求时，为电动乘用车车载充放电机提供交流电源，对车载动力电池充电。

在电网高峰时段并且电动汽车车载动力电池电能富余时，由车载充放电机通过交流充电桩为电网供电。目前电动乘用车车载充放电机功率较小，不超过 3～5kW，交流充放电桩功率与其相当，充放电操作时间一般在 3h 以上。未来电动乘用车车载充放电机与车辆电机驱动系统结合，充放电功率能够增加到数十千瓦，可有效地满足电动乘用车车载电池容量逐步增加的充电需求，并能够为电网提供更大的放电功率，缩短电动乘用车充电时间。

交流充放电桩的主要功能包括：

（1）与充放电管理系统通信功能。

（2）具备手动设置定电量、定时间、自动充放电等功能。

（3）具备远程接受充放电管理系统控制，自动进行充放电的功能。

（4）嵌入安装双向计量表计，具备双向计量计费功能。

（5）具有人机交互功能。交流充电桩具有实现外部手动控制的输入设备，设定充电方式。人机交互界面显示当前充放电模式、时间（已充放电时间、剩余时间等）、电量（已充放电电量、待充放电电量）及计费信息等。

（6）具备完善的安全防护功能，包括具备急停开关、输出侧的剩余电流保护功能、输出侧过流保护功能、孤岛保护功能。

（7）能够判断充放电连接器、充放电电缆是否正确连接。当交流充放电桩与电动汽车正确连接后，交流充放电桩才能允许启动充放电；当交流充放电桩检测到与电动汽车的连接不正常时，必须立即停止充放电操作。

（8）具有阻燃功能。

电动汽车交流充电桩如图4-8所示。

图4-8　电动汽车交流充电桩

2. 直流充放电机

公交、环卫、邮政等社会公共服务用车具有城市区域行驶、停车场地固定、行驶路线固定、行驶里程相对稳定等特征，适宜在停车场所建设集中充放电站。由于社会公共服务用车车载电池容量很大，充电功率也很大，因此将采用地面直流充放电机对其进行充放电操作。由于充放电站的集中性，可在站内配置充放电管理系统，统筹安排站内电动汽车的充放电操作。

直流充放电机主要功能包括：

（1）通过局域控制网（Controller Area Network，CAN）总线与动力电池管理系统（Battery Management System，BMS）通信，用于判断动力电池类型，获得动力电池系统参数以及充电前和充电过程中动力电池的状态参数；通过CAN总线或工业以太网与充放电管理系统通信，上传充电机和动力电池的工作状态、工作参数、故障报警等信息，接受控制命令。

（2）具有为电动汽车动力电池系统安全自动地充满电的能力，依据BMS提供的数据，动态调整充电参数、执行相应动作，完成充电过程。

（3）具备接受电动汽车充放电管理系统控制命令，自动进行充放电操作的功能。

（4）具有人机交互功能，应显示的信息包括动力电池类型、充放电模式、充放电电压、充放电电流；在手动设定过程中应显示人工输入信息；在出现故障时应有相应的提示信息；具有实现外部手动控制的输入设备，以便对充放电机参数进行设定。

（5）嵌入安装双向计量表计，具备双向计量计费功能。

（6）具有完备的安全防护功能：具备电源输入侧的过压保护功能、具备电源输入侧的欠压报警功能、具备直流输出侧过流保护功能、具备防输出短路功能、具备急停开关。

（7）具备孤岛保护功能。

（8）具备软启动功能，启动冲击电流不大于额定电流的110%。

（9）能够判断充放电连接器、充放电电缆是否正确连接。当充放电机与电动汽车动力电池系统正确连接后，充放电机才能允许启动充放电；当充放电机检测到与电动汽车动力电池系统的连接不正常时，必须立即停止充放电操作。

（10）在充电过程中，能够保证动力电池的温度、充电电压和充电电流不超过允许值；在放电过程中，能够保证动力电池的温度、放电电流不超过允许值，放电电压不低于允许值。

（11）具有阻燃功能。

（二）电动汽车充放电管理系统

电动汽车充放电管理系统一方面能够通过充放电设备与电动汽车通信；另一方面与智能电网相关系统通信，综合电动汽车与电网的实时状态，根据双方需求合理控制电动汽车的充放电操作。电动汽车充放电管理系统可以负责同一停车区域的交流充放电桩的统一调度管理，也可以负责一个集中充放电站内的直流充放电机的统一调度管理。

1. 系统通信

系统通信包括以下内容：

（1）与充放电设备通信，能够向充放电设备发送控制命令，统筹调度充放电操作。

（2）通过充放电设备与BMS通信，了解车辆（电池）当前状况，适合充电还是放电，以及可接受的充电和放电功率，为调度电动汽车充放电操作提供依据。

（3）与智能电网相关系统实时通信，获取电网当前运行状态，为调度电动汽车充放电操作提供依据。

2. 系统功能

系统功能主要包括以下内容：

（1）与相关系统及设备的通信功能。

（2）人工充放电管理功能。通过人机界面控制充放电设备，进行充放电操作。

（3）自动充放电管理功能。综合电动汽车及电网状态信息，动态执行充放电策略，实现合理优化的双向电能流动。

（4）对充放电设备、车载BMS相关电压、电流、电池荷电状态等数据进行实时采集。

（5）具有专业分析管理软件，自动生成月报表并可打印。

（6）充放电故障报警及记录功能。单体蓄电池内阻超限报警，电压超高、超低报警，失电和故障报警并自动记录内容时间。

（三）电动汽车充放电设施运行对电网的影响

随着电动汽车的推广普及，将大量建设由多台直流充放电机构成的集中充放电站以及广泛分布在各类停车场所的交流充放电桩，逐步形成完善的电动汽车充放电设施，随着充放电设施规模的不断扩大，其对电网将产生以下几个方面的影响。

1. 临时性快速充电对电网负荷的冲击

由于电动汽车规模化应用后电池容量较大，达到数十千瓦时，如果采用100A以上快速充电为电动汽车进行临时电能补充，单车快速充电功率将达到数百千瓦以上等级，类似的这种大量充电行为将对当地配电网产生极大的功率冲击。考虑储能技术的发展，可以考虑由储能充电站网络通过低谷存储的电能为电动汽车提供临时性电能快速补充，既满足电动汽车的行驶需求，又避免了快速充电对电网负荷的冲击。

2. 对电能质量的影响

由于电动汽车充放电为双向变流操作，将不可避免地给电网带来电能质量问题，需要对电动汽车充放电设备的谐波等技术指标进行严格控制。

3. 对电网规划的影响

随着大量的电动汽车通过完善的电动汽车充放电设施与配电网紧密连接，通过智能充放电操作在配电网侧显著平抑电网负荷、频率波动，将极大地降低电网调峰、调频的需求，降低电网峰谷差，提高电网负荷率，降低电网备用发电容量需求，显著改变电网运行方式，因此，需要在电网规划中考虑相关影响。

4. 对配电网规划及调度的影响

在白天负荷高峰时段，电动汽车车载电池存储的电能将作为分布式电源按电网需求向配电网供电，由于电动汽车数量巨大，且具有移动性、分散性等特点，因此，电动汽车充放电设施将对配电网规划中的配电容量设置、配电线路选型、继电保护设置等产生巨大影响。同时，电动汽车存储电能向电网供电又受到汽车行驶特性的影响，具有一定程度的随机性，对配电网调度及运行技术提出了更高的要求。

5. 对电网交易模式的影响

由于电动汽车不仅仅从电网获取电能补给，还能向电网供电以及提供调峰、调频、负荷响应等辅助服务，因此电网与电动汽车交易模式将由单向变成双向，由简单变复杂，需要更加先进的电力市场来支撑。

第四节　电动汽车充电管理业务

为了减少电动汽车集中充电对电网造成的负荷冲击、实现可再生能源的利用，实现有序充电、绿色充电，需要通过采用智能电网技术，对电动汽车充（放）电进行管理。不同于传统用电负荷，电动汽车的移动特性使充换电服务应能满足其"漫游"需求，即在不同的站点可以便利地进行充换电以及费用结算。同时，以上需求需要建立电动汽车与各参与者的互动系统。电动汽车充电管理环节由用户（驾驶者）、电动汽车、能源供给设施（充电设施以及支持充换电设施运行的 IT 系统）、第三方机构（电网公司或服务运营商）等构成。

一、电动汽车充电管理业务涉及的几类应用场景

电动汽车充电管理业务涉及的几类应用场景如图4-9所示。

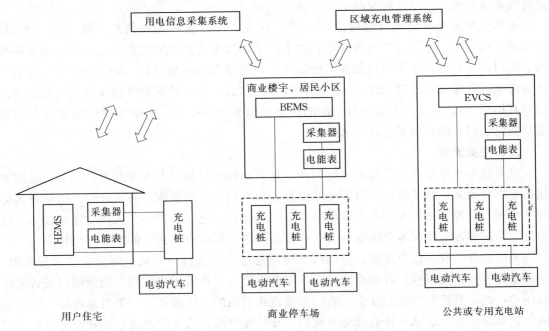

图4-9 电动汽车充电管理业务应用场景

（1）家庭（住宅）充电。对拥有独立住宅或停车位的电动汽车用户，电动汽车作为特殊的家庭用电设备，可由家庭供电系统或专用车位供电系统对其进行充电。此时，其可纳入家庭局域网络（HAN），通过家庭能源管理系统（HEMS）进行与电网的互动。电动汽车家庭充电费率可能不同于其他家电设备，也与商业充电费率不同，因此应采用独立的计量，此时电动汽车计量表可作为子表与入户电能表（总表）或采集终端进行通信。

（2）公共停车场充电。在居民小区、办公、商业及类似场所等公共充电场所下，同一充电设施可能被多个用户使用，电动汽车用户并不是直接的电力用户。在这些公共停车位上，包含了长时间充电或快速充电的需求，可具备功率较大的交流充电或者直流充电设施。这些充电设施应具备用户识别和充电费用结算功能，如通过RFID读卡器进行充电授权、解锁和计费。对每个公共充电设施进行单独计量是必需的，同样，充电设施的计量装置作为子表与主表进行通信。主表数据通过采集终端可以接入用电信息采集系统作为电动汽车充电计费的基础数据。营销业务系统提供的用户充电计费数据、现场的电动汽车状态信息和计量信息可纳入上级能源管理系统的充电管理模块，如智能小区、智能楼宇能源管理系统。

（3）公共充电站。公共充电站可能具备站内充电设施的监控系统及计量系统以实现充电站的运营，如图4-9所示。每个充电设施的工作状况得到本地站级工作站的监控，各充电设施具备单独计量电能表，与总表进行通信。公共充电站可通过站级监控系统与电网进行互动。

（4）专用充电站。专用充电站设施建设和系统架构类似于公共充电站。专用充电站通常由市政公用事业等部门建设，为公交车、邮政车或环卫清洁车等专业用户服务，该类用

户行驶范围、路线相对固定，在具备供电条件下，专用充电站通常建设于车队停驶场所或行驶路线途中。专用充电站只需具备关口电能表实现用户整体计量，同样可通过充电站监控管理系统与外部系统进行互动。

电动汽车及充电设施与电网之间的信息交互，可以通过用电信息采集系统（AMI）来实现。在家庭、小区、办公等充电场景下，电动汽车通过计量表成为充电设施采集终端的一类用户计量点，电网用户服务平台通过用户能源管理系统（HEMS、BEMS）向独立计量的充电设施发布分时/实时充电电价（间接控制），或通过采集终端执行充放电控制命令（直接模式），电动汽车用户对电网的控制和引导做出响应，电网则根据采集终端的数据掌握电动汽车用户的用电状况和趋势。

二、业务流程

电动汽车充电管理业务通常由电网侧、运营商和用户侧三个方面的角色参与。电网侧包括电网自动化信息系统，即营销业务系统、用电信息采集系统、采集终端；运营商包括服务代理、能源管理系统、充电监控系统；用户侧包括电能表、用户入口、充电设施、电动汽车等。国内运营商通常由电网公司担任，而国外运营商是独立的第三方机构。

充电业务一般由用户发起，电动汽车用户通过用户入口（手机、网站、室内显示器、车载或充电操作面板等）启动充电过程，充电设施首先进行用户识别，判断用户是否是注册用户，确定其充电缴费的方式；然后需要检查电池的工作状态，对于电池损坏、已经充满等状态给出提示信息，并退出充电流程；开始充电后，汽车的电池监控和充电计量等信息通过用电信息采集系统和用户能源管理系统（UEMS）传送给电网侧的区域充电管理系统，用户通过本地或远程入口可以实时掌握电动汽车的充电状况、计量和计费数据。充电结束后，用户通过 UEMS 可以及时了解本次充电、计量和收费信息。运营商可以通过区域充电监控管理系统及时了解区域公共充电站或停车场电动汽车充电实时情况、充电设施运行状况，有助于运营商向车主发布充电空闲场站或车位情况，引导车主寻找最便捷的充电场所。同时，借助于充电设施运行状态信息，可以及时发现设备隐患，及时进行检修或更换，保证区域充电管理系统安全高效运行，如图 4-10 所示。

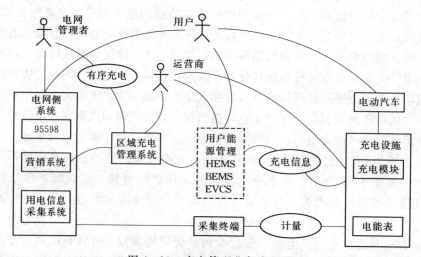

图 4-10　充电管理业务流程图

三、业务系统架构图

电动汽车充电管理业务是智能用电重要应用之一，电动汽车充电管理业务的相关方业务对象有三类，即电网管理者、电动汽车服务运营商、用户（车主）。

业务系统架构为三层结构，即业务互动层、业务应用层和业务支撑层，如图 4-11 所示。

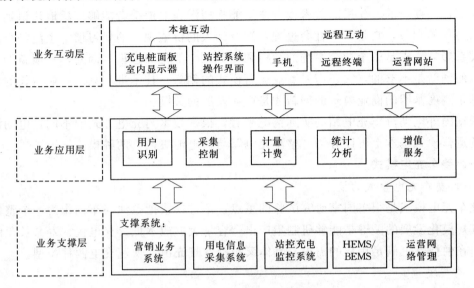

图 4-11　业务系统架构图

业务互动层是用户或运营商与电网、充电设施进行信息交互的连接层，是用户实现自我充电管理、运营商对充电业务进行全程监控的界面。互动层通常包括本地互动和远程互动。本地互动又可分为设施互动和站控互动。设施互动需要通过充电桩、充电机、室内显示器的面板进行操作。站控互动可通过公共充电站站内监控系统完成互动操作。远程互动需要通过手机、用户远程终端或运营商充电服务网站完成。

业务应用层是充电管理业务的核心层，包括五大业务模块，即用户识别、采集控制、计量计费、统计分析和增值服务。各业务模块实际上是嵌入到运营商电动汽车服务平台的业务应用软件模块，这些模块必须与业务支撑系统密切配合，才能完成用户所需的各种业务应用功能。随着业务功能的不断完善，路况导航、电池充电告警、车辆定位等更多增值业务将获得广泛应用。

业务支撑层是整个业务系统的基础，用电信息采集、营销业务应用、站控充电管理、用户能源管理（HEMS、BEMS、CEMS）等相关业务系统成为电动汽车充电管理业务的支撑系统。为业务层提供基础信息和业务流程实现。

第五节　电动汽车运营模式

目前，随着电动汽车迅猛发展，与电动汽车相配套的充电站正成为一种新兴产业，各种资本正竞相进入该领域。国家电网公司已将电动汽车充电站并入智能电网统一规划，2010 年在全国 27 个城市建设充电站网络，建设公用充电站 75 座、交流充电桩 6209 台以及部分电池更换站。南方电网也在大规模铺开充电网络建设，据了解，仅深圳市 2009~2015 年要兴建 250 个充电站，12500 个充电桩，共需采购设备 5 亿元，其中充电设备价值约 3.39 亿元（扣除变配电设备）。除了两大电网公司外，两大能源央企（中石化和中石油）也开始布局充电站市场。

然而，一项新的、先进的技术或方法不能指望潜在的消费者能够广泛地认识到它所谓的显而易见的利益，它是一个社会过程，涉及到人的价值观、消费习惯、生活经验甚至是人际关系影响，它是整个社会系统的结构和功能发生变化的过程。因此，一项新的产业仅有技术的创新是不够的，它还需要商业运营模式的创新。技术进步只是产业增长的外在表现，基于制度基因的商业模式的创新才是产业发展的关键。

根据国外电动汽车充电站的实际情况来看，根据技术与充电方式的不同，电动汽车充电站的运营模式基本上可以分为"整车充电"与"电池更换"两种模式。

一、整车充电模式

（一）整车充电模式的技术

整车充电模式是很多国家研究试验的重点，这种模式把电池与车辆作为一个整体来考虑，其规模化发展的关键是能够研制生产出"容量大、成本低、充电快、寿命长"的电池产品，在便捷性上满足用户的需求，具体又包括常规充电和快速充电两种类型。

1. 常规充电

蓄电池在放电终止后，应立即充电，充电电流相当低，大小约为 15A，这种充电叫做常规充电（普通充电）。常规蓄电池的充电方法都采用小电流的恒压或恒流充电，一般充电时间为 5~8h，甚至长达 10~20 多 h。尽管充电时间较长，但因为所用功率和电流的额定值并不关键，因此充电器和安装成本比较低；可充分利用电力低谷时段进行充电，降低充电成本；可提高充电效率和延长电池的使用寿命。

这种充电方式通常适用于设计电动汽车的续驶里程尽可能大，需满足车辆一天运营需要，仅仅利用晚间停运时间充电。现阶段技术条件下，电池的续驶里程大约为 200km，如私家车、市内环卫车、企业商务车等车辆日均行驶里程都在电池的续驶里程范围之内，均可采用常规充电的方式。

2. 快速充电

快速充电又称应急充电，是以较大电流短时间在电动汽车停车的 20min~2h 内（具体的充电时间由电动汽车动力电池的接收能力而定），为其提供短时充电服务，一般充电电流为 150~400A。充电时间短；充电电池寿命长（可充电 2000 次以上）；没有记忆性，可以大容量充电及放电，在几分钟内就可充 70%~80% 的电；由于充电在短时间内（约为 10~15min）就能使电池储电量达到 80%~90%，与加油时间相仿，使电动汽车使用起来非常方便。

这种充电方式适用情况为：电动汽车的日平均里程大于电池的续驶里程即 200km，即在车辆运行的间隙进行快速补充电，来满足运营需要；如公交车、出租车等车辆它们的日平均行驶里程在 300km 左右，则还有 100km 左右的电量需要在峰、平时段通过快速充电的方式进行补充。当然也可以采用更换电池的方式来进行能量的补给。

（二）整车充电模式的运营

电动汽车整车充电模式中的常规充电和快速充电的盈利方式是一样的，只是向用户所收取的充电费用不同而已。该模式运营需要行业方方面面的企业和个人的参与，主要包括电动汽车制造商、电池生产商、中间运营商（建站企业）、能源供给企业及电动汽车充电站、电动汽车用户及政府部门（图4-12）。

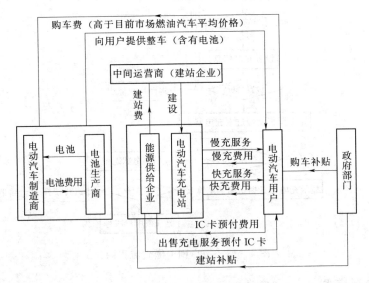

图4-12 整车充电模式盈利方式

该模式在运营过程中首先是能源供给企业通过向中间运营商（建站企业）支付一定的建站费用来建设电动汽车充电站。当用户来充电站对电动汽车充电时能源供给企业及充电站向用户收取一定的充电费用来实现自身的盈利。能源供给企业及充电站利润值＝（用户的充电费用＋政府部门建站补贴）－（电动汽车充电站建设费＋电动汽车充电站日常运营费），具体的运营过程如图4-12所示。

整车充电的管理与缴费是通过刷卡的形式进行的。电动汽车用户可通过能源供给企业提供的IC卡进行汽车充电缴费。目前，电动汽车充电电价还没有统一的规定，不过各省市可以按当地普通商业用电其他类别收取。

当用户需要充电时，将IC卡置于插卡口内，充电桩根据IC卡内的信息进行用户身份确认，得到确认后提示用户进行正确的连接；然后用户把充电桩上的充电枪与车辆进行连接，同时在充电桩操作界面上进行充电参数设定，选择充电模式（定量充电、定金额充电、自动充满）等。当用户完成设定工作并启动充电后，充电桩执行相应的数据读取、记录等处理工作，并控制电气回路为输出连接器加电。充电过程启动后，用户取走IC卡，充电桩自动进行充电及相关数据计量、记录处理；当充电过程达到结束条件后，充电桩停止充电。当用户再次刷卡后，操作界面显示完整的充电信息，提示用户断开充电桩与车辆的连接，并进行有关费用结算操作，打印收费单据等（在此时如果用户直接把卡取走而不进行费用的结算，那么在用户下次进行充电时，计费系统会自动扣掉上次充电应交的充电费用，否则不再给当前用户进行充电服务）。其具体流程如图4-13所示。

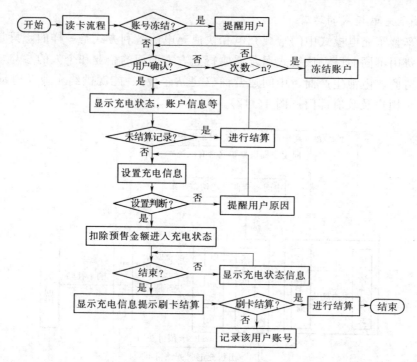

图 4-13　用户刷卡缴费流程图

二、更换电池模式

（一）更换电池模式的技术

更换电池模式也称租赁电池模式，是一种把车辆与电池分开考虑的思路。用户只购买汽车，由专门的电池租赁公司负责电池的购买、租赁、充电、快速更换及管理。可以让用户像"汽车加油"一样方便地得到能源供给。它的运营模式是通过各个电池更换站集中对标准化的电池充电，电动汽车用户需要补充能源时，可以非常方便地到任意一个更换站更换充好的电池。电池集中更换系统如图 4-14 所示。

图 4-14　电池集中更换系统（Battery Change System）

（二）更换电池模式的运营

电动汽车更换电池模式的运营与整车充电模式的运营所需要参与的企业和个人是一样的，在上面已经具体的给出在这不再一一介绍。能源供给企业及换电站利润值＝（用户的所用电费＋电池租赁费＋卖废旧电池所得利润＋政府部门补贴）－（电池购买费用＋电池更换站建设费＋电池维护费用＋电池更换站日常运营费），具体的运营过程如图4-15所示，其具体的运营过程包括电池的租赁、电池的更换、电池的维护和电池的回收。

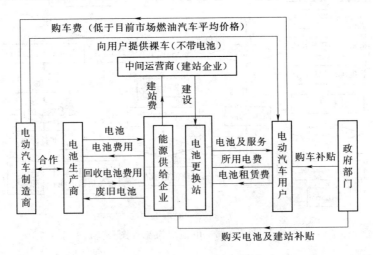

图4-15 更换电池模式盈利方式

1. 电池租赁

能源供给企业购买电池后通过向中间运营商（建站企业）支付一定的建站费用来进行更换站的建设。电动汽车用户在购买"裸车"后，去电池更换站办理相应的"租赁手续"及交一定的租金就能使电动汽车投入使用。租赁的手续及租金由相关部门协商而定，对于租金可以肯定的是，因为换给消费者的是一块充满电的电池，加上一些其他成本，租赁电池的价格肯定要比消费者自己在家充电贵，但是绝对远远低于燃油的费用。用户在电池的使用过程中不仅要交租金，每次更换电池时根据电池电量的消耗情况用户还要向电池更换站交纳相应的所用电费。

2. 电池的快速更换

为了使更换更加快捷，需要更换电池的车辆进站之前应向站台提出电池更换请求，以便站台调度安排停车位置、通知电池更换库准备。

整车更换电池并运至更换电池区、准备卸载设备。当车辆进站后，根据调度指令将车开到更换电池区准确位置，准备更换电池。在更换电池前，必须仔细翻阅车载监控装置故障记录，检查车辆电池在运营过程中是否故障。如果有故障记录，则记录故障信息（包括故障位置和类型），然后清除故障记录，之后更换电池。首先断开整车的高低压供电，然后才能卸载电池。卸载的时候，将故障电池和无故障电池分开摆放。对于故障电池箱，将故障电池和故障信息一并送维护车间，无故障的电池箱送充电区充电。卸载完毕后，将已经准备好的电池装车。接通整车的高低压供电，再进行一次故障诊断，确保更换完电池之后整车运行正常后将车驶出更换电池区。其具体流程如图4-16所示。

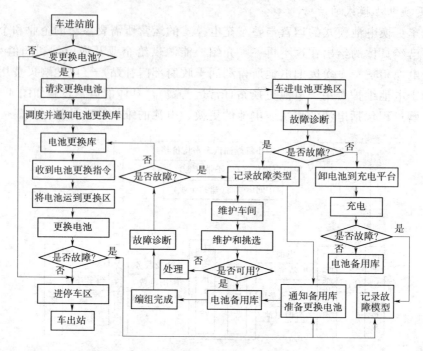

图 4 - 16　电池更换流程图

3. 电池的维护

当电池在使用过程中，个体电池的容量会出现严重不均衡的现象。这样在电池串联充电时，只要有一只电池的充电电压达到最高限制电压，就要立即停止充电，而此时电压较低的个体电池还处于欠充状态；反过来在电动汽车行驶过程中，只要有一只电池的电压下降到最低限制电压，就要断开动力电池停止放电，而此时电压较高的个体电池容量不能充分利用。这样长期循环使用下去，电动汽车动力电池的容量会越来越不均衡，一次充满电的行驶里程会大大降低。

为充分利用锂离子动力电池的储能效率，降低使用成本，充电站建设需要设置电池容量测试与充放电维护设备，当电动汽车动力电池的容量明显出现下降时，利用该设备可以对单个电池进行容量测试，并对容量落后的电池进行多次的充放电操作，使其活性物质充分激活，容量得到恢复。对于快换电池模块，利用该设备对单体电池进行容量检测，把容量一致的电池重新进行配组，提高电池的利用率。另外可配套建立电池数据用户档案，为电动汽车客户提供使用建议。

4. 电池的回收

电池租赁的另一大好处在于能回收残值，其中约 50% 的价值可以回收再利用，如电池的外壳、电极等，所以电池企业采用租赁方式再回收电池，既能对废弃电池进行专业处理、保护环境，又能整体节约运营成本，系统综合成本是下降的。

虽然锂电池和铅酸蓄电池不同，它不含腐蚀性化学物质。但是如果任其堆放在垃圾场，不仅造成浪费，而且存在污染地下水的潜在危险。锂离子电池其实是可以循环使用的，再循环使用前，先要冷冻至 $-325℃$，去除锂金属，然后剪切，分离。尽管现在锂金属在自由市场很难售出，但是锂电池里其他金属元素，如镍、钴，都非常珍贵，如果把锂离子电池直接送到垃圾场，就太可惜了。

三、我国电动汽车充电站运营模式的发展方向

电动汽车充电站的运营究竟选取哪种模式，应围绕"快速、健康、高效地推动电动汽车产业的发展及普及"这一核心目标，结合技术发展趋势和现实条件进行综合考量。最主要包括以下方面：一是消费者使用的总体经济性、方便性，这关系到运营模式的竞争力；二是能源供给企业的盈利模式，这决定着电动汽车充电站的可持续发展能力；三是对城市电网运行的影响，这是城市整个电网能否安全、高效地运行的关键因素。

（1）整车充电中的慢速充电方式可以充分利用低谷电力充电，电费相对降低，但是充电时间过长使车辆的使用十分不便；快速充电方式下充电时间短易于车辆的使用，但是充电费用较高，且会大大缩短电池的使用寿命；而且整车充电模式下初次购买及后续更换电池的费用很高（约占车辆总费用 30%～50%）。换电池模式单纯的租赁费和电费支出可能比整车充电模式有一定幅度增加，但是由于节省购买电池的费用，如果政策和管理到位，理论上车辆整个生命时期的运营费用会显著低于整车充电模式，且换电池模式的灵活性、方便性都相对较好。

（2）换电池模式属于能源新物流模式。换电池模式有利于电池生产企业规模化、标准化生产，有利于能源供给企业的规模化采购与集约化管理，能够显著降低总运营成本。能源供给企业作为一个相对独立的中间运营商，有利于政府施加更具针对性的扶持和优惠政策，如电价政策、购买电池补贴政策等，容易建立起清晰的财务盈利模式，比单纯提供充电服务可获得更高的经济回报，具有更大的发展空间。

（3）整车充电中的快充大量发展将使得电网谐波污染问题突出，治理成本提高。换电池模式集中充电便于统一调度、管理和监控，能够最大程度发挥削峰填谷作用，提高电力系统负荷率，最大限度减少谐波污染等对电网的不利影响，有利于电网的安全稳定运行和电力资源的优化利用。

综上所述，换电池模式具有更突出的优势和更广阔的发展前景。考虑到差异化需求和特殊情况下电能补给的需要，以更换电池为主、整车充电为辅的运营模式将成为我国电动汽车充电站未来发展的主流模式。

电动汽车是零排放、零污染的新能源绿色产品，具有良好的发展前景，而电动汽车的能量补给是其发展的前提和基础，电动汽车充电站作为电动汽车能量补给的重要基础设施，它是否具有新颖、高效的商业化运营模式是该产业发展的关键。

第五章　分布式电源接入服务

第一节　分布式发电

一、分布式发电技术

分布式发电（Distributed Generation，DG）是指功率在几十千瓦到几十兆瓦范围内的、模块式的、分布在负荷附近的清洁环保发电设施，能够经济、高效、可靠地发电。分布式发电区别于传统集中发电、远距离输电、大互联网络的发电形式。

常用的分布式发电技术有微型涡轮机、燃料电池、太阳能发电、风力发电、其他可再生能源发电（地热、海洋能、生物质能、小型水力）等。

根据与供电系统的接口分为：直接与系统相连（机电式）、通过逆变器与系统相连。直接与系统相连的有微型涡轮机、小型水力发电、太阳热发电、地热发电；通过逆变器与系统相连的有风力发电、光伏发电、燃料电池。下面简单介绍一下主流的分布式发电技术。

1. 微型涡轮机

小规模分布式电源都在 $30\sim400kW$ 的容量等级，由压缩机、燃烧室、涡轮机和发电机组成；其特点是体积小、质量轻、发电效率高、污染小、运行维护简单。它是目前最成熟、最具有商业竞争力的分布式发电电源。大部分的微型涡轮机都是设计成连续工作，燃料为天然气，热电联产的应用形成了非常高的转换效率。热电联产是指发电厂既生产电能，又利用汽轮发电机做过功的蒸汽对用户供热的生产方式，是指同时生产电、热能的工艺过程，较之分别生产电、热能的方式节约燃料。

2. 燃料电池

燃料电池具有非常少的氮化物和 CO_2 排放的特点。目前，很多种的燃料电池正在研发，包括磷酸、质子交换膜、熔融碳酸盐、固体氧化物、碱性和直接甲醇燃料电池。有效的投入和高效的燃料改革是希望将各种燃料转换成氢燃料。燃料电池具有发电效率高、排废量小、清洁无污染、噪音低、安装周期短、安装位置灵活等显著特点。

3. 太阳能发电技术

太阳能是所有可再生能源中最灵巧和实用的技术。它不需要燃料费用，只要有太阳光照的地方均可利用。太阳能发电技术包括两种：光伏发电和太阳热发电。前者通过太阳照在太阳能电板硅材料上因光伏效应发出直流电；后者则利用集热器把太阳辐射能转变成热能，将水转化成蒸汽，然后通过汽轮机、发电机发出工频交流电。

4. 风力发电技术

风力发电被认为是最经济可行的可再生能源的投资组合选择。风力发电机组从能量转换角度分成两部分：风力机和发电机。风速作用在风力机的叶片上产生转矩，该转矩驱动轮毂转动，通过齿轮箱高速轴、刹车盘和联轴器再与异步发电机转子相连，从而发电运行。风力发电和水电一样,都是一次能源开发和建设同时完工的项目,没有火电所需要的开采和运输煤炭、石油所要求的投资,并且无需燃料费用、初投资,发电成本低。风力发电的主要优点是风能蕴藏量大、可再生、无大气污染、建设周期短、投资灵活、自动控制水平高且安全耐用。特别是在缺乏水力资源、缺乏燃料和交通不方便的沿海岛屿、山区和高原地带,都具有速度很高的风,这是很宝贵的能源。如果能利用起来发电对当地人民的生产生活都相当有利。缺点主要是:风能是一种密度小的随机性能源,为了保证系统供电的连续性和稳定性,需要安装蓄电池储能,增加了系统成本。与太阳能电池组件相比,风力发电机旋转运动组件多,定期维护、检修费用大,且有噪声。风力发电机安装地理位置的要求远高于太阳能发电设备的要求。由于风力功率取决于风速、空气密度、空气流过的截面积,而这些对地形、海拔高度都有很高的要求,为了达到较高的功能利用率,必须选择风力资源丰富、条件合适的场地安装风力发电机。

5. 地热发电

地热发电实际上是通过打井找到正在上喷的天然热水流,用蒸汽动力发电。由于水是从 $1\sim4km$ 的地下深处上来的,所以水是处在高压下。一眼底部直径 25cm 的井每小时可生产 20 万~80 万 kg 的地热水与蒸汽。由于水温的不同,$5\sim10$ 眼井产出的蒸汽可使一个发电装置生产出 55MW 的电。为了供给一台汽轮发电机蒸汽,抽出的地热水(带压)在称为闪蒸罐的容器表面释放出来,一部分水(约占 35%,取决于它的温度)闪蒸(沸腾)为蒸汽进入汽轮发动机带动一台发电机发电,闪蒸罐内剩余的水在沸腾阶段之后又注入热库边缘的地下,它有助于维持热库的压力并补充对流的水热系统。

岩浆或火山地热活动的典型寿命从最低 5000 年到 100 万年以上。这么长的寿命使地热源成为一种可再生能源。此外,地热库的天然补充率为几兆瓦到 1000MW(热)以上,因此一个地热电厂通过蒸汽机发出的交流电完全可以保持额定输出功率运行 30 年。

6. 海洋能发电

海洋能是一种蕴藏在海洋中的可再生能源,包括潮汐能、波浪、海洋温差、海流引起的机械能和热能。

(1)海洋温差发电工作原理与火力、核能发电原理类似,首先利用表层海水蒸发工作流体如氨、丙烷或氟利昂使其汽化推动涡轮发电机发电,然后利用深层冷海水冷却工作流体成液态,以反复使用。

(2)波浪发电是用波浪发电装置将海浪动能转换成电能,其中波浪发电装置运转方式完全依据波浪上下振动特性而设计,从而能有效地吸收波能。

(3)海水水位因引力作用产生高低落差现象即为潮汐,潮汐发电便是利用该势能转换为动能带动发电机旋转获得电能。双向流发电装置是目前潮汐发电的主要应用方式,它可以实现涨潮和退潮时均能推动水轮机发电。

(4)海流发电是利用海洋中海流的流动动力推动水轮机发电,一般于海流流经处设置截流装置,并在其内设置水轮发电机。

在技术上,建温差电厂面临大管径冷水管的设计、制造与铺设,大型海上平台的设计与建造,以及高效率海底电力输送电缆等三项关键技术的挑战,经济上其发电成本还难以与燃煤、燃油及核能等传统发电方式竞争,因此目前还处于研究阶段;波浪发电中波浪的不稳定性、效率低、施工及维修成本相对过高以及发电设备需固定在海床上，承受海水的腐蚀等问题限制了目前波浪发电的发展；对于潮汐发电，一般只要有 1m 的潮差及可供围筑潮池的地形即可应用发展。

7. 生物质能发电

生物质是一种既可再生又可直接储存与运输的能源，包括林业生物质能，如薪材；农业生物质能，如秸秆和稻壳、沼气等。发电技术主要是生物质气化、生物质压块固化成型技术和生物质液化技术。生物质气化即通过化学方法将固体的生物质能转化为气体燃料。由于气体燃料高效、清洁、方便，生物质气化技术的研究和开发得到了国内外广泛重视，应用主要在集中供气、供热、发电方面。生物质能突出优点在环境效益上，生物质生产工程中会吸收大气中的 CO_2，利于环保，是很有潜力和前途的技术。

8. 小型水力发电

所谓小型水力发电（简称小水电）是指容量为 $0.5\sim10MW$ 的小水电站。由于适于建造容量达 10MW 的小水电站的河流很多，因此开发小水电资源的地点一般都选在经济上最具吸引力的站址。高水头和靠近用电中心是小水电站站址必须具备的重要条件。因此，小水电的开发并不仅局限于资源丰富的地区。由于小水电接近用户、输变电设备简单、线路输电损耗小、工程简单、建设工期短以及一次基建投资小，加上水库的淹没损失、移民、环境和生态等方面的综合影响甚小的优点，使小水电在发展中国家发展迅速，成为农村和边远山区发电的主力。

二、分布式电源的并网

在电力系统中，两个交流电源的互联操作称为并网，也称为"同期"、"同步"、"并列"。并网的内涵包含两层：①分布式发电和电网之间建立起物理联系的设备，即硬件；②分布式发电与外界形成电气联系的手段。同时依托于硬件的这些电气联系方式还可以实现分布式发电单元的监视、控制、测量、保护以及调度等功能。

1. 分布式发电并网标准

随着分布式并网发电系统的增加，它们在一定程度上改变和影响了电网及其调节能力。因此，国际上相关部门针对分布式并网发电系统制定出一系列的技术尺度和并网要求。2003 年 6 月，由标准制定委员会（Standards Coordinating Committee 21，SCC21）发布的 IEEE Std 1547—2003 是第一个规范燃料电池、光伏系统、分布式发电装置、能量存储设备这类分布式电源系统并网的标准。

该标准对分布式发电并网工作时电压异常范围和响应时间、频率异常范围和响应时间、并网电流谐波要求、并网同步要求、电压谐波技术指标等做了明确规定。

2. 分布式发电并网管理

国家能源局《分布式发电并网管理办法》（简称《办法》）中将分布式发电划分为三类：

（1）自发自用类。接入用户配电设施，所发电力电量全部自行消纳，不向电网输送电力。

（2）余电上网类。接入用户配电设施，满足自用后，多余电力送入公用配电网。

（3）公用类。接入公用配电网，所发电力电量全部由电网企业统购统销。

该《办法》首次明确提出分布式发电优先自发自用、多余电力上网、电网调剂余缺、双向计量电量、净电量结算电费等原则。《办法》还鼓励具有法人资格的发电投资商、电力用户、微电网经营企业、专业能源服务公司和具备一定安装使用规模的个人投资建设分布式发电。

楼顶光伏电池阵列和风电机组如图5-1和图5-2所示。

图5-1 楼顶光伏电池阵列

图5-2 楼顶风电机组

光伏发电及并网系统由光伏电池阵列、蓄电池、光伏发电控制及并网装置、微电网隔离装置等构成,在与电网并网节点处安装有双向智能电能表。

光伏发电及并网系统的光伏电池阵列及控制并网装置安装在小区或楼宇内,就地接入小区照明线路。小区的照明线路与主网线路间通过微电网隔离装置相连,微电网隔离装置通过通信网可以接收来自分布式电源管理主站的并列或解列命令,以实现并网或独立运行,如图5-3所示。

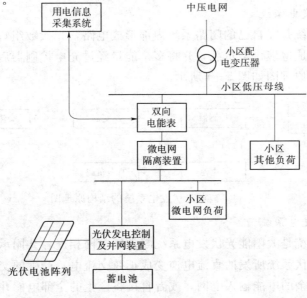

图5-3 智能小区光伏发电及并网系统构成图

光伏发电及并网系统的难点在于微电网隔离装置，当前微电网自动控制逻辑和技术仍然处于研究当中。但是，考虑到智能小区的微电网是一种较为简单的微电网，微电网隔离装置在原理上与分布式电源的孤岛保护装置相同，可将其作为微电网隔离装置使用。

第二节　光伏发电并网

本章第一节简单介绍了太阳能发电，其中一项重要的技术就是光伏发电。它主要利用光伏电池，其主要元件为太阳能电板，太阳能电板是将分离元件组合到一起，将光辐射转化成电。

光伏发电在白天有限时段内发电可以很好地实现削峰填谷、无噪声、无污染的优点使其可直接安装在住宅区。目前，各国政府相继制定政策给予适当补贴，鼓励用户安装太阳能电板，白天发出电量除了满足自身需要，还可作为"绿色电力"将多余电量卖给电力公司，晚上则从电网购电。在偏远地区，因为用电量小，燃料运输费用高，选择安装适当功率的太阳能电板可满足当地供电要求；在沙漠地区、无水草场地区，通过安装光伏水泵，可以绿化环境，结束了草场人为灌溉历史。

但是，光伏发电不可调度，跟日照强度、温度等天气因素有关，发电时间也受日照时间的限制，需安装蓄电池或者其他发电辅助设备跟踪负荷变化，增加了系统建设费用和运行成本，其能源转换效率为 16%～17%。为了充分发挥光伏发电的作用，安装的地理位置应尽量选在日照强度大，日照时间长等太阳能资源丰富的地区。

一、光伏发电的运行方式

太阳能光伏发电系统大体上可以分为两类：一类是离网光伏发电系统；另一类是并网光伏发电系统。

（一）离网光伏发电系统

离网光伏发电系统是在自己的闭路系统内部形成电路，光伏数组首先会将接收来的太阳辐射能量直接转换成电能供给负载，并将多余能量经过充电控制器后以化学能的形式储存在蓄电池中。结构原理图如图 5-4 所示。

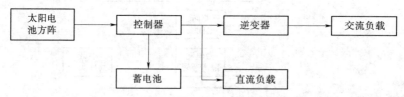

图 5-4　离网光伏发电系统的结构原理图

（二）并网光伏发电系统

并网光伏发电系统是太阳能光伏发电系统与常规电网相连，共同承担供电任务。当有阳光时，逆变器将光伏系统所发的直流电逆变成正弦交流电，产生的交流电可以直接供给交流负载，然后将剩余的电能输入电网，或者直接将产生的全部电能并入电网。在没有太阳时，负载用电全部由电网供给。结构原理图如图 5-5 所示。

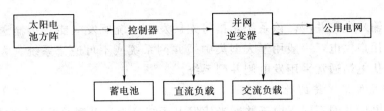

图 5-5　并网光伏发电系统的结构原理图

1. 系统组成

（1）太阳电池方阵。一个太阳能电池只能产生大约 0.5V 的电压，远低于实际使用所需电压。为了满足实际应用的需要，需要把太阳能电池连接成组件。太阳能电池组件包含一定数量的太阳能电池，这些太阳能电池通过导线连接。如一个组件上，太阳能电池的数量是 36 片，这意味着一个太阳能组件大约能产生 17V 的电压。

通过导线连接的太阳能电池被密封成的物理单元称为太阳能电池组件，具有一定的防腐、防风、防雹、防雨的能力，广泛应用于各个领域和系统。当应用领域需要较高的电压和电流而单个组件不能满足要求时，可把多个组件组成太阳能电池方阵，以获得所需要的电压和电流。

（2）逆变器。是将直流电变换成交流电的设备。由于太阳能电池发出的是直流电，而一般的负载是交流负载，所以逆变器不可缺少。逆变器按运行方式可分为独立运行逆变器和并网逆变器：独立运行逆变器用于独立运行的太阳能电池发电系统，为独立负载供电；并网逆变器用于并网运行的太阳能电池发电系统，将发出的电能馈入电网。逆变器按输出波形又可分为方波逆变器和正弦波逆变器。

（3）配电室。由于并网发电系统没有蓄电池及太阳能充放电控制器及交直流配电系统，因此，如果条件允许，可以将并网发电系统逆变器放在并网点的低压配电室内，否则只要单独建一座 4～6m² 的低压配电室即可。

（4）防雷击。为了保证系统在雷雨等恶劣天气下能够安全运行，要对并网光伏发电系统采取防雷措施。主要有以下几个方面：

1）地线是避雷、防雷的关键，在进行配电室基础建设和太阳电池方阵基础建设的同时，选择光电厂附近土层较厚、潮湿的地点，挖一个深 2m 的地线坑，采用 40 号扁钢，添加降阻剂并引出地线，引出线采用 35mm² 铜芯电缆，接地电阻应小于 4Ω。

2）在配电室附近建一避雷针，高 15m，并单独做一地线，方法同 1）。

3）太阳电池方阵电缆进入配电室的电压为 DC 220V，采用 PVC 管地埋，加防雷器保护。此外，电池板方阵的支架应保证良好的接地。

4）并网逆变器交流输出线采用防雷箱一级保护（并网逆变器内有交流输出防雷器）。

2. 分类

并网光伏发电系统可分为大规模荒漠/开阔地并网型光伏电站（LSPV）和与建筑结合的并网光伏发电系统（BIPV/BAPV）两种形式。按并网接入端的不同，并网光伏发电系统又可分为配电侧并网和发（输）电侧并网两大类。

（1）配电侧并网。该系统是指将光伏并网发电系统所产生的电力在用户侧（又称客户端）并网。

（2）发（输）电侧并网。该系统是指将光伏发电系统所发电能直接输送到主电网上，由电网统一向用户供电，一般用于大型集中式并网系统或不可逆流系统。大规模荒漠/开阔地并网型光伏电站通常采用发电侧并网系统。

3. 并网光伏发电系统的计量方法

与常规火电厂并网不同，由于并网光伏发电系统分为发电侧并网和配电侧并网，计量方法也有其特殊性，建议采用表5-1中所列方法进行计量。

表5-1　　　　　　　　　　　　并网光伏发电系统计量方法

类　　别	与建筑结合的并网光伏发电系统（BIPV/BAPV）	大规模荒漠/开阔地并网型光伏发电系统（LSPV）
发电侧并网	上网电价法	上网电价法
配电侧并网	无逆流，自发自用，配置单向电能表；有逆流，配置双向电能表；有逆流，采用净电表计量法	—

（1）上网电价法。是指电网公司以规定的电价收购PV电量，而用户缴纳常规电费，PV电表在用户电表之前（电网一侧），如图5-6所示。

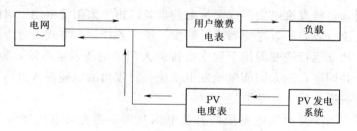

图5-6　上网电价计量方案框图

（2）光伏发电对电网无逆流，自发自用，配置单向电能表，PV电表在用户电表之后。光伏发电量超过用电量时，采用逆功率保护，如图5-7所示。

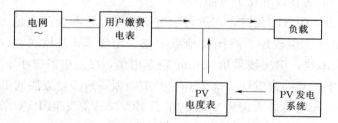

图5-7　单向电表计量方案框图

（3）光伏发电对电网有逆流，配置双向电能表，如图5-8所示。

（4）光伏发电对电网有逆流，采用"净电表计量"方式，属消费型：自发自用，国家给予补贴，电网公司不用高价收购PV电量，对光伏上网电量超过用电量时支付零售电价购买多余部分。允许抵消用电量，PV电表在用户电表之后（负载一侧），如图5-9所示。

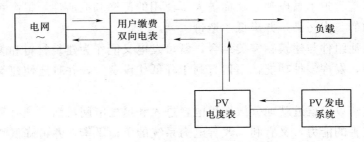

图5-8 双向电表计量方案框图

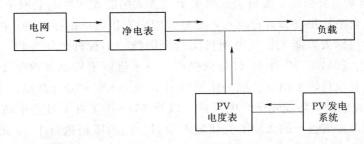

图5-9 净电表计量方案框图

4. 光伏发电电量使用方式

光伏发电电量使用方式主要有两种：一种是"优先自用，余电上网"；另一种是"上网电价，统购统销"。前一种方式光伏输出与负荷必须匹配，不同的用户或建筑将影响项目收益，光伏开发商很难接入；后一种方式光伏输出不需要与负荷匹配，与电网零售电价无关，即与建筑类型无关，光伏开发商很容易接入，但需要政府投入更多补贴资金。

5. 并网光伏发电系统的特点

因为直接将电能输入电网，在离网光伏发电系统中所用的蓄电池完全被光伏并网系统中的电网所取代。免除配置蓄电池，省掉了蓄电池蓄能和释放的过程，可以充分利用光伏阵列所发的电力，从而减小了能量的损耗，降低了系统成本。但是系统中需要专用的并网逆变器，已保证输出的电力满足电网对电压、频率等性能指标的要求。逆变器同时还控制光伏阵列的最大功率点跟踪（MPPT）、控制并网电流的波形和功率，使向电网传送的功率和光伏阵列所发出的最大功率电能相平衡。这种系统通常能够并行使用市电和太阳能光伏系统作为本地交流负载的电源，降低了整个系统的负载断电率。而且并网光伏系统还可以对公用电网起到调峰的作用。太阳能光伏发电进入大规模商业化应用是必由之路，即将太阳能光伏系统接入常规电网，实现联网发电。

与离网发电系统相比，并网发电系统具有以下优点：

（1）利用清洁干净、可再生的自然能源——太阳能发电，不耗用不可再生的、资源有限的含碳化石能源，使用中无温室气体和污染物排放，与生态环境和谐，符合经济社会可持续发展战略。

（2）所发电能馈入电网，以电网为储能装置。当用电负荷较大时，太阳能电力不足则向市电购电。而负荷较小时，或用不完电力时，则可将多余的电力卖给市电。在背靠电网的前提下，该系统省掉了蓄电池，从而扩大了使用的范围和灵活性，提高系统的平均无故障时间和蓄电池的二次污染，并降低了造价。

（3）光伏电池组件与建筑物完美结合，既可发电又能作为建筑材料和装饰材料，使物质资源充分利用，发挥多种功能，不但有利于降低建设费用，并且还使建筑物科技含量提高、增加"卖点"。

（4）分布式建设，就近就地分散发供电，进入和退出电网灵活，既有利于增强电力系统抵御战争和灾害的能力，又有利于改善电力系统的负荷平衡，并可降低线路损耗。

二、光伏发电并网上网电价

2011年，国家发展和改革委员会在《关于完善太阳能光伏发电上网电价政策的通知》中指出，按照社会平均投资和运营成本，参考太阳能光伏电站招标价格，以及我国太阳能资源状况，对非招标太阳能光伏发电项目实行全国统一的标杆上网电价。2011年7月1日以前核准建设、2011年12月31日建成投产、尚未进国家发展和改革委员会核定价格的太阳能光伏发电项目，上网电价统一核定为 1.15 元/(kW·h)（含税，下同）。2011年7月1日及以后核准的太阳能光伏发电项目，以及2011年7月1日之前核准但截至2011年12月31日仍未建成投产的太阳能光伏发电项目，除西藏仍执行 1.15 元/(kW·h) 的上网电价外，其余省（自治区、直辖市）上网电价均按 1 元/(kW·h) 执行。

2013年，国家发展和改革委员会向相关光伏发电企业下发《关于完善光伏发电价格政策通知》的意见稿，就光伏发电上网电价提出了新的实施方案。与以往全国除西藏地区外统一上网电价的政策不同，该意见稿根据各地太阳能资源状况和工程建设条件，将全国分为四类太阳能资源区，制定了从 0.75～1 元/(kW·h) 的分区域标杆上网电价。光伏电站标杆上网电价高出当地燃煤机组标杆上网电价的部分，仍然通过可再生能源发展基金进行补贴。此外，该意见稿还对分布式发电和大型地面电站发电进行了区分。分布式发电电价补贴为 0.35 元/(kW·h)，补贴资金同样来自可再生能源发展基金，并由电网企业向分布式光伏发电项目转付。分布式光伏发电系统并入电网的电量，由电网企业按照当地燃煤发电标杆上网电价进行收购。分布式光伏电价将免收随电价征收的各类基金、附加以及系统备用容量和其他相关并网服务费。该意见稿还要求电网企业要积极为光伏发电项目提供必要的并网接入、计量等电网服务，及时与光伏发电企业按规定结算电价；及时计量和审核光伏发电项目的发电量和上网电量，并根据其计量和审计结果申请电价补贴。

近几年来，中国晶体硅光伏组件制造技术取得了巨大进步。围绕着降低成本的各种研究开发工作取得显著成就，表现在晶硅原材料制备技术取得巨大突破，硅片厚度持续降低、电池效率不断提升等方面，在短短几年时间，光伏发电成本下降幅度远超市场预期。

首先，硅片厚度持续降低。降低硅片厚度是减少硅材料消耗、降低晶体硅太阳电池成本的有效技术措施之一。30多年来，太阳电池硅片厚度从20世纪70年代的 $450～500\mu m$ 降低到目前的 $180～200\mu m$，降低了一半以上，对太阳电池成本降低起到了重要作用。目前，国内优秀企业电池硅片厚度已达到国际先进水平 $180\mu m$。在不提高碎片率的前提下，如果太阳电池厚度从 $180\mu m$ 降到 $160\mu m$，太阳电池硅用量可减少10%，组件成本可下降6%。

其次，电池效率不断提高。单晶硅电池的实验室效率已经从 20 世纪 50 年代的 6％提高到目前的 25％，多晶硅电池的实验室效率达到了 20.3％，先进技术不断向产业注入，使商业化电池技术不断得到提升。目前量产的晶体硅电池的效率达到 14％～20％（单晶硅电池 16％～20％，多晶硅 14％～16％）。晶体硅电池的效率提高 1％，发电成本可下降 6％。

同时，我国提前 3 年达到专家 2014 年预测度电成本，更是反映出光伏技术的飞速突破。2011 年 8 月 12 日，中国资源综合利用协会可再生能源专委会在京发布《中国光伏发电平价上网路线图》（以下简称《路线图》）。《路线图》分析，假设 2009 年光伏上网电价为 1.5 元/（kW·h），以后每年下降 8％；火电上网电价以后每年上涨 6％。则到 2014 年，中国工商业用电价格首先超过光伏发电上网电价，率先实现"平价上网"。假设 2009 年光伏发电上网基准价为 1.5 元/（kW·h），按照光伏发电价格每年下降 8％，2014 年光伏发电价格将低于 1 元/（kW·h），而常规工商业用电 2009 年平均价格 0.81 元/（kW·h），若每年上涨 6％，到 2014 年工商业用电价格将超过光伏发电上网电价，率先实现平价上网，国内光伏发电的市场将快速启动。

从当前国内的实际情况看，光伏平价上网的时间远比 2011 年 8 月专家们所分析的时间大范围提前，而这个时间提前将构成非常重要的投资机会。根据专家在 2010 年预计，2014 年才会达到 1 元/（kW·h），实际上在 2012 年已经到 0.8～1.00 元/（kW·h），而当前国内光伏行业的度电成本已达 0.7～0.8 元/（kW·h），如果加上国家的一定数额的政策补贴，度电成本已经能够达到 0.4 元/（kW·h）及以下。

光伏发展的终极目标是实现平价上网，传统能源目前的成本在 0.4 元/（kW·h）左右。随着光伏技术持续发展，2014 年度电成本已经提前 3 年实现，且当前行业度电成本普遍已达到 0.7～0.8 元/（kW·h），这意味着当前的光伏技术已经达到了一个"临界点"。这个临界点一旦突破，市场需求可能呈现几何级爆发，其替代能源甚至主力能源的时代将提前到来。

三、国内外光伏并网发电的发展现状

日本 1996 年宣布可再生能源发展目标，到 2010 年可再生能源占一次能源供应量的 3.1％，其中光伏发电 4820MW。具体措施包括：建筑光伏一体化发电系统工程示范，光伏住宅集中并网示范（200 座 3kW 光伏住宅集中在一个地区进行并网运行），光伏住宅推广计划（1994～2002 年安装 8 万套）、地方新能源促进计划和企业新能源资助计划等。具体补贴政策：在安装光伏发电系统时进行工程补贴，从一开始补贴 50％，分 10 年逐年递减，到第 10 年时补贴减到零，并允许光伏发电系统"逆流"向电网馈电，意味着以同等电价购买光伏系统的发电量。

德国 1998 年提出"10 万光伏屋顶计划"，计划 6 年安装 300～500MW 光伏系统。1999 年 10 月出台了新的可再生能源法，规定光伏发电上网电价 0.99 马克/（kW·h）〔成本约 0.5 马克/（kW·h）〕，该计划政府补贴总计 11 亿马克，零贷款利率，10 年偿还；2000 年一季度申请安装光伏系统数就达到 70MW，远远超出原计划的 27MW，因此将计划修改成 5 年完成；2004 年按照不同功率等级和不同安装方式，对可再生能源法进行了更有利于光伏发电推广的修订。

美国 1997 年宣布"百万屋顶计划",计划到 2010 年在 100 万座屋顶上安装光伏发电和光热系统。目前已在 30 个州通过了针对光伏并网发电的"净电量计量法"。美国加州的"购买降价"政策则将补贴直接体现在购买太阳能电池发电系统的价格优惠上,大约补贴 4 美元/W。

西班牙 2001 年制定了新的"电力法"来鼓励光伏并网发电。电力公司必须用高价购买太阳能发出的电力,对 5kW 以下的系统,太阳能售电电价电量为 0.38 欧元/(kW·h),5kW 以上的系统,太阳能售电电价每千瓦时电量为 0.28 欧元/(kW·h)[普通电价为 0.03 欧元/(kW·h)]。

英国 2002 初可再生能源法生效。该法强制所有持照的电力供应商至少在 3 年内用可再生能源提供 3% 的电力,到 2010 年使可再生能源电力达到 10.4%,并提出 10 亿英镑发展可再生能源技术的建议。同时通过享受减免印花税、减免隔离层和三层玻璃材料的增值税等优惠政策,鼓励居民采用环保技术建造或装修房屋,计划在 10 年内建设 100 万栋"绿色住宅"(采用太阳能电池板、洗澡用水的循环使用处理装置、三层玻璃窗户和隔离层、有利于环境保护的无污染涂料等)。

我国高度重视光伏产业发展,出台了关于促进光伏产业健康发展的若干意见,提出到 2015 年光伏发电总装机容量达 3500 万 kW 以上的发展目标。在国家政策支持下,光伏产业迎来重要发展机遇,光伏发电将随之快速增长。截至 2013 年 7 月底,国家电网公司经营区域光伏发电并网 595 万 kW,同比增长 134%;自 2013 年 2~11 月,国网公司受理分布式光伏发电并网申请 625 项,总装机容量 131 万 kW。国家电网已成为全球光伏发电增长最快的电网。

为支持分布式电源发展,国家电网公司继 2012 年 10 月发布《关于做好分布式光伏发电并网服务工作的意见》后,于今年 2 月召开促进分布式电源发展新闻发布会,发布了《关于做好分布式电源并网服务工作的意见》。国家电网公司系统各单位按照"四个统一"(统一管理模式、统一技术标准、统一工作流程、统一服务规范)、便捷高效、一口对外的原则,切实做好分布式光伏并网服务工作。

青海省是我国重要的光伏产业基地和太阳能发电基地,截至 2013 年 8 月底已建成大型集中并网光伏电站近 80 座,总装机容量 203 万 kW,并建成了国内首座光热发电项目。其中,柴达木盆地光伏装机容量达 169.3 万 kW,占青海全省的 84.5%。青海海南、海北藏族自治州今年也陆续建成了新的光伏电站。

为适应大规模光伏电站接入带来的潮流改变,国家电网青海省电力公司加强光伏电站接入系统前期、验收、并网各环节服务,建成了新疆与西北主网联网 750kV 第二通道工程、柴达木 1 号主变扩建等重点工程以及格尔木、德令哈、海南等光伏汇集送出工程,增强了电网优化配置资源能力。同时,国家电网青海电力与国家电网北京经济技术研究院、中国电力科学研究院合作开展了"青海电网电力供应保障和光伏消纳专题研究",为青海省内光伏布局和消纳提供了科学依据。

2013 年,国家电网青海电力加快建设 750kV 共和—西宁线路,超前开展"十三五"电网工程前期工作,不断优化电网运行方式,做好常规电源与地区光伏协调运行工作。

2013 年 8 月 30 日,国家电网黑龙江省电力有限公司召开"积极支持分布式光伏发电项目发展"新闻发布会，结合客户项目申请并网时的有关问题做出相应解释和承诺，明确分布式光伏界定标准；承诺免费提供接入系统方案制定、并网检测、调试等全过程服务，支持分布式光伏发电分散接入低压配电网；明确由地市公司负责具体并网工作，压缩管理层级，减少业主协调难度；开辟绿色通道，投资进行公共电网改造和接入公共电网的接入系统工程等。截至 8 月底，国家电网黑龙江电力累计受理分布式光伏发电业务咨询 30 余件（次），受理分布式光伏发电报装 5 户，累计容量 0.71 万 kW，已同意并网、正在建设的光伏发电项目容量合计 6.6 万 kW。

作为国家电网公司重要的科技支撑机构，国家电网中国电力科学研究院在服务光伏并网方面开展了大量卓有成效的工作。中国电力科学研究院依托国家能源太阳能发电研发（实验）中心，在科研、检测等领域全方位服务光伏并网。截至 2013 年 8 月 31 日，国家能源太阳能发电研发（实验）中心已完成 166 台国内外各类型光伏逆变器型式试验测试。中国电力科学研究院已完成低电压穿越检测的光伏逆变器并网容量，约占我国已建成投运的大型地面光伏电站总容量的 90%。

四、光伏发电并网对电力公司的影响

1. 对电网运行的影响

光伏发电的安装方式多，电源分散，发电量具有间歇性和不确定性。作为上网的各类发电站须由电力公司统一调度，目前国家电网公司组织编写了《国家电网公司光伏电站接入电网技术规定（试行）》对电站侧电能质量、功率控制和电压调节、电压频率响应特性、安全和保护等方面提出技术要求，但对于不稳定电源上网的控制和管理还没有具体的要求。如何有效调控上网电量，监测电能质量，做好电网保护定值的调整，尤其是分布式电站购售电实时管理，保障用电的安全可靠，制定出针对波动性大、高比例太阳能发电系统的接入对电网影响的应对措施和电网调度管理方法都是电力公司面临的新课题。

2. 对市场占有的影响

分布式光伏发电首先是满足自发自用，在有富余电量的情况下送入电网，这会导致电网企业直接减少售电量。对于北京地区来说，2012 年，屋顶光伏的装机为 20MW，按照年平均发电 1200h 来计算，电力公司年损失售电量为 24GW·h。从发展趋势来看，今后积极安装分布式电源的主要是 10kV 商业用户。按照目前的商业电价，在太阳能可发电的时区 7：00～18：00，峰、平平均单价为 1 元/（kW·h），年损失电费约为 2400 万元。占 2008 年全年售电量的 0.004%，电费收入的 0.058%，从近期看，对北京的电力市场冲击不大。

3. 对购电价格的影响

在"金太阳工程"和"光电建筑"安装补贴政策下，目前光伏电站上网电价按照当地脱硫燃煤机组标杆电价计算。例如，目前北京地区光伏发电并网的上网电价为 0.3807 元/（kW·h），而北京市电力公司购电均价在 0.4483 元/（kW·h），光伏发电上网电价低于北京电力公司购电均价，使得购电成本有所降低。从这点来说，光伏发电上网电价对北京市电力公司的影响是正面的。北京地区 2012 年建设 50MW 集中式光伏电站，按照年平均发电 1200h 来计算，年总发电量约 60GW·h，可节约购电成本 400 万元。由此可以看出

集中式太阳能光伏电站对北京市电力公司降低购电成本是有益的。分布式太阳能光伏系统如果自发自用会在一定程度上影响电力公司的售电量。今后可以通过双表制法解决，即所发电量全部上网，用电时全部从电网购入，这样用户能够拿到较高的上网电价，主要由可再生能源附加费补贴。电力公司可以在技术上解决调峰问题，同时又不损失售电量，能够实现双赢。

第三节　分布式光伏发电并网业务

一、分布式光伏发电并网的定义

国家电网公司《关于做好分布式光伏发电并网服务工作的意见》中对分布式光伏发电定义为：分布式光伏发电是指位于用户附近，所发电能就地利用，以 10kV 及以下电压等级接入电网，且单个并网点总装机容量不超过 6MW 的光伏发电项目。按照电能消纳方式，可将分布式光伏发电项目分为全部上网、全部自用、自发自用余电上网三种。

目前应用最为广泛的分布式光伏发电系统，是建在城市建筑物屋顶的光伏发电项目。该类项目必须接入公共电网，与公共电网一起为附近的用户供电。如果没有公共电网支撑，分布式系统就无法保证用户的用电可靠性和用电质量。

二、分布式光伏发电并网的特点

1. 输出功率相对较小

传统的集中式电站动辄几十万千瓦，甚至几百万千瓦，规模化的应用提高了其经济性。光伏发电的模块化设计，决定了其规模可大可小，可根据场地的要求调整光伏系统的容量。一般而言，一个分布式光伏发电项目的容量在数千千瓦以内。与集中式电站不同，光伏电站的大小对发电效率的影响很小，因此对其经济性的影响也很小，小型光伏系统的投资收益率并不会比大型的低。

2. 污染小，环保效益突出

分布式光伏发电项目在发电过程中没有噪声，也不会对空气和水产生污染。但是，需要重视分布式光伏与周边城市环境的协调发展，在利用清洁能源的时候，考虑民众对城市环境美感的关切。

3. 能够在一定程度上缓解局地的用电紧张状况

分布式光伏发电在白天出力最高，正好在这个时段人们对电力的需求最大。但是，分布式光伏发电的能量密度相对较低，每平方米分布式光伏发电系统的功率仅约 100W，再加上适合安装光伏组件的建筑屋顶面积的限制，因此分布式光伏发电不能从根本上解决用电紧张问题。

三、分布式光伏发电对电网的影响

不论是集中式发电还是分布式发电，都需要供电稳定、可靠。分布式光伏发电利用太阳能，是人们利用清洁能源的重要手段。但是，日夜更替，天气无常，分布式光伏发电的出力不具备规律性，在接入公共电网后，需要公共电网作为备用。分布式电源接入后对电网的影响包括几个方面。

1. 对电网规划产生影响

负荷预测是电网规划设计的基础，能否准确地预测负荷是电网规划的前提条件。分布式光伏的并网加大了其所在区域的负荷预测难度，改变了既有的负荷增长模式。大量的分布式电源的接入，使配电网的改造和管理变得更为复杂。

2. 不同的并网方式影响各不相同

离网运行的分布式光伏对电网没有影响；并网但不向电网输送功率的分布式光伏发电会造成电压波动；并网并且向电网输送功率的并网方式会造成电压波动并且影响继电保护的配置。

3. 对电能质量产生影响

分布式光伏接入的重要影响是造成馈线上的电压分布改变，其影响的大小与接入容量、接入位置密切相关。光伏发电一般通过逆变器接入电网，这类电力电子器件的频繁开通和关断，容易产生谐波污染。

4. 对继电保护的影响

我国的配电网大多为单电源放射状结构，多采用速断、限时速断保护形式，不具备方向性。这种保护方式在现有的辐射型配电网上，能够有效地保护全部线路。但是，在配电网中接入分布式电源后，其注入功率会使继电保护范围缩小，不能可靠地保护整体线路，甚至在其他并联分支故障时，引起安装分布式光伏的继电保护误动作。

四、分布式光伏发电接入公共电网的原则

接入公共电网的分布式光伏发电项目，接入系统工程以及接入引起的公共电网改造部分由电网企业投资建设。接入用户侧的分布式光伏发电项目，接入系统工程由项目业主投资建设，接入引起的公共电网改造部分由电网企业投资建设（西部地区接入系统工程仍执行国家现行投资政策）。

分布式光伏发电项目并网点的电能质量应符合国家标准，工程设计和施工应满足GB 50797—2012《光伏发电站设计规范》和 GB 50794—2012《光伏发电站施工规范》等国家标准。

建于用户内部场所的分布式光伏发电项目，发电量可以全部上网、全部自用或自发自用余电上网，由用户自行选择，用户不足电量由电网企业提供。上、下网电量分开结算，电价执行国家相关政策。

分布式光伏发电项目免收系统备用容量费。

五、分布式光伏发电并网服务程序

地市或县级电网企业客户服务中心为分布式光伏发电项目业主提供并网申请受理服务，协助项目业主填写并网申请表，接受相关支持性文件。

电网企业为分布式光伏发电项目业主提供接入系统方案制定和咨询服务，并在受理并网申请后 20 个工作日内，由客户服务中心将接入系统方案送达项目业主，项目业主确认后实施。

10kV 接入项目，客户服务中心在项目业主确认接入系统方案后 5 个工作日内，向项目业主提供接入电网意见函，项目业主根据接入电网意见函开展项目核准和工程建设等后续工作。380V 接入项目，双方确认的接入系统方案等同于接入电网意见函。

　　分布式光伏发电项目主体工程和接入系统工程竣工后，客户服务中心受理项目业主并网验收及并网调试申请，接受相关材料。

　　电网企业在受理并网验收及并网调试申请后，10 个工作日内完成关口电能计量装置安装服务，并与项目业主（或电力用户）签署购售电合同和并网调度协议。合同和协议内容执行国家电力监管委员会和国家工商行政管理总局相关规定。

　　电网企业在关口电能计量装置安装完成后，10 个工作日内组织并网验收及并网调试，向项目业主提供验收意见，调试通过后直接转入并网运行。验收标准按国家有关规定执行。若验收不合格，电网企业向项目业主提出解决方案。

　　电网企业在并网申请受理、接入系统方案制定、合同和协议签署、并网验收和并网调试全过程服务中，不收取任何费用。分布式光伏发电并网业务办理流程如图 5-10 所示。表 5-2 为分布式光伏发电项目并网申请表。

表 5-2　　　　　　　　　　　　**分布式光伏发电项目并网申请表**

项目编号			申请日期		年　月　日
项目名称					
项目地址					
项目投资方					
项目联系人			联系人电话		
联系人地址					
装机容量	投产规模　　　　kW		意向并网 电压等级		□　10（6）kV
	本期规模　　　　kW				□　380V
	终期规模　　　　kW				□　其他
发电电量意向 消纳方式	□　全部自用		意向并网点		□　用户侧（　　　个）
	□　全部上网				□　公共电网（　　　个）
	□　自发自用余电上网				
计划开工时间			计划投产时间		
核准要求	□省级　　　　□地市级　　　　□其他　　　　　　　□不需要核准				
下述内容由选择自发自用，余电上网的项目业主填写					
用电情况	月用电量（　　　　　kW·h） 装接容量（　　　万 kVA）		主要用电设备		
业主提供资料清单	1. 经办人身份证原件及复印件和法人委托书原件（或法人身份证原件及复印件）。 2. 企业法人营业执照（或个人户口本），土地证，房产证等项目合法性支持文件。 3. 政府投资主管部门同意项目开展前期工作的批复（需核准项目）。 4. 项目前期工作相关资料				
本表中的信息及提供的文件真实准确，谨此确认。 申请单位：（公章） 申请个人：（经办人签字） 　　　　　　　　　年　月　日			客户提供的文件已审核，并网申请已受理，谨此确认。 受理单位：（公章） 　　　　　年　月　日		
受理人			受理日期		年　月　日

告知事项：

1. 本表信息由客服中心录入，申请单位（个人用户经办人）与客服中心签章确认。

2. 本表一式 2 份，双方各执 1 份。

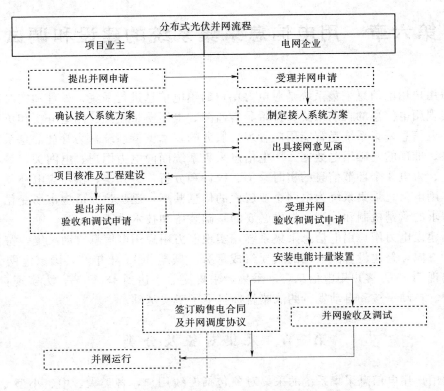

图 5-10 分布式光伏发电并网业务办理流程

第六章　用电信息采集系统的建设和调试

电力用户用电信息采集系统是对电力用户的用电信息进行采集、处理和实时监控的系统，可实现用电信息的自动采集、计量异常监测、电能质量监测、用电分析和负荷管理等功能。用电信息采集系统是智能用电管理、服务的技术支持系统，为管理信息系统提供及时、完整、准确的基础用电数据。用电信息采集系统面向电力用户、电网关口等，实现购电、供电、售电3个环节信息的实时采集、统计和分析，达到购、供、售电环节实时监控的目的。用电信息采集系统为电网企业层面的信息共享，逐步建立适应市场变化、快速反应用户需求的营销机制和体制，提供必要的基础装备和技术手段。

全面建设电力用户用电信息采集系统，实现电力用户用电信息自动采集，符合电网技术发展的方向，是建设智能电网的重要组成部分；截至2011年年底，国家电网公司供电区域已实现7645万客户用电信息自动采集，采集覆盖率达到43.99%，为实现自动抄表、自动计费、自动审核和自动发行的战略目标打下了坚实基础。

第一节　采集对象及分类

电力用户用电信息采集系统的采集对象包括专线用户，各类大、中、小型专变用户，各类380/220V供电的工商业户和居民用户，公用配变考核计量点。

一、采集对象的分类

根据电力客户的供电方式、供电容量、安装用途以及执行电价等的不同，国家电网公司企业标准Q/GDW 378.3—2009《电力用户用电信息采集系统设计导则　第三部分：技术方案设计导则》将用电信息采集系统的采集对象分为大型专变用户、中小型专变用户、三相一般工商业用户、单相一般工商业用户、居民用户和关口计量点六类。在此基础上，标准还规范了各类用户采集数据项的要求，以及对远程、本地通信信道提出了指导性的设计要求。

在用电信息采集系统的六类采集对象中，高压供电的专变用户包括A1、A2、B1、B2类。这4类用户，除了需要进行用电信息采集外，还需要对其进行用电管理和负荷控制，通过专变采集终端实现用户用电信息采集和控制管理。此外，对于低压供电的一般工商业户和居民用户，包括C、D、E类，此类用户通常共用配电变压器，用电情况简单，数量较多，可用低压集中抄表和功能抄表终端实现集中抄表。其中E1类用户用电容量较大，可以采用大用户的管理方式安装专变采集终端进行管理。F5类作为低压关口表计，可以通过RS-485接口直接接入低压集抄集中器完成数据采集功能。采集对象的分类和各类用户的接线方式参见表6-1、表6-2。

二、采集数据项要求

对于A类、B类对象，需要对5种电能计量数据、5种测量量，以及开关状态、终端及计量设备的工况信息、电能质量、终端和电能表记录的事件、预付费信息进行采集；对于A类还要求采集负控信息。

表 6-1　　　　　　　　　　　　采 集 对 象 的 分 类

采集对象	分类标准	用户标识	供电方式	用电情况	采集业务要求
大型专变用户（A类）	100kVA 及以上的专变用户	A1	高压供电	用户多路专线接入，有专用变电站	安装变电站电能采集终端，直接采集或者通过主站接口从调度电能量采集系统获取转发数据
		A2		专线供电，在变电站计量的高供高计用户	在变电站安装电能采集终端，直接采集或者通过主站接口从调度电能采集系统获取转发数据；在用户端安装专变采集终端进行用电负荷控制
		A3		单回路或双回路高压供电的专变用户，高供高计或高供低计，通常有多个计量回路	在用户端安装专变采集终端实现抄表和用电负荷控制
中小型专变用户（B类）	100kVA 以下的专变用户	B1		50kVA 以上高压供电的专变用户，用电计量分路较少	在用户端安装专变采集终端实现预付费控制和自动抄表
		B2		50kVA 以下高压供电的专变用户，单回路计量，两路以下的用电分路	在用户端安装专变采集终端实现预付费控制和自动抄表；或者安装配备远程通信模块的电能表直接远程通信并输出跳闸信号，由配置跳闸装置来执行预购电控制
三相一般工商业用户（C类）	执行非居民电价的三相电力用户	C1	低压供电	配置计量 TA 的用户，容量不小于 50kVA	安装专变采集终端实现抄表和用电负荷控制；或者安装配备远程通信模块的电能表直接远程通信并输出跳闸信号；或者低压集中抄表，独立表箱布置，电能表输出跳闸信号，需要配置跳闸装置来执行预购电控制
		C2		配置计量 TA 的用户，容量小于 50kVA	低压集中抄表，独立表箱布置，电能表输出跳闸信号，需要配置跳闸装置来执行预购电控制
		C3		直接接入计量的三相非居民电力用户	低压集中抄表，配置跳闸继电器的电表执行预购电控制
居民用户（E类）	执行居民电价的用户	E1	低压供电	配置计量 TA 的三相居民用户，容量大于 25kVA	低压集中抄表，独立表箱布置，需要配置跳闸装置来执行预购电控制
		E2		三相居民用户，直接接入方式计量	低压集中抄表，配置带跳闸继电器的电能表执行预购电控制，电能表单独带有本地通信信道
		E3		城镇单相居民用户，独立表箱，直接接入方式计量	
		E4		农村单相居民用户，独立表箱，直接接入方式计量	
		E5		单相居民用户，集中表箱布置，直接接入方式计量	低压集中抄表，配置带跳闸功能的电能表执行预购电控制，电能表可经由采集器和集中器通信

续表

采集对象	分类标准	用户标识	供电方式	用电情况	采集业务要求
关口计量点（F类）	统调发电厂内的上网关口	F1	上网关口	关口计量点在发电厂侧	在发电厂安装电能采集终端，直接采集；或者通过主站接口从调度电能采集系统获取转发数据
	非统调发电厂内的上网关口	F2	上网关口	关口计量点在发电厂侧	
	变电站内的发电上网或网间关口	F3	上网关口	关口计量点在变电站	在变电站安装电能采集终端，直接采集；或者通过主站接口从调度电能采集系统获取转发数据
	省对市、市对县下网关口，考核和管理计量点	F4	下网关口	考核计量点在变电站	
	公配变考核关口	F5	配变关口	配置计量 TA 的配变考核计量点	通过 RS-485 接口直接接入到集中器实现自动抄表或直接在集中器集成交流采样功能实现计量和配变监测

表 6-2 各 类 用 户 接 线 方 式

采集对象	用户标识	接线方式	用电业务情况
A 类	A1	用户多路专线接入，有专用变电站	
	A2	专线供电，在变电站计量的高供高计用户	
	A3	单回路或双回路高压供电的专变用户，高供高计或高供低计，通常有多个计量回路	S≥315kVA 315kVA>S≥100kVA
B 类	B1	50kVA 以上高压供电的专变用户，用电计量分路较少	动力 动力+照明 三相专变供路灯 单相专变供路灯 移动电话基站
	B2	50kVA 以下高压供电的专变用户，单回路计量，两路以下的用电分路	
C 类	C1	配置计量 TA 的用户，容量不小于 50kVA	动力部分 三相照明部分 路灯 移动电话基站 交通信号灯 多用户共享专变
	C2	配置计量 TA 的用户，容量小于 50kVA	
	C3	直接接入计量的三相非居民电力用户	
D 类	D1	单相非居民用户，直接接入方式计量	
E 类	E1	配置计量 TA 的三相居民用户，容量大于 25kVA	三相照明 单相照明 电采暖 小区公用
	E2	三相居民用户，直接接入方式计量	
	E3	城镇单相居民用户，独立表箱，直接接入方式计量	
	E4	农村单相居民用户，独立表箱，直接接入方式计量	
	E5	单相居民用户，集中表箱布置，直接接入方式计量	

续表

采集对象	用户标识	接线方式	用电业务情况
F类	F1	统调发电厂内的上网关口，计量点在发电厂侧	
	F2	非统调发电厂内的上网关口，计量点在发电厂侧	
	F3	变电站内的发电上网或网间关口，计量点在变电站	系统站跨国、网、省际关口
	F4	省对市、市对县下网关口，考核和管理计量点，计量点在变电站	系统站内母线、联络、旁路主变压器、公配线路计量点
	F5	公配变考核关口，考核计量点	手拉手线路、分歧、分段计量点

对于 C 类、D 类和 E 类对象，需要采集 3 种电能计量数据、电能表记录的事件和预付费信息。

对于 F5 类用户，需要采集 3 种电能计量数据、5 种测量量，以及开关状态、终端及计量设备的工况信息、电能质量和电能表记录的事件信息。

对各类用户采集数据项的要求见表 6-3。

表 6-3 采集数据项要求

采集对象类别	采集数据项
A	电能数据：总电能示值、各费率电能示值、总电能量、各费率电能量、最大需量等。 交流电气量：电压、电流、有功功率、无功功率、功率因数等。 工况数据：开关状态、终端及计量设备工况信息。 电能质量：电压、功率因数、谐波等越限统计数据。 事件记录：终端和电能表记录的事件记录数据。 其他数据：预付费信息、负荷控制信息等。
B	电能数据：总电能示值、各费率电能示值、总电能量、各费率电能量、最大需量等。 交流电气量：电压、电流、有功功率、无功功率、功率因数等。 工况数据：开关状态、终端及计量设备工况信息。 事件记录：终端和电能表记录的事件记录数据。 其他数据：预付费信息等。
C、D、E	电能数据：总电能示值、各费率电能示值、最大需量等。 事件记录：电能表记录的事件记录数据。 其他数据：预付费信息等。
F5	电能数据：总电能示值、总电能量、最大需量等。 交流电气量：电压、电流、有功功率、无功功率、功率因数等。 工况数据：开关状态、终端及计量设备工况信息。 电能质量：电压、功率因数、谐波等越限统计数据。 事件记录：电能表记录的事件记录数据

由于采集系统配置的电能表或采集终端设备都具有相应的功能，足以支持系统对各类用户采集数据项的新要求。

三、采集通信信道适用范围

用电信息采集系统信道建设需要因地制宜，根据用户的环境特性、经济发展水平、现有资源以及信息采集的数据量、速率、实时性要求等选择合适的信道。

远程通信网络完成主站系统和现场终端之间的数据传输通信功能，现场终端到主站的距离通常较远（数百千米范围内）。适用于用电信息采集系统的远程通信网络主要有配电光纤专网，GPRS、CDMA、3G 等无线公网，230MHz 负荷管理无线专网，中压电力线载波这 4 种网络。

1. 选择远程通信信道应依次考虑的因素

（1）性能满足业务应用要求。根据系统通信的数据量和通信带宽以及通信可靠性，保证在需要的时间内完成大量用户的数据采集和用电管理的要求，信道稳定可靠程度和信息安全等。

（2）适应本地区环境要求。地区地理、地貌环境的适应性，特别是无线通信更要考虑此问题。

（3）建设成本和运行维护费用。考虑通信网络建设的综合经济效益和投入产出比，在长期的运行维护中需要支出的运维费用。

（4）通信网络建设周期和工程量。建设一个完整的通信网络需要的施工工程量和建设周期能否满足用电信息采集系统整体的进度要求。

2. 选择本地信道的方案应依次考虑的因素

（1）建设成本和工程施工。首先要考虑建设成本和现场施工工作量，便于工程实施。

（2）运行维护工作量。建成运行的系统要稳定可靠，不需要调整维护，自动适应用户负荷调整、供电回路改变、计量表计更换、周边环境变化等因素。

（3）通信可靠性。通信成功率和通信稳定性，应保证主站指令的可靠执行和长期稳定性。

根据各种信道的具体特点，结合用户信息采集的需求，将远程信道和本地信道组网的适用范围相结合，参见表 6-4。

表 6-4　　　　　　　　远程信道和本地信道的适用范围

远程信道	本地信道	适用用户标识
光纤信道	RS-485	A2、A3、B1、B2、C1、C2、C3、D1、E1、E2、E3、E4、E5、F5
	窄带载波	C1、C2、C3、D1、E1、E2、E3、FA、E5
	宽带载波	C1、C2、C3、D1、E1、E2、E3、FA、E5
	微功率无线	C1、C2、C3、D1、E1、E2、E3、FA、E5
无线公网	RS-485	A2、A3、B1、B2、C1、C2、C3、D1、E1、E2、E3、FA、E5、F5
	窄带载波	C1、C2、C3、D1、E1、E2、E3、E4、E5
	宽带载波	C1、C2、C3、D1、E1、E2、E3、E4、E5
	微功率无线	C1、C2、C3、D1、E1、E2、E3、FA、E5
230MHz 无线专网	RS-485	A2、A3、B1
中压载波	RS-485	A2、A3、B1

第二节　用电信息采集系统的构成

用电采集系统在逻辑上分为主站层、通信信道层、采集设备层 3 个层次。系统逻辑架构如图 6-1 所示。

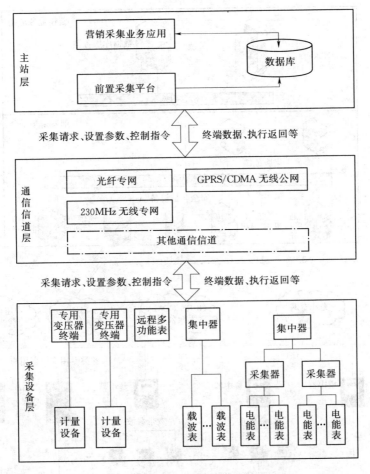

图 6-1　用电信息采集系统逻辑架构图

用电信息采集系统集成在营销应用系统中，数据交换由营销应用系统统一与其他应用系统进行接口。营销应用系统指"SG186"营销业务应用系统，除此之外的系统称为其他应用系统。

主站层分为营销采集业务应用、前置采集平台和数据库管理 3 个部分，是整个系统的管理中枢，由其实现命令下发、终端管理、数据分析、系统维护、外部接口等功能。业务应用实现系统的各种应用业务逻辑。前置采集平台负责采集终端的用电信息、协议解析，并负责对终端单元发操作指令。数据库负责信息存储和处理。

通信信道层是连接主站和采集设备的纽带，提供可用的有线和无线通信信道，信道如果有问题，则实现主站对采集设备的管理就无从谈起。主要采用的通信信道有光纤专网、GPRS/CDMA 无线公网、230MHz 无线专网。

设备采集层是用电信息采集系统的信息底层，负责收集和提供整个系统的原始用电信息，该层又可分为终端子层和计量设备子层。终端子层负责收集用户计量设备的信息，处理和冻结有关数据，并实现与上层主站的交互；计量设备子层负责实现电能计量和数据输出等功能。

系统物理架构是指用电信息采集系统实际的网络拓扑构成，其物理架构如图 6-2 所示。用电信息采集系统从物理上可根据部署位置分为主站、通信信道、采集终端三部分。

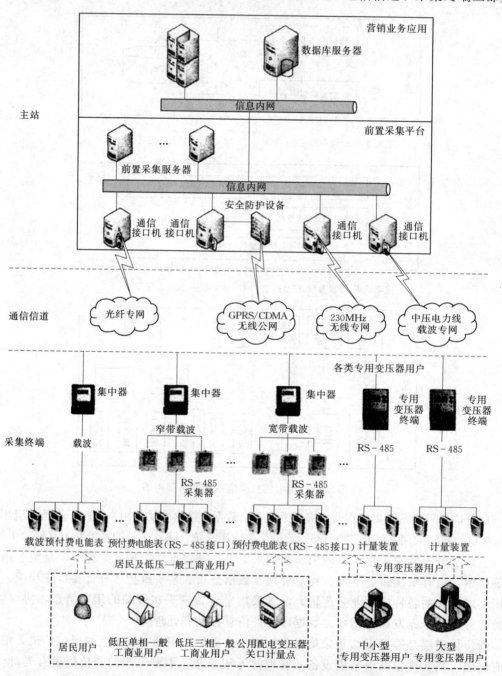

图 6-2 用电信息采集系统物理架构图

一、主站

主站系统是指通过远程对现场终端中的信息进行采集，并进行处理和管理的软硬件系统的总称。主要负责对现场终端中的各种信息进行抄读，并把收到的数据进行处理，配合相应的软件实现业务处理。从系统的物理架构图可以看出，主站网络的物理结构主要由营销系统服务器（包括数据库服务器、磁盘阵列、应用服务器）、前置采集服务器（包括前置服务器、工作站、GPS时钟、防火墙设备）以及相关的网络设备组成。

1. 数据库服务器

数据库服务器承担着系统数据的集中处理、存储和读取，是数据汇集、处理的中心。

2. 应用服务器

应用服务器主要运行后台服务程序，进行系统数据的统计、分析、处理以及提供应用服务。

3. 前置服务器

前置服务器是系统主站与现场采集终端通信的唯一接口，所有与现场采集终端的通信都由前置服务器负责，所以对服务器的实时性、安全性、稳定性等方面的要求较高。根据终端数量，结合现场管理的业务特点，对前置机配置数量、性能要求、安全防护措施等方面要求如下：

（1）前置服务器应具有分组功能，以支持大规模系统的集中采集。

（2）每组前置机采用双机，以主辅热备用负载均衡的方式运行，当其中一台服务器出现故障时，另一台服务器自动接管故障服务器所有的通信任务，从而保证系统的正常运行。

（3）每组前置服务器可接入系统所有类型的信道，对于采用串行方式（230MHz无线专网等）的通信信道，建议采用终端服务器等多串口设备来扩展前置服务器的串口数量，以便同时接入多串口信道；对于采用公网的通信信道，建议增加防火墙和认证服务器来提高接入的安全性；对于自建的光线专网信道，可直接接入前置服务器。

（4）每组前置服务器设计容量可接入的终端总数不小于30000台。

4. 接口服务器

接口服务器主要运行接口程序，负责与其他系统的接口服务，需要满足系统的安全性、可靠性、稳定性等要求。

5. 工作站

工作站用来进行系统业务上的操作。

6. 防火墙

防火墙用来实现对来自公网数据的过滤，防止非法访问和网络攻击。

二、通信信道

通信信道是连接主站系统和现场采集终端之间的信息通道，要求其稳定地构建起系统主站、采集传输终端、电能表之间的通信连接，确保采集终端实时、准确地响应主站系统命令。通信信道从传输距离和作用上分为远程信道（又称上行信道）和本地信道（又称下行信道）。

（一）远程通信

远程通信可分为专网信道通信和公网信道通信两种。专网信道是电力系统为满足自身通信需要建设维护的专用信道，可分为 230MHz 无线专网及光纤专网两大类。230MHz 无线专网使用国家无线电管理委员会（简称国家无委）批准的电力负荷管理系统专用频点（电力电能信息采集用频率在 223～231MHz 频段，其中单工频率 10 个频点；双工频率 15 对频点，收发间隔为 7MHz）。

光纤专网是指依据电力通信规划而建设的专用信道一种电力系统内部通信网络。

公网信道是相对于电力系统自身建设的专用信道而言的，它指的是使用或租用通信运营商建设的公共通信资源。

当前，可供电力用户用电信息采集系统开展数据传输的通信资源主要有以下三种：

（1）电力公司自营的 230MHz 无线专用数传网。

（2）通信营运商提供的 GPRS/CDMA 无线数据传输网络。

（3）电力公司自营的光纤通信网络。

上述三种通信信道，均是当前建设电力用户用电信息采集系统的宝贵资源。各传输方式的比较见表 6-5。

表 6-5　　　　　　　　　　　远 程 通 信 方 式 比 较

传输方式	光纤专网	GPRS/CDMA	230MHz 无线专网
建设成本	高	成本极低	成本较低
运行维护	维护费低，多重业务综合应用	第三方维护，按流量收费，运行成本高，受制于人	维护费用较低
容量	容量巨大	容量不受限制	容量有限
可靠性	高速，高可靠性	速率较高，并发量大，可靠性较好	可靠性较好
信息安全	专网运行，安全性高	公网的专用信道，安全性较差	无线专网运行，安全性较高
影响因素	完全不受电磁干扰和天气影响	受具备容量影响	受电磁干扰、地形影响大
通信实时性	二层通信，网络实时性强	并发工作，有传输延时，采集数据实时性高	单次通信快速，单位轮询工作方式，速率低，采集数据性差

在同一个地区，应该根据实际情况，采纳其中一种或同时采纳两种、三种模式，综合利用，相互弥补，共同完成电力用户用电信息采集全覆盖的任务。

下面简要介绍这 3 种通信模式主要的技术特性和应用规范。

1. 光纤专网

光纤专网是指依据电力用户用电信息采集系统建设总体规划而建设的以光纤为信道介质的一种电力公司内部通信网络，一般覆盖全网的配电线路。

目前国家电网公司所辖电网内 35kV 及以上变电站基本具备骨干光纤通信网络，具备了向下延伸的网络基础。配电线路的光纤专网建设只需在配电线路敷设电力特种光缆，将低压侧全部业务流进行汇集，在上述变电站节点与骨干光纤网对接，形成全覆盖的光纤专网。业务流向为将配电线路和低压侧业务，即专变大用户、工商业用户和居民用户的用电信息统一接入，由上级变电站通信节点上传至系统主站。

电力公司光纤通信专网的建设，将根本解决电力用户用电采集的远程数传通信的信道资源问题。据此，系统主站与采集现场建立了可靠的通信技术条件，满足电力用户用电信息采集系统中采集和监控的需要；光纤网络完整地覆盖整个配电线路，在每一个专变大用户和公用台变提供以太接口方式的网络接口；相对电力用户用电信息采集系统的数据传输需求而言，光纤通信专网提供了不受限的接入容量和高速的数传速率。

2. GPRS/CDMA 公共无线网络

公共无线网络通信模式简称公网信道，它是相对于电力公司自身建设的专用信道而言的，使用或租用通信运营商建设的公共通信资源。当前电力用户用电信息采集系统主要应用的是中国移动通信公司提供的 GPRS 和中国电信集团提供的 CDMA 网络技术服务。

(1) GPRS 无线数据传输上的优势。

1) 传输速率高。

2) 支持永久在线。

3) 资源相对丰富，覆盖地域广。

4) 适合大规模应用。

(2) GPRS 无线数据传输的不足。

1) 与话音业务共用信道，通信链路饱和时数据通信会受话音业务干扰。

2) 实际速率比理论值低。

3) 网络资费过高。

(3) CDMA 无线数据传输的优势。

CDMA 无线数据传输系统以中国电信 CDMA 网络为通信平台，通过无线数据传输终端设备（CDMA DTU），提供透明数据传输通道，满足电力行业用户数据传输的应用需求。CDMA 无线数据传输的优势主要表现在：

1) 传输速率更高，优于 GPRS。

2) 支持远方唤醒。

3) 专用载频和信道，不与话音共用信道，网络稳定，不易受干扰。

4) 适合较大规模应用。

(4) CDMA 无线数据传输的不足表现资源相对较少，覆盖地域逊于 GPRS。

GPRS/CDMA 无线公网组网方式如图 6-3 所示。

采集终端接口方式是用集中器以无线 MODEM 的方式与 GPRS/CDMA 基站进行数据信号的调制通信，遵循 GPRS/CDMA 无线传输标准。

3. 230MHz 无线通信专网

230MHz 无线通信专网简称 230 专网，它是利用国家无线电委员会为电力负荷控制批准的专用在 230MHz 频段范围内的 10 个单工频点和 15 对双工频点构建的、承载于模拟无线电技术基础上的数据通信资源，目前仍被多数网省公司作为电力大型专变用户用电信息采集和监控所用。

230MHz 无线通信专网最大的不足是其传输容量不足，因此仅可作为大型专变用户的

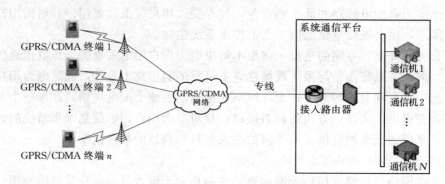

图 6-3 GPRS/CDMA 无线公网组网方式

信息采集和监控之用，并积极向光纤专网过渡。使用 230 专网，须切实注意和落实以下几个技术要点：

（1）合理的组网规划，有效地利用频点复用，充分利用有限的资源获得最大的系统容量。

（2）正确应用 230 专网技术的点对点和多点共线等技术特点，保证系统响应的实时性。

（3）采用可靠的电台故障长发抑制技术，保障系统的可用性。

（4）严格控制用户现场终端设备及配套设施的安全质量，减少系统运行维护工作量。

（二）本地通信

本地通信是指采集终端和用户电能表之间的数据通信。对于大用户和工商业用户来说，其用电信息采集所用的本地通信常采用 RS-485 总线，相对比较简单；而居民用户用电信息采集的本地通信相对比较复杂，多种通信方式同时共存。Q/GDW387.3—2009《电力用户用电信息采集系统设计导则》按照不同上行通信方式，对本地通信方式进行了推荐。

目前，采用电力线载波（窄带、宽带）通信技术和 RS-485 总线结合的典型组网方式主要有两种：一是集中器＋载波电能表方式，即集中器通过电力线载波直接与具有载波通信功能的电能表通信；二是集中器＋采集器＋RS-485 电能表方式，即集中器通过电力线载波与采集器通信，采集器通过 RS-485 总线与 485 电能表通信。

本地通信主要分为电力线载波、RS-485 总线和微功率无线 3 种通信模式，其中电力线载波通信又分为窄带和宽带两类。在同一台区（域）中，不能同时应用宽带和窄带两种载波技术混合组网通信。

1. RS-485 总线通信

RS-485 是用于串口通信的接口标准，由 RS-232、RS-422 发展而来，属于物理层的协议标准。采用平衡发送和差分接受方式来实现通信，主机和从机之间有两条双绞线或同轴电缆的信号线，RS-485 主机与从机之间的连接如图 6-4 所示。

RS-485 总线通信方式信号传输可靠性高，双向传输，需敷设 RS-485 线路，存在安装调试复杂、容易遭到人为破坏等问题。适用于电能表位置集中、用电符合特性变化较大、新建的公寓或小区、已经实现了布线的台区等。

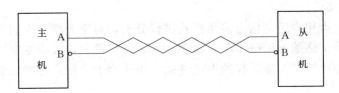

图 6-4　RS-485 主从站之间的连接方式

2. 低压载波通信

低压载波通信又称电力线载波通信，是将信息调制为高频信号并耦合至电力线路，利用电力线路作为介质进行通信的技术。目前低压载波可分为窄带电力线载波和宽带电力线载波两种。

（1）低压窄带载波通信。是指载波信号频率范围不高于 500kHz 的低压电力线载波通信。其数据传输速率较低，双向传输，无需另外敷设通信线路，安装方便，易于将电力通信网络延伸到低压用户侧，实现对用户电能表的数据采集和控制，安装、维护工作量小，适应性好。但是电力线存在信号衰减大、噪声源多且干扰强、阻抗受负载特性影响大等问题，对通信的可靠性形成一定的技术障碍，具体应用时，需针对低压电网特性进行载波技术的设计，并结合动态路由、主动上报等机制进行组网优化。适用于电能表位置较分散、布线较困难、用电负荷特性变化较小的台区，如城乡公变台区供电区域、别墅区、城市公寓小区。

目前，技术层面上低压电力线载波存在不同的技术特性，不利于大规模推进电力用户用电信息采集系统的居民集中抄表，并限制了载波通信技术的完善和发展，亟待制定统一的技术标准，实现采集设备的互联、互通和互换。

（2）低压宽带载波通信。是指载波信号频率范围大于 1MHz，通信速率大于 500kbit/s 的低压电力线载波通信。低压电力线宽带载波采用先进的 OFDM 通信编码技术，是一种基于 TCP/IP 的网络通信技术。宽带载波采用较高的通信频带，在电力线上传输时信号衰减较快，因此在长距离通信中需要中继组网。根据 Q/GDW378.3—2009《电力用户用电信息采集系统设计导则》中给出的采集对象信道适用原则，当上行通道采用光纤时，本地信道采用电力线宽带抄表是最佳选择。

3. 微功率无线通信

一般意义上，只要通信收发双方通过无线电波传输信息，并且传输距离限制在较短的范围内，就可以称为微功率无线通信。微功率无线通信通常采用数字信号单片射频收发芯片把要发送的数据信号通过调制、解调、放大、滤波等数字处理后转换为高频交流电磁波进行传输，具有施工简单、双向传输等优势，但存在受现场建筑物和环境变化影响大，易受屏蔽和干扰等问题。

三、采集终端

采集终端是指用于采集多个用户电能表电量信息，并经处理后通过信道将数据传送到系统上一级（中继器或集中器），安装在现场终端的计量设备，主要包括专变终端、可远传的多功能（智能）电能表、集中器、采集器等。构成电力用户采集信息采集终端的电能表应该具有数据输出功能，现在使用的智能电能表、多功能电能表都具有这个功能。

（一）终端分类

终端设备按电力用户用电信息采集模式进行分类，对于大型专变用户和中小型专变用户，应采用专变采集终端＋RS－485多功能电能表采集模式，大型专变用户选择安装带交流采样的专变终端或不带交流采样的专变终端，中小型专变用户选择安装不带交流采样的专变终端。

（二）终端选型

1. 专变终端

专变终端主要有3种类型，根据DL/T 698.31—2010《电能信息采集与管理系统第3－1部分：电能信息采集终端技术规范 通用要求》，专变终端类型标识、功能和适用用户见表6－6。

表6－6 终端类型及功能对照表

终端型号	I/O 配置	远程信道	主 要 功 能
FKXA4	1组交流模拟量采样输入； 4路遥信信号输入； 两轮负荷控制输出； 2路 RS－485 接口； 1路本地维护接口	上行信道为光纤网络 GPRS/CDMA 等网络方式	用于专变大型用户用电现场的有序用电管理和实时负荷监测，具备控制模块。RS－485本地通信采集电能表数据，两轮控制作为功率控制和紧急限电管理的辅助手段。终端具备预付费管理功能
FKXB8	8路遥信信号输入； 8路电表脉冲输入； 四轮负荷控制输出； 2路 RS－485 接口； 1路本地维护接口； 另有1路客户数据接口	上行信道为光纤网络 GPRS/CDMA 230MHz 等方式	用于专变大型用户用电现场的有序用电管理和实时负荷监测，具备控制模块。控制投入时，实时控制用户用电负荷。RS－485本地通信采集电能表数据，脉冲输入采集用户实时负荷。四轮控制执行各类功率控制和电量控制以及紧急限电管理的辅助手段。终端具备预付费管理功能
FKXB4	4路遥信信号输入； 预付费控制输出； 两轮负荷控制输出； 2路 RS－485 接口； 1路本地维护接口	上行信道为光纤网络 GPRS/CDMA 等网络方式	用于中小型专变用户用电管理。RS－485本地通信采集电能表数据。具备预付费管理和计量异常事件管理等功能

2. 集抄终端

集抄终端通常包含集中器和采集器两部分，用于厂站关口电能量采集和非居民用户、居民用户用电信息采集，并对用电异常信息进行管理和监控。一个配变台区的居民用电信息采集组网方式主要有下列两种：

（1）集中器与具有通信模块的电能表直接交换数据。

（2）集中器、采集器和电能表组成二级数据传输网络，采集器采集多个电能表的电能信息，集中器与多个采集器交换数据。

实际应用中可采用上述两种方式混合组网。集中器可直接与主站连接，也可通过RS－485接口与公变终端连接，利用公变采集终端通信信道上传数据。集中器和采集器的选型，可在实际应用中根据具体情况而确定。

3. 可远传的多功能（智能）电能表

可远传的多功能（智能）电能表是在多功能（智能）电能表中加入采集模块和控制开

关，实现当用户用电信息采集和监控能力，通常用于低压三相一般工商业用户用电信息采集。多功能（智能）电能表采集形式主要以多功能（智能）电能表＋通信模块（光纤专网、无线公网、公共交换电话网等）对电能表信息进行管理和传输，接受主站调度任务。

可远传的多功能（智能）电能表的另一种形式是载波＋预付费电能表形式，对电能表信息进行管理和传输，接受主站调度任务。

第三节　用电信息采集系统建设

用电信息采集系统建设的总体原则是以营销业务需求为引导，实现系统对电力用户的全面覆盖和用电信息的全面采集，及时、完整、准确地掌控电力用户信息，在实现对电力用户用电信息的全面采集的同时，也要考虑采集其他计量点的信息，如小水（火）电关口、统调关口、变电站计量点等，坚持标准统一，注重实际应用，力求方案切实可行。

用电信息系统的建设根据其构成情况分成主站建设、信道建设和采集终端的建设几个方面进行阐述。

一、系统主站建设

（一）主站系统建设规模

用电信息采集系统主站是电力营销业务系统（国家电网公司称为"SG186"系统工程）的重要组成部分。主站系统建设前应根据数据影响量和工作站并发数对系统规模进行评估，将系统的规模分为小型、中小型、中型、大中型、大型、超大型6个档次，建设中应按照不同类型分别进行主站硬件、系统软件、应用软件的配置。系统主站规模一般分类见表6-7。

表6-7　　　　　　　　　　　　　　　主站规模分类表

序　号	系 统 类 别	低压居民用户数（万户）	工作站并发数（个）
1	小型系统	<20	<20
2	中小型系统	20~40	<50
3	中型系统	40~100	<100
4	大中型系统	100~200	<200
5	大型系统	200~500	<400
6	超大型系统	500~1000	<700

主站系统根据不同规模来确定其硬件和软件的配置。根据主站规模，考虑到系统的扩展性、用户数增加额度、系统资源消耗等因素，进行技术经济比较后进行主站建设。

（二）主站系统部署方式

采集系统的应用部署和各个网省公司的管理模式密切相关，要求能够适合各网省公司以及直辖市的采集系统。应用部署模式分为集中式部署和分布式部署两种。

1. 集中式部署省公司

集中式部署是指全省（直辖市）只部署一套主站系统，一个统一的通信接入平台，直接采集全省范围内的所有现场终端和表计，集中处理信息采集、数据存储和业务应用。下属的各地市公司不设立单独的主站，用户统一登录到省公司主站，根据各自权限访问数据和执行本地区范围内的运行管理职能。集中部署主要适用于数量相对较少、地域面积不是特别大、企业内部信息网络非常坚强的各个网省公司以及直辖市公司，这种模式简称为集中采集，分布应用。

2. 分布式部署

分布式部署是指在全省各地市公司分别部署一套主站系统，独立采集本地区范围内的现场终端和表计，实现本地区信息采集、数据存储和业务应用。省公司从各地市抽取相关的数据，完成省公司的汇总统计和全省应用。分布部署主要适用于用户数量特别大、地域面积广阔、企业内部信息网络比较薄弱的网省公司。简称为分布采集，汇总应用。

3. 两种部署模式的比较与选择依据

集中式部署和分布式部署的区别主要在于 IT 构架的不同，导致两个方案存在着如下差异：

（1）分布式部署减少了对企业内部信息网的可靠性要求以及网络资源负担。

（2）集中式部署的故障影响涉及面较广。

（3）集中式部署相对经济投资成本较低，运行维护统一。

选择应用部署模式的依据是遵循当地营销业务应用系统的部署模式，用电信息采集本就是营销业务应用系统的组成部分，将用电信息采集到系统的主站部署和营销业务应用一致起来，对采集数据传输和运行维护均非常有利。

当营销系统分布式部署时，作为营销系统组成部分的用电信息采集系统也应分布式部署。当营销系统集中式部署时，可根据系统规模考虑用电信息采集系统的部署模式：通常低于 500 万用户的宜采用全省集中主站布置；高于 500 万用户的网省公司考虑到主站规模不至于过于庞大，或者地域面积过大的网省公司，可以采用省市两级部署的应用模式。全省集中主站部署的主站接入的采集点数量不宜超过 1000 万的居民数量（10 万个终端）。

二、信道建设

通信信道连接主站、采集终端、电能表，是信息传输的承载体。通信信道的建设分为远程信道建设和本地信道建设。现场终端到主站的距离通常较远（在一至数百千米范围），由远程信道完成通信，由现场终端到现场仪表之间的信道完成本地通信。

（一）信道的选建依据

远程通信可以选择光纤专网、无线公网、230MHz 无线专网、通信信道类型低压载波等多种通信方式；本地信道可以选择低压电力线载波、微功率无线网络、RS－485 通信等。单一某一种通信信道很难适应各种现场实际情况，为实现用电信息采集对象的全面覆盖，一般一个中等规模以上的系统，往往采用多种远程信道和本地信道混合组网。在实际建设过程中，应根据以下原则进行建设：

1. 远程信道的选择

远程通信信道的选择考虑因素依次如下：

（1）性能满足业务应用要求。根据系统通信的数据量和通信带宽以及通信可靠性，保证在需要的时间内完成系统数据采集和用电管理的要求。

（2）适应本地区环境要求。指地区地理地貌环境的适应性，特别是无线通信更要考虑此问题。

（3）建设成本和运行维护费用。考虑通信网络建设的综合经济效益和投入产出比，在长期的运行维护需要支出的费用。

（4）通信网络建设周期和工程量。指要完全建设一个通信网络需要的施工工程量和建设周期能否满足用电信息采集系统整体的进度要求。

2. 本地信道的选择

本地通信信道的选择考虑因素依次如下：

（1）建设成本和工程施工。本地信道首先要考虑的是建设成本和现场施工工作量，应便于工程施工。

（2）运行维护工作量。建成运行的系统要稳定可靠，不需要调整维护，自动适应用户负荷调整、供电回路改变、计量表计更换、周边环境变化等。

（3）通信可靠性。具有高的通信成功率和通信稳定性，应保证主站指令的可靠执行和长期稳定性。

（二）几种典型地域的信道组网方式

1. 典型方案一

地域特征：经济发达，人口密集，用电量很大的平原或小丘陵地区（东部沿海地区，尤以长江三角地区为最典型）。

（1）远程信道的选择。此类地区的特点是用电负荷大，终端数目多，采集对象分布集中，用电信息采集的数量大。在建设用电信息采集系统时，采用光纤专网通信方式具有容量大、可靠性高等优势，适合该地区的特点。在光纤无法敷设的地方或敷设成本过高的地方，可以采用无线专网和无线公网作为补充。

（2）本地信道的选择。新小区一般都规划比较好，电能表相对集中放置，宜使用低压载波＋RS-485的方式。老小区和农村一般电能表的放置有相对集中的地方，也有分散的情况。对于分散的电能表，更换为载波表实现载波抄收；对相对集中放置的电能表，使用低压载波＋RS-485的方式抄收。

2. 典型方案二

地域特征：经济发达，人口密集，用电量很大的丘陵及山区（华中、华北地区）。

（1）远程信道的选择。此类地区的特点是人口密度高，终端数目多，地形复杂，用电信息采集的数量大。因此光纤敷设成本较高，宜采用光纤专网和无线专网和公网相结合的通信方式实现远程通信。

（2）本地信道的选择。新小区使用低压载波＋RS-485的方式。老小区和农村分散电能表更换为载波表实现载波抄收，对相对集中放置的电能表，使用低压载波＋RS-485的方式抄收。

3. 典型方案三

地域特征：经济欠发达，幅员辽阔，人口密度低，用电量一般的地区（中、西部地区）。

（1）远程信道的选择。此类地区的经济欠发达，用电量一般，终端数目较少且比较分散。对于部分人口较密集的城镇，可以考虑建设光纤专网。对于无线公网无法覆盖的偏远地区，可以采用无线专网和公网方式作为补充。对于无线公网无法覆盖的偏远地区，可以采用配电线载波通信方式作为补充。

（2）本地信道的选择。新小区使用低压载波＋RS－485 的方式。老小区和农村分散电能表更换为载波表实现载波抄收，对相对集中放置的电能表，使用低压载波＋RS－485 的方式抄收。

三、采集设备建设

用电信息采集系统是一个复杂的工程，某一个环节的问题都有可能导致系统运行不稳定。采集设备按照其在用电信息采集系统中的作用，从电能表、集中器和采集器 3 个方面来介绍对其选型的具体要求。

1. 智能电能表

（1）电能表电量指示采用 LCD 显示方式，单相表电量指示整位数 6 位，小数位 1 位，三相表电量指示整位数 6 位，小数位 2 位。显示屏温度范围为－20～＋70℃。

（2）电能表断、送电机构应内置优质磁保持继电器。磁保持继电器不应有手动操作部位。最大工作电流为 20A 和 40A 的电能表均配额定电流为 60A 的磁保持继电器，应保证磁保持继电器、锰铜分流器和接线端钮牢固连接。继电器应用硬连接牢固地固定在底壳或端子上，或焊接、固定在线路板上，不得采用胶水固定在表底，以免长期使用后脱落。电能表上、下电后，继电器工作状态不应改变。

（3）断电、送电发光二极管在正常用电时长熄，内置开关断路时长亮。电能表断电、送电的状态检测应是对继电器输出端的电压状态进行检测，以便检测出断电后人为短路的行为，准确反映电能表工作状态。

（4）电能脉冲指示选用红色发光二极管，断电、送电指示选用绿色发光二极管，发光二极管应采用优质、高亮度知名品牌。

（5）在交流 400V 电压攻击下，持续 3min，电能表的电源应不损坏。电压恢复正常后，内存数据不丢失，程序运行正常。

（6）应提供 1 个 RS－485 接口。RS－485 输出端子必须符合以下要求：

1）RS－485 输出端子与强电端子间应能承受电压 4kV 历时 1min 的耐压试验。

2）应能承受 8kV 的静电接触放电；应能承受 4kV 的浪涌试验。

3）A、B 端子间应能抄核收 380V 的交流电历时 5min 不损坏。

4）应能承受 1kV 快速瞬变脉冲群耦合试验，试验过程中能正常通信。

（7）分时表应具备硬件时钟电路，并可进行广播对时。该时钟在停电时应能维持运行，日计时误差不大于±5s。

（8）时钟电池应使用知名品牌的不可充电的柱状锂电池，在完全停电的状态下可维持电能表时钟运行及停电显示 3 年以上。

2. 集中器

（1）集中器采用三相四线制供电，在断一相或两相电压的条件下，集中器应能正常工作和通信。供电电压在 220×(1±20％)V 范围内时，集中器应能正常工作和通信。

（2）强电（电压）端子和弱电端子应分开排列，并应有有效的绝缘隔离。接线图应清楚地标识出各端子的定义及序号。

（3）铭牌标志应清晰，能防紫外线辐射，应至少标示下列信息：产品名称、型号、制造厂名、出厂编号、生产日期。铭牌信息应能表明集中器上行信道、下行信道类型。

（4）面板铭牌应有 3 个指示灯，用于指示电源，上、下行通信状态和级联 RS－485 通信。上行通信指示灯指示集中器与主站之间的通信情况，下行通信指示灯指示集中器与采集器或载波电能表之间的通信情况。

（5）集中器与主站之间的上行通信采用公用通信网，兼容 GPRS/CDMA、PSTN、以太网等通信方式。上行通道部分应采用模块化设计，改变通信方式时只需更换通信模块。通信模块应安装在机壳内。若采用 GPRS/CDMA 无线通信方式，天线也应安装在机壳内，且应有外引天线的位置。

（6）集中器可通过红外通信或 RS－232 接口实现近程数据输出。

（7）集中器应至少提供 2 个相互独立的 RS－485 接口：第 1 路 RS－485 接口与台变总表相连；第 2 路 RS－485 接口为级联 RS－485 接口。对于下行通信采用 RS－485 接口总线方式的集中器，应另外单独提供 RS－485 接口用于连接 RS－485 采集器，RS－485 通信接口技术要求与电能表中对 RS－485 接口的要求相同。

（8）电源瞬时及长时间断电时，设备不应出现误读数，并应有数据保持措施，且至少保持 4 个月以上；电源恢复时，保存数据不应丢失，内部时钟正常运行。

（9）集中器应采用温度补偿时钟，在 23℃±2℃ 条件下，日计时误差不大于±0.5s/天，并且能对管理的采集器、电能表进行广播校时。

（10）每台集中器至少能管理 1000 只客户电能表，集中器可以存储其所管理的所有电能表近 12 个月的抄表日电量，以及最近两个月每天的日末电量。应有专用的存储空间读上述两种数据分别存储。数据存储容量不少于 4MB。

（11）集中器在规定的抄读间隔时间内未抄读数据的电能表应有补抄功能。集中器在规定的抄读间隔时间内未抄到数据的电能表应能向主站发送报警信息；当采用电话拨号上行通道时，集中器在主站抄读电量数据时将报警信息向主站发送。

（12）可实时召测或根据设定的抄读间隔自动采集各电能表的实时电量、月末零点冻结电量、日零点冻结电量。其中单费率电能表的冻结电量数据为正向有功总电量；对于复发率分时表，其抄表日电量应包含总、尖、峰、平、谷等分时电量，电量数据保存时应带有时标。

（13）集中器支持主站命令对电能表实行远程控制功能。

（14）可远程及通过近程红外口进行以下参数的设置：

1）集中器编号。

2）集中器与主站通信有关的参数（通信信道类型、主站通信地址等）。

3）抄表方案（抄表时间、抄表间隔、自动抄表日、抄读数据项等）。

4）总表倍率。

5）电能表编号等。

（15）当用电现场安装有多个集中器或同时安装有配变监测计量终端时，可以通过级联功能实现远程通信通道的共享。集中器之间或与配变终端之间通过 RS－485 总线级联。其中只有一台集中器或配变终端被设为负责与主站进行通信，称为主终端，其余的集中器或配变终端称为从终端。从终端通过级联 RS－485 总线利用主终端的远程通信通道与主站进行通信。一台主设备至少级联 4 台从设备。

集中器级联除实现远程通信通道共享之外，安装在同一配变台区的集中器和配变终端之间还能够利用级联 RS-485 接口实现集中器对配变终端内的电能量数据采集，用于集中器进行配变台区线损分析。

（16）自动进行自检，发现设备（包括通信）异常应有记录和报警功能，防止非授权人员设置参数。

3. 采集器

（1）采集器与电能表之间的通信采用 RS-485 接口进行。

（2）铭牌标志应清晰，能防紫外线辐射，应标示产品名称、型号、制造厂名、出厂编号、生产日期等信息。铭牌上应能表明上行信道类型。

（3）在上盖和端子盖上应有可靠的双铅封位置，出厂时厂家只加封其中一个应选用具有防撬、防伪功能和明显厂家标志的铅封。

（4）强电端子和弱电端子应分开排列，并应有有效的绝缘隔离。接线图应清楚地标示各端子的定义及序号。

（5）供电电压在 $220\times(1\pm20\%)$ V 范围内能正常工作。

（6）每一个采集器应至少能下连 16 只 RS-485 电能表，并将电能表数据保存在内部非易失性存储器中。

（7）面板铭牌应有 3 个指示灯，用于指示电源，上、下行通信状态。上行通信指示灯指示采集器与集中器之间的通信情况；下行通信指示灯指示采集器与电能表之间的通信情况。

（8）采集器应能通过上行信道接收集中器下发的电能表数据抄读和控制指令，并通过规约转换实时转发给下联的 RS-485 电能表，然后将电能表的应答数据信息会送给集中器。采集器应支持集中器对 RS-485 电能表所有数据抄读、广播校时、拉合闸控制等指令的转发。

（9）集中器在安装后，在确保连接正确的前提下，不需做任何设置操作，就能正常工作。当现场拆除或更换电能表时，也不需要对采集器做任何设置操作，就能正常工作。

（10）采集器应具有硬件时钟，在 23℃±2℃ 条件下，日计时误差不大于 ±1s/天。

（11）采集器应至少提供 1 个 RS-485 接口（用于抄读 RS-485 电能表），若上行通信采用 RS-485 总线方式，应另外提供 RS-485 接口。RS-485 通信接口技术要求与电能表中对 RS-485 接口的要求相同。

第四节　用电信息采集系统安装调试

用电信息采集系统远程采集系统的安装调试工作按照主站系统、通信信道、采集设备 3 部分同时进行，分别调试，全部安装调试完毕后进行系统整体综合测试。

一、施工管理要求

1. 施工资质

（1）参加采集终端安装施工的单位必须具有国家电力监管委员会（或各省电监办）颁

发的"承装（修）电力设施施工许可证"和相应的电气施工资质证书。

（2）现场施工人员必须持有电工证。

2. 安全措施

（1）施工人员经当地供电企业安规考试合格。

（2）现场施工严格执行《电业安全工作规程》的有关部分要求，切实做好保证安全的组织措施和技术措施，严格执行用户工作票双签发制度。

（3）现场施工必须指定工作负责人（监护人），一般由经考核合格且富有工作经验的人员担任。工作负责人应认真办理工作许可手续，开好开工会、收工会，对工作的全过程负责监护，以保证工作人员的人身安全和设备安全。

二、施工准备

1. 制定计划

根据总体进度安排的要求，制定工程实施、配置安装、调试、验收工作计划，安装调试计划必须明确具体台区的施工周期、进度要求、台区总户数、户名、地址、户号、电能表地址以及设备配置总量等与安装有关的内容。

2. 现场查勘

（1）查勘并核对用户资料，确定用户名单、地址、联系方式。

（2）勘察并核对各台区配电线路结构，走线类型为地理还是架空线，记录各支路走线的距离，核实表箱位置，记录表箱号，记录并核对电能表位置、容量及表号，核对变压器位置、容量及安装形式等是否满足要求，是否需要更换，建立完整的现场档案。

（3）根据电源变压器和实际用户数配置集抄系统的专用信号线、终端设备和集中器。

（4）规划及标注现场采集终端、采集器安装位置、安装方案，实地测试集中器安装位置的本地噪声情况，确定安装条件、远程通信信道是否具备，现场是否有干扰源，能否采取有效的隔离措施等。

（5）通知用户具体施工时间、是否停电等，以便取得用户配合。

三、安装调试

（一）主站系统安装

1. 运行环境

（1）施工期建设前，应做好现场勘察、工程施工设计、制定工程施工管理计划、软硬件准备等前期工作。

（2）安装设备的机房必须使用不间断电源供电，不得直接接入动力线路，禁止接入照明线路。其他设备间、交接间应使用稳定的 220V、50Hz 交流电源供电。

（3）施工应采取安全措施，机房内严禁存放易燃、易爆等危险物品，施工现场应有性能良好的消防器材。

（4）应加强对主站运行及监控场地建设过程的监督、检查工作，确保主站运行及监控场地的建设质量。

（5）机房设施应能保证计算机设备对环境温度、湿度及防尘的要求。

（6）所有有工作人员的机房都应有一定的新风补充。

（7）工程文档资料要按照合同有关规定准备齐全。资料包括工程系统拓扑图、工程网络拓扑图、所有接入设备接入后的立体图、接入前接入后的线缆连接图、系统及设备的安装手册、操作手册、维护手册和器件、产品的使用说明书等。

2. 网络平台

（1）施工前应设计现场施工方案和提出施工计划。

（2）主站网络平台采用双机双网模式。

（3）对于分布式部署模式，网省公司主站和地市公司之间的网络应采用专用网络，带宽不小于100MB。

（4）应制定网络安全访问机制，在路由器、防火墙、交换机配置安全访问控制策略。

（5）应对网络平台的速度、功能、容量、安全等方面进行测试。

（6）应按照网络设计要求部署，对相关资料和运行环境及时备份、归档。

（7）综合布线系统建设应当符合GB/T 50312—2000《建筑与建筑群综合布线系统工程验收规范》的规定。

3. 硬件建设

（1）硬件平台须按照硬件架构设计实施、部署。部署完成后，应对资料及时备份、归档。

（2）集中式主站硬件平台由网省公司安装、调试、部署。

（3）分布式主站网省公司级硬件平台由网省公司安装、部署，地市公司级硬件平台由地市公司安装、部署。

（4）设备到货后应进行到货验收，包括检查外观和结构、配置是否与要求相符等。

4. 系统软件

（1）对集中式主站，系统软件由网省公司安装、部署。

（2）对分布式主站，网省公司级系统软件由网省公司安装、部署，地市公司级系统软件由网省公司指导，地市公司安装、部署。

5. 应用软件建设

应用软件建设采取先试点后推广的方式。在试点单位进行应用软件现场安装，开展基础数据的录入、原始数据的导入、相关系统接口（含原有主站接口）开发及系统调试工作。试点单位应按照主站运行规范进行软件试运行，及时记录主站应用软件各模块、进程运行情况和通信通道运行情况。试运行结束后，按照主站应用软件验收要求，对应用软件进行验收。验收完成后，应对相关资料和运行环境及时备份、归档。

6. 系统调试

配合现场安装维护人员，对现场采集终端接入的所有采集对象进行功能调试和试采集，核对采回信息与现场信息，确保完全一致，达到全覆盖、全采集、全预付费总体目标。

（二）信道建设

远程通信信道主要有配电光纤专网、GPRS/CDMA等无线公网、230MHz无线专网、电力载波4种，信道建设按照建设规划和设计要求编制施工方案，建设单位依据国家电网公司通信信道建设管理规范Q/GDW 380.2—2009开展单项工程中间检查，以实现系统和采集终端互联、互通，保障用电信息采集系统的可靠运行。

（三）采集设备的安装

采集设备的安装应以单个公变或专变为施工单元编制施工方案。

1. 集中器的安装

集中器均应安装在变压器低压侧，安装位置应避免影响其他设备操作，建议独立供电，统一安装在箱体内，应具备专用加锁加封位置，户外安装箱体应固定，空隙部分需封堵，防止雨雪进入。对于箱式变压器，集中器应尽量安装在变压器低压操作间内，安装的设备统一做好安全标识；对于室内变压器，集中器应安装在室内通风干燥的地方，一般安装在配电房的配电柜里，除配电的开关以外，不能经过其他设备。配电盘上没有安装空间时，需配备数据集中器安装箱。

2. 多功能电能表安装

（1）公用变压器多功能应统一接入集中器，实现远程抄表。宜采用 RS-485 通信方式。RS-485 通信线要求有有效的屏蔽层，并采取总线方式来接入电能表。

（2）专用变压器 GPRS 多功能表可通过互联网直接实现远程抄表，安装位置应与客户配电设备保持整齐划一，不得占用巡视通道，不得妨碍客户设备安全运行。

（3）远程通信采用无线通信方式时，安装时应检查无线远程通信信号，必要时可安装外置天线。

（4）终端工作电源应以保证只要不全部失电，本装置就能正常工作为原则。

（5）控制开关接入应满足有序用电及预付费管理需要。

3. 载波电能表安装

载波电能表按照标准电能表的安装流程进行，根据用户分布情况集中安装。

4. 接地

箱体接地线用 $6mm^2$ 多股软铜线。

（四）采集设备的调试

1. 专变采集终端调试

（1）调试前应与主站运行人员确认调试对象、核对调试项目内容，无误后方可进行调试操作。

（2）调试过程中可能引起用户停电的，应采取有效预防措施，保证客户的正常用电。

（3）带控制功能的准备采集终端（如 230MHz 专变采集终端）工作参数的设置（除部分通信参数外）、功能调试必须采用由主站运行人员下发、现场维护人员核对的方式。

（4）不带控制功能的采集终端可以由现场进行。现场进行采集终端工作参数设置时，要及时更新主站终端档案相关设置，确保采集终端的实际运行参数设置与运行主站档案设置完全一致。

（5）采集终端调试完毕后，调试结果应达到 Q/GDW 380—2009《电力用户用电信息采集系统建设验收管理规范》的要求。

（6）填写调试记录。调试记录应分户建立，归入设备档案管理。

2. 集中器加载波电能表调试方式

（1）按主站系统的要求注册集中器。

（2）集中器配置到对应的台区。

（3）集中器号、SIM 卡号——对应记录登记。

（4）建立集中器下所有载波电能表号、表型号及户号对应关系表。

（5）将对应关系表在主站注册至集中器内。

（6）统计集中器在线情况，对不在线集中器进行现场检查调试。

（7）统计载波电能表抄表成功率情况，对采集失败的载波电能表进行现场检查调试。

（8）调试结果应达到 Q/GDW 380—2009《电力用户用电信息采集系统建设验收管理规范》的要求。

（9）填写调试记录。调试记录应按台区建立，归入设备档案管理。

（五）与软件系统的联合调试

1. 联合调试前准备工作

（1）用电信息采集系统的基础档案是从营销业务系统中同步而来的，营销系统基础档案的正确与否直接决定用电采集系统数据是否完整、准确，因此提前做好档案的验证梳理工作很关键。联合调试前须开展营业普查工作，核实并从营销系统中调整线路与台区，台区与低压的母子关系，使变电站、线路、线段、台区到计费户的关系清晰准确，同时使线路编号、台区编号、用户编号、电能表表号唯一不重复。

（2）技术人员深入现场，按供电线路走径对线路考核表、专用变、公用变、低压用户计量装置进行调查核实。本着"充分利用、按需改造、统一标准、因地制宜"的原则制定详细的建设方案和改造计划。

2. 联合调试的前提条件

（1）对已有营销系统与采集系统主站软件进行数据交互的功能升级调试。

（2）在升级后的营销系统中为已改造采集配变供电台区信息、用户基础信息、电能计量表等信息进行基础数据更新，更新好的基础数据同步给采集系统主站的调试。

（3）采集系统主站进行同步基础数据更新的调试。

（4）采集系统主站按照营销系统及其他系统要求进行采集数据同步的调试。

（5）营销系统或其他系统同步接收采集数据的调试。

（6）营销系统同步更新采集配变供电台区变更信息、用户基础变更信息、电能计量表变更信息给采集系统主站的调试。

（7）采集系统主站同步更新变更的基础数据的调试。

（8）采集系统对变更用户的数据采集同步调试及数据同步调试。

（9）营销系统或其他系统对变更的用户的采集数据的同步调试。

第七章 用电信息采集系统的应用

第一节 用电信息采集系统的基本功能

用电信息采集系统主要功能包括系统数据采集、数据管理、定值控制、综合应用、运行维护管理、系统接口等。

一、数据采集功能

根据不同业务对采集数据的要求，编制自动采集任务，包括任务名称、任务类型、采集群组、采集数据项、任务执行起止时间、采集周期、执行优先级、正常补采次数等信息，并管理各种采集任务的执行，检查任务执行情况。

用电信息采集系统采集的主要数据项有：

（1）电能量数据。包括电能示值、各费率电能示值、总电能量、各费率电能量、最大需量等。

（2）交流模拟量。包括电压、电流、有功功率、无功功率、功率因数等。

（3）工况数据。包括采集终端及计量设备的工况信息。

（4）电能质量越线统计数据。包括电压、电流、功率、功率因数、谐波等越线数据。

（5）事件记录数据。包括终端和电能表记录的事件记录数据。

（6）其他数据。如费控信息等。

二、数据管理功能

1. 数据合理性检查

用电信息采集系统提供采集数据完整性、正确性的检查和分析手段，发现异常数据或数据不完整时自动进行补采。提供数据异常事件记录和告警功能；对于异常数据不予自动修复，并限制其发布，保证原始数据的唯一性和真实性。

2. 数据计算、分析

用电信息采集系统根据应用功能需求，可通过配置或公式编写，对采集的原始数据进行计算、统计分析。主要包括按区域、行业、线路、自定义群组、单客户等类别，按日、月、季、年或自定义时间段，进行负荷、电能量的分类统计分析。电能质量数据统计分析指对监测点的电压、电流、功率因数、谐波等电能质量数据进行越线、合格率等分类统计分析，计算线损、母线不平衡、变损等。

3. 数据存储管理

用电信息采集系统采用统一的数据存储管理技术，对采集的各类原始数据和应用数据进行分类存储和管理，为数据中心及其他业务应用系统提供数据共享和分析利用。按照访问者受信度、数据频度、数据交换量的不同，对外提供统一的实时或准实时数据服务接口，为其他系统开放有权限的数据共享服务。提供系统级和应用级完备的数据备份和恢复机制。

4. 数据查询

用电信息采集系统支持数据综合查询功能，并提供组合条件方式查询相应的数据页面信息。

三、定值控制功能

用电信息采集系统通过终端设置功率定值、电量定值、电费定值以及控制相关参数的配置和下达控制命令，实现系统功率定值控制、电量定值控制和费率定值控制功能。

用电信息采集系统具有点对点控制和点对面控制两种基本方式。点对点控制指对单个终端操作；点对面控制指对终端进行批量操作。

1. 功率定值控制

功率控制方式包括时段控制、厂休控制、营业报停控制、当前功率下浮控制等。用电信息采集系统根据业务需要提供面向采集点对象的控制方式选择，管理并设置终端负荷定值参数、开关控制轮次、控制开始时间、控制结束时间等控制参数，并通过向下发控制投入和控制解除命令，集中管理终端执行功率控制。控制参数及控制命令下发、开关动作应有操作记录。

2. 电量定值控制

用电信息采集系统根据业务需要提供面向采集点对象的控制方式选择，管理并设置终端月电量定值参数、开关控制轮次等控制参数，并通过向终端下发控制投入和控制解除命令，集中管理终端执行电量控制。控制参数及控制命令下发、开关动作应有操作记录。

3. 费率定值控制

用电信息采集系统可向终端设置电能量费率时段和费率以及费率控制参数，包括购电单号、预付电费值、报警和跳闸门限值，向终端下发费率定值投入或解除命令，终端根据报警和跳闸门限值分别执行报警和跳闸。控制参数及控制命令下发、开关动作应有操作记录。

4. 远方控制

用电信息采集系统的主站可以根据需要向终端或电能表下发遥控跳闸命令，控制用户开关跳闸。主站可以根据需要向终端或电能表下发允许合闸命令，由用户自行闭合开关。遥控跳闸命令包括报警延时时间和限电时间。控制命令可以按单地址或组地址进行操作，所有操作应有操作记录。

用电信息采集系统的主站可以向终端下发剔除投入命令，使终端处于剔除状态，此时终端对任何广播命令和组地址命令（除对时命令外）均不响应。剔除解除命令使终端解除剔除状态，返回正常状态。

四、综合应用功能

1. 自动抄表管理

根据采集任务的要求，自动采集系统内电力用户电能表的数据，获得电费结算所需的用电计量数据和其他信息。

2. 费控管理

费控管理需要由主站、终端、电能表多个环节协调执行。实现费控的方式也有主站实施费控、终端实施费控、电能表实施费控三种形式。

（1）主站实施费控。根据用户的缴费信息和定时采集的用户电能表数据，计算剩余电费，当剩余电费不高于报警门限值时，通过采集系统主站或其他方式发催费告警通知，通知用户及时缴费。当剩余电费不高于跳闸门限值时，通过采集系统主站下发跳闸控制命令，切断供电。用户缴费成功后，可通过主站发送允许合闸命令，允许合闸。

（2）采集终端实施费控。根据用户的缴费信息，主站将电能量费率时段和费率以及费控参数包括电单号、预付费值、报警和跳闸门限值等参数下发至终端并进行存储。当需要对用户进行控制时，向终端下发费控投入命令，终端定时采集用户电能表数据，计算剩余电费，根据报警和跳闸门限值，分别执行报警和跳闸。用户缴费成功后，可通过主站发送允许合闸命令，允许合闸。

（3）根据用户的缴费信息实施费控。主站将电能量费率时段和费率以及费控参数包括电单号、预付费值、报警和跳闸门限值等参数下发至电能表并进行存储，当需要对用户进行控制时，向电能表下发费控投入命令，电能表实时计算剩余电费，根据报警和跳闸门限值分别执行报警和跳闸。用户缴费成功后，可通过主站发送允许合闸命令，允许合闸。

3. 有序用电管理

根据有序用电方案或生产管理要求，编制限电控制方案，对电力用户的用电负荷进行有序控制，并可对重要用户采取保电措施。可采取功率定值控制和远方控制两种方式。执行方案确定参与限电的采集点并编制群组，确定采集点的控制方式，负荷定值参数、开关控制轮次、控制开始时间、控制结束时间等控制参数。控制参数批量下发给参与限电的所有采集点的相应终端。向各终端下发控制投入和控制解除命令，终端执行，并要求有相应控制参数和控制命令的操作记录。

4. 用电情况统计分析

用电信息采集系统还可进行综合用电分析并提供负荷预测支持。

（1）负荷分析。按区域、行业、线路、电压等级、自定义群组、用户、变压器容量等类别对象，以组合的方式对一定时段内的负荷进行分析，统计负荷的最大值及发生时间、最小值及发生时间，分析负荷曲线趋势，并可进行同期比较，以便及时了解系统负荷的变化情况。

（2）负荷率分析。按区域、行业、线路、电压等级、自定义群组等统计分析各时间段内的负荷率，并可进行趋势分析。

（3）电能量分析。按区域、行业、线路、电压等级、自定义群组、用户等类别，以日、月、季、年或时间段等时间维度对系统所采集的电能量进行组合分析，包括统计电能量查询、电能量同比环比分析、电能量峰谷分析、电能量突变分析、用户用电趋势分析和用电高峰时段分析、排名等。

（4）三相不平衡度分析。通过分析配电变压器三相负荷或者台区下所属用户按相线电能量统计数据，确定三相不平衡度，进而适当调整用户相线分布，为优化配电管理奠定基础。负荷预测支持是指系统可分析地区、行业、用户等历史负荷、电能量数据，找出负荷变化规律，为负荷预测提供支持。

5. 异常用电分析

（1）计量及用电异常监测。对采集数据进行比对、统计分析，检测用电是否异常。如对同一计量点不同采集方式的采集数据比对或实时数据和历史数据比对时发现功率超差、电能量超差、负荷超容量等用电异常，记录异常信息。

对现场运行工况进行监测，检测用电是否异常。如监测计量柜门、TA/TV 回路、表计状态等，若发现异常，记录异常信息。用采集到的历史数据分析用电规律，与当前用电情况进行比对分析，分析异常，记录异常信息。发现异常后，启动异常处理流程，将异常信息通过接口传送到相关职能部门。

（2）重点用户监测。对重点用户提供用电情况跟踪、查询和分析功能。可按行业、容量、电压等级、电价类别等分类组合定义，查询重点用户或用户群的信息。查询信息包括历史和实时负荷曲线、电能量曲线、电能质量数据、工况数据以及异常事件信息等。

（3）事件处理和查询。根据系统应用要求，主站将终端记录的报警事件设置为重要事件和一般事件。对于不支持主动上报的终端，主站接收到来自终端的请求访问要求后，立即启动事件查询模块，召测终端发生的事件，并立即对召测事件进行处理。对于支持主动上报的终端，主站收到终端上报的重要事件，应立即上报事件进行处理。主站可以定期查询终端的一般事件或重要事件记录，并能存储和打印相关报表。

6. 电能质量数据统计

（1）电压越线统计。对配变台区的电压按照电压等级进行分类分析，分类统计电压监测点的电压合格率等。

（2）功率因数越线统计。按照不同的负荷特点，对用户设定相应的功率因数分段定值，对功率因数进行考核统计分析；记录用户指定时间段内的功率因数最大值、最小值及其变化范围；进行超标用户分析统计、异常记录等。

7. 线损、变损分析

根据各供电点和受电点的有功和无功的正/反向电能量数据及供电网络拓扑数据，按电压等级、分区域、分线、分台区进行线损的统计、计算、分析。用电信息采集系统可按日、月等固定周期或指定时间段统计分析线损，主站能人工编辑或自动生成线损计算统计模型。

变损分析是指将计算出的电能量信息作为原始数据，将原始数据输入指定的变损计算模型中，生成对应计量点各变压器的损耗率信息。变损计算模型可以通过当前的电网结构自动生成，也支持对于个别特殊变压器进行特例配置。

8. 增值服务

系统采用一定安全措施后，还可以实现以下增值服务功能：

（1）系统具备通过 Web 进行综合查询功能，满足业务需求。能够按照设定的操作权限，提供不同的数据页面信息及不同的数据查询范围。

（2）Web 信息发布，包括原始电能量数据、加工数据、参数数据、基于统计分析生成的各种电能量、线损分析、电能质量分析报表、统计图形（曲线、棒图、饼图）网页等。

（3）系统提供数据给相关支持系统，实现通过手机短信、语音提示等多种方式及时向用户发布用电信息、缴费通知、停电通知、恢复供电等信息，实现短信提醒、信息发布等功能。可以提供相关信息网上发布、分布式能源的监控、智能用电设备的信息交互等扩展功能。

五、运行维护管理

1. 系统对时

用电信息采集系统具有与标准时钟对时的功能，并支持从其他系统获取标准时间。系统主站可以对系统内全部终端进行广播对时或批量对时，可以对单个终端进行对时，也可以对时钟误差小于5min电能表进行远程校时。

2. 权限和密码管理

用电信息采集系统对系统用户进行分级管理，可进行包括操作系统、数据库、应用程序三部分的用户密码设置和权限分配。并可根据业务的涉及内容进行密码限制。登录系统的所有操作员都要经过授权，进行身份和权限认证，根据授权权限使用规定的系统功能和操作范围。

3. 采集终端管理

用电信息采集系统的终端管理主要对终端运行相关的采集点和终端档案参数、配置参数、运行参数、运行状态等进行管理。系统主站可以对终端进行远程配置和参数配置，支持上线终端自动上报的配置信息，可以向终端下发复位命令，使终端自动复位。

4. 档案管理

用电信息采集系统的档案管理主要对维护系统运行必需的电网结构、用户、采集点、设备进行分层分级管理。系统可以实现营销和其他系统相关档案的实时同步和批量导入及管理，以保持档案信息的一致性和准确性。

5. 通信和路由器管理

用电信息采集系统对使用的通信设备、中继路由参数等进行配置和管理。对系统使用的公网信道进行流量管理。

6. 运行状况管理

用电信息采集系统的运行状况管理包括主站、终端、专用中继站运行状况监测和操作监测。

（1）主站运行工况监测。实时显示通信前置机、应用服务器以及通信设备等的运行工况；检测报文合法性，统计每个通信端口及终端的通信成功率。

（2）终端运行工况监测。终端运行状态统计、终端数据采集情况、通信情况的分析和统计。

（3）专用中继站运行监测。实时显示中继站的运行状态、工作环境参数。

（4）操作监测。通过权限统一认证机制，确认操作人员情况、所在进程及程序、操作权限等内容。

系统自动记录重要操作的当前操作员、操作时间、操作内容、操作结果等信息，并在值班日志内自动显示。

7. 维护及故障记录

用电信息采集系统能够自动检测主站、终端及通信信道等运行情况，记录故障发生时间、故障现象等信息，生成故障通知单，提出标准的故障处理流程方案，并建立相应的维护记录。用电信息采集系统能够统计主站和终端的月/年可用率，对各类终端进行分类故障统计并对电能表运行状态进行远程监测，及时发现运行异常并告警。

8. 报表管理

用电信息采集系统提供专用和通用的制表功能。系统操作人员可在线建立和修改报表格式。根据不同需求，用电信息采集系统对各类数据选择分类方式（如按地区、行业、变电站、线路和不同电压等级等）和不同时间间隔组合成各种报表并支持导出、打印等功能。

9. 安全防护

用电信息采集系统的安全防护应符合 Q/GDW 377—2009《安全防护技术规范》的相关要求。对于采用 GPRS/CDMA 无线公网接入电力信息网的安全防护，对接入必须制定严格的安全隔离措施。对于采用 230MHz 无线专网接入电力信息网的安全防护，应采取时间戳技术等措施。

采集终端应包含具备对称算法和非对称算法的安全芯片、认证与加密措施，以保证数据传输的安全。应采取身份认证、报文加密、消息摘要、采用完善的安全设计、安全性能检测、认证与加密措施，以保证数据传输的安全。智能电能表信息交换应符合 Q/GDW 365—2009《智能电能表信息安全认证》的安全认证要求。

六、系统接口

用电信息采集系统通过统一的接口规范和接口技术，实现与营销管理业务应用系统连接，接收采集任务、控制任务及装拆任务等信息，为抄表管理、有序用电管理、电费收缴、用电检查管理等营销业务提供数据支持和后台保障。系统还可与其他业务应用系统连接，实现数据共享。

第二节　用电信息采集系统的运行

用电信息采集系统的运行是指利用用电信息采集系统主站的各项功能，对电力用户的用电信息进行采集、处理和实时监控，实现用电信息的自动采集、计量异常和电能质量监测、用电分析和管理等。同时为确保采集数据的及时性、准确性和完整性，对采集系统的专公变采集终端、集中抄表终端（含集中器、采集器）等现场设备、远程信道、本地信道的维护工作也是用电信息采集系统运行维护技术的重要组成部分。

一、实时监测

用电信息采集系统运行首先是对主站、终端、专用中继站运行状况实时监测和对各项操作的实时监测。

1. 主站运行工况监测

实时显示通信前置机、应用服务器以及通信设备等的运行工程；检测报文合法性、统计每个通信端口及终端的通信成功率。

2. 终端运行工况监测

终端运行状态统计（包括各类终端的台数、投运台数）、终端数据采集情况（包括电能表数据采集）、通信情况的分析和统计。

3. 专用中继站运行监测

主站可以实时显示中继站的运行状态及工作环境参数。

4. 操作监测

通过权限统一认证机制，确认操作人员情况，所在进程及程序、操作员权限等内容。系统自动记录重要操作（包括参数下发、控制下发、增删终端、增删电能表等）的当前操作员、操作时间、操作内容、操作结果等信息，并在值班日志内自动显示。

二、数据采集

1. 采集数据类型

系统采集的主要数据包括电能量数据、交流模拟量、工况数据、电能质量越限统计数据、事件记录数据、其他数据等。

2. 采集方式

系统主要采集方式包括定时自动采集、随机召测、终端主动上报等。

（1）定时自动采集。按采集任务设定的时间间隔自动采集终端数据，自动采集时间、间隔、内容、对象可设置。当定时自动数据采集失败时，主站应有自动及人工补采功能，以保证数据的完整性。

（2）随机召测。根据实际需要随时人工召测数据。如出现事件报警时，随即召测与事件相关的重要数据，供事件分析使用。

（3）主动上报。在全双工通道和数据交换网络通道的数据传输中，允许终端启动数据传输过程（简称为主动上报），将重要事件立即上报主站，以及按定时发送任务设置将数据定时上报主站。主站应支持主动上报数据的采集和处理。

3. 采集数据模型

通过需求分析，按照电力用户性质和营销业务需要，将电力用户划分为六种类型，包括大型专变用户（A类）、中小型专变用户（B类）、三相一般工商业用户（C类）、单相一般工商业用户（D类）、居民用户（E类）、公用配变考核计量点（F类），见表7-1。

表 7-1　　　　　　　　　　　　　**电力用户分类表**

用户类型	划分方法
大型专变用户（A类）	用电容量在100kVA及以上的专变用户
中小型专变用户（B类）	用电容量在100kVA以下的专变用户
三相一般工商业用户（C类）	包括低压商业、小动力、办公等用电性质的非居民三相用电
单相一般工商业用户（D类）	包括低压商业、小动力、办公等用电性质的非居民单相用电
居民用户（E类）	用电性质为居民的用户
公用配变考核计量点（F类）	公用配变上的用于内部考核的计量点

针对不同的用户类型，系统建议的必采数据如下：

（1）大型专变用户的必采数据。日冻结正向有功/无功电能示值（总、各费率）；日反向无功电能示值；日冻结Ⅰ/Ⅳ象限无功电能示值；抄表日冻结正向有功/无功电能示值（总、各费率）；A、B、C三相电压曲线；A、B、C三相电流曲线；正/反向有功/无功总电能示值曲线；总加组有功/无功功率曲线；月有功最大需量及发生时间；月电压越限统计数据；月不平衡度越限统计数据；月不平衡度越限累计时间。

（2）中小型专变用户的必采数据。与大型专变用户的必采数据相同，不再赘述。

（3）三相一般工商业用户必采数据。日冻结正向有功/无功电能示值（总、各费率）；日反向无功电能示值；日冻结 I/IV 象限无功电能示值；抄表日冻结正向有功/无功电能示值（总、各费率）；A、B、C 三相电压曲线；A、B、C 三相电流曲线；正/反向有功/无功总电能示值曲线；月有功最大需量及发生时间；月电压越限统计数据。

（4）单相一般工商业用户。日冻结正向有功电能示值（总、各费率）；抄表日冻结正向有功电能示值（总、各费率）；正向有功总电能示值。

（5）居民客户必采数据。日冻结正向有功电能示值（总、各费率）；抄表日冻结正向有功电能示值（总、各费率）；正向有功总电能示值。

（6）公用配变考核点必采数据项。日冻结正向有功/无功电能示值、I/IV 象限无功电能示值（总、各费率）；日冻结反向有功/无功电能示值、II/III 象限无功电能示值（总、各费率）；A、B、C 三相电压曲线；A、B、C 三相电流曲线；正/反向有功/无功总电能示值；月电压越限统计数据；月不平衡度越限累计时间。

三、数据管理及应用

1. 数据合理性分析

系统对自动采集数据的合理性进行检查，当发现数据异常时，生成相关事件记录。数据合理性检查项目包括：

（1）抄表数据异常。曲线数据、历史日数据、历史月数据有超大值；曲线数据、历史日数据、历史月数据非法；曲线数据、历史日数据、历史月数据示值数据项有逆序数据；曲线数据、历史日数据、历史月数据读数不走字；日断相次数有变化（与上日比较）。

（2）表计时钟与标准时钟误差。

（3）日、月抄表数据分时电量合计与总电量比较误差异常。

（4）同一计量点有功和无功数据背离。即有功有数而无功无数或相反。

（5）负荷超变压器容量异常。默认 120%，偏差可设。

（6）负荷与电量零值异常。负荷不为零而电量为零或负荷为零而电量不为零。

（7）同一计量点有功和无功不一致分析。有功功率为零而无功功率不为零、有功功率不为零而无功功率为零，有功电量为零而无功电量不为零、有功电量不为零而无功电量为零。

（8）功率电量全为零异常。列出功率电量全为零的用户。

（9）供电时间异常。列出日供电时间低于设定值的用户。

（10）复位次数异常。列出日复位次数大于设定值的用户。

（11）功率因数异常。列出功率因数不符合国家标准的用户（不同变压器容量有不同的标准，可以建立配置表进行配置）。

（12）保护回路和计量回路功率差值异常。

2. 数据计算、分析

（1）采集数据质量统计分析。用电信息采集系统对监测点的各项电能量参数分类统计分析，计算线损、母线不平衡、变损等营销经济分析关键指标。

（2）报表管理。用电信息采集系统实现报表主题、行、列、统计方案的定制，能够适应报表格式变化或者灵活定制新报表，满足业务人员的日常统计需要。采集系统提供专用和通用的制表功能。系统操作人员可在线建立和修改报表格式。

根据不同要求，用电信息采集系统对各类数据选择各种数据分类方式（如按地区、行业、变电站、线路电压等级等）和不同时间间隔组合成各种报表并支持导出、打印等功能，如终端档案报表、电量、电压、电流、负荷曲线数据等报表。

（3）数据存储管理。用电信息采集系统提供系统级和应用级完备的数据备份和恢复机制。根据数据备份制度和备份策略，按照操作规程进行系统和数据日常备份，在系统出现异常时根据采用的备份策略进行恢复操作。按照维护计划定期进行数据资源目录、数据库系统维护，确保数据库得到经常性地监控、维护和优化。

四、系统维护、故障判断与处理

（一）系统维护

系统维护工作从系统的构成来分可分为主站维护、信道维护和终端维护。

1. 主站维护

主站的维护包括硬件维护和软件维护。

（1）硬件维护工作。包括每日对硬件设备进行检查，并判断其是否能够正常工作。如发现其不能维持正常工作需要，应当立即维修或更换。主站的硬件包括应用服务器、数据服务器、前置机服务器、GPS 时钟、防火墙设备以及相关的网络设备。

（2）软件维护工作。包括每日对工作软件进行检查，并判断其能否正常运行。如发现其不能运行应当采取恢复措施，恢复其正常运行工作。

2. 信道维护

信道维护是指对上行信道和下行信道的维护。

（1）上行信道维护。是指对集抄主站与数据集中器之间通道的维护，主要包括对有线电话网通信维护；对 GSM/GPRS 无线通信维护；对光纤以太网通信维护。

（2）下行信道维护。是指对集中器与采集终端之间通道的维护，主要包括对电力线载波通信维护；对 RS485 总线通信维护；对无线组网通信维护；对 Mbus 总线通信维护。信道维护应定期对各线路进行巡视、检测和维修。

3. 终端维护

终端维护是指对电能表、集中器和采集器的维护。应定期对电能表、集中器和采集器的参数进行核对更新。

（二）故障判断与处理

这里介绍几种最常见的故障及处理方法。

1. 主站不能与集中器建立连接或在抄表时时常断线

主站不能与集中器建立连接或在抄表时时常断线的故障原因及处理方法如下：

（1）若有其他台式变压器的集中器可正常连接该主站系统前置机，则可排除主站系统前置机及主站网络的 GPRS 通信故障。

（2）观察集中器的指示灯是否正常，电源灯常亮、状态灯闪烁、通信模块灯双频闪。前两者指示灯异常，则集中器故障，须进行更换。

（3）检查手持机抄读集中器设置的通信参数是否有误（IP、端口号、APN），该故障多出现在刚安装的集中器上。

（4）手机卡欠费：拨打手机卡的号码提示"已停机"。

（5）手机卡损坏或未插好：集中器断电，将手机卡取出放到手机上，观察手机信号是否满格，是否能登录公网的 QQ 程序。以上操作过程中若怀疑手机卡在集中器未插好，则将手机卡重新插回集中器，集中器重新上电。

（6）通信模块损坏或接触不良：集中器断电，更换通信模块。

（7）集中器损坏：以上方法均无法正常排除故障，则更换集中器。

（8）若更换集中器后仍不能解除故障，须重新核查以上的每个操作步骤是否存在失误。

（9）主站 MODEM 与集中器 MODEM 存在匹配问题，主站须更换一种较好的外置MODEM。

注意：市场上购买的普通 MODEM 容易出现该故障，建议下订单由公司统一采购。

（10）台区电话线路采用光纤模式，则须调整台区电话设备的参数，及调整"快速传真模式"参数，其抄表效果将得到很大改善。

2. 集中器无法连接广电载波前置机

集中器无法连接广电载波前置机（GPRS 通信方式）的故障原因及处理方法如下：

（1）查看前置机的参数是否设置错误，如通道类型、集中器访问端口号是否错误，是否开启通道、前置机密码设置（须与集中器的低级密码一致）。

（2）因 GSM 卡或主站 GPRS 网络问题引起故障，如欠费、尚未开通数据通信业务、主站网络尚未调通，可利用手机套件和网络调试程序，将 GSM 卡放到手机进行测试（也可用无线网卡测试）。

（3）现场（集中器的安装位置）GPRS 信号较弱，如集中器安装在地下室，可尝试室外天线。

（4）集中器初始参数设置有误，如网络接入点参数、主站 IP 地址和端口号、通信协议（TCP 或 UDP）错误。

（5）集中器本身故障引起，可尝试断电复位或更换通信模块进行处理。

3. 集中器的本日抄表成功率为零

集中器的本日抄表成功率为零的故障原因及处理方法如下：

（1）集中器时钟与抄表主站不一致（时钟超过一天），须对集中器重新校时。

（2）集中器的抄表方案被设为"不抄"，须对集中器重新设置抄表方案。

（3）抄表系统的档案与该台变的集中器不对应，如两个集中器的电话号码互相对调，应重新确认。

（4）抄表档案刚投入集中器，就抄收集中器数据，此为正常现象。

（5）通过主站对距离集中器最近的电能表进行实时抄表（可选 3 只总表），都失败，须对现场集中器做处理。

4. 个别电表不能正常抄收

个别电表不能正常抄收的故障原因及处理方法如下：

（1）对于刚进行增加用户或换表的操作，第二天抄不到表计。对此故障应采取以下操作：

1）检查相、中性线是否接反及接线是否紧固，是否存在漏电现象（电表零线带电）。

2）检查现场八位电能表表号是否与抄表系统档案中电能表的出厂编号一致。

3）检查是否与抄表系统的台变档案相应。

4）用"在线测试仪"在电能表前召抄，判断电能表是否已损坏。

（2）之前抄表正常，但现在一直抄不到电能表。对此故障应从以下几个方面分析：

1）用户欠缴电费，检查电能表火线是否被抽出（电能表是否有电）。为此，要暂停用户用电，将电能表出线抽出。

2）电能表接线是否松动，是否存在漏电现象（电能表零线带电）。

3）现场电能表是否已被更换、拆除。

4）用"在线测试仪"在电能表前召抄电，判断电能表是否已损坏。

5. 台变线损分析不准确

台变线损分析不准确，线损率正常应小于10%，架空台变有可能大一些。如果线损率出现超出正常范围，应检查：

（1）抄表系统中的总表倍率是否与现场互感器上的铭牌一致。

（2）抄表系统中部分用户互感器倍率是否漏输。

（3）抄表数据是否连续。

（4）现场是否有遗漏电能表尚未在抄表系统中建档，或档案被建到其他台变。

（5）该台变是否有部分电能表是其他厂家的。

（6）是否存在窃电行为。

6. 现场台区在调试过程中出现的问题

现场台区在调试过程中会出现这样那样的问题，应按照以下流程来处理问题台区。

确定问题台区的原因。引起抄读成功率低（不足100%）的原因有很多，并不都是由于通信能力弱影响的，特别是新装台区，大体上可从以下方面入手分析：

（1）复杂台区按照线路结构画出台区走线拓扑结构图。大部分问题都需要直接进入现场后才能解决，台区结构图能够很清晰地把电能表的安装位置及线路走向呈现在眼前，一个之前的台区结构拓扑图对正确分析现场可起到至关重要的作用。在进入台区之后，准备一个笔记本，清晰准确地画出这个台区的线路拓扑图，标注表箱位置，甚至需要标注电能表数量和记录表号，这一切做完之后就很清楚地知道集中器最适合的安装位置，哪里是台区的中心点。所谓的中心点，是指要照顾到台区所有电能表的中心点。有了这张图，所有的问题已经解决了一半。

（2）确定集中器录入的表号是否全部正确。零散的抄读失败的电能表首先应该确定表号是否正确，这是现场最常见也是最容易处理的问题。

（3）抄读失败的表是否有电是否是故障表。找到失败表，查看电表相线中性线之间是否有220V电压。如果表号正确，电能表也有电，用超控器通信测试，如果失败，就可以当作故障表来处理。有时可能是载波表在出厂时本身就有问题，如表号设置错误、硬件设计不合理导致通信能力弱等，这都是有可能出现的。如果最后确定有可能是这些问题，可以请电能表生产厂家，仔细查找问题。

（4）抄读失败的电能表是否是变压器下的电能表。由于在使用集中抄表系统之前就存在电力公司台区分错的问题，导致有些电能表的台区归属错误。在这种情况下分错台区的电能表可能有些抄读成功，有些表抄读失败。解决方法是按照画出的台区结构拓扑图，正确地分清楚台区。

（5）集中器是否有问题。对照台区拓扑图和集中器的抄表结果（关键是集中器的直抄和中继的电能表数量及中继深度），用超控器来测试抄表情况，从而判断出是不是由于集中器的 MODEM 某一相硬件出现问题导致通信能力弱从而影响抄表。另外，还有可能是路由器存在问题。任何问题都有可能出现，应抱着对一切都持怀疑态度，冷静分析问题的原因，这就要求对集抄系统有深刻的了解。

（6）由于距离远导致通信失败。到现在为止还没有发现由于距离过远导致通信连接不上，使一部分电能表成为"孤岛"无法与其他电能表通信，但是也不能排除这种原因导致的抄读失败。根据画出的线路拓扑结构图配合抄控器的通信测试，来确定是否是这个原因。

注意：在所有的检查工作中，现场接触的都是带电的设备，一定要注意人身安全，时刻保持警觉；如果是更换三相带电设备，必须要同时有两个人在一起工作。

第三节　用电信息采集系统的营销业务应用

一、远程抄表业务

（一）业务描述

远程自动抄表是指通过信息系统、网络通道、终端设备等技术，自动抄读远端具有通信、指令响应功能计量器的属性、运行信息、计量等数据。

远程抄表业务作用是为 SG186 营销业务系统提供抄表数据用于电费核算或结算，即结合安全生产系统获取的电能信息，将购电侧、供电侧、销售侧的电能信息数据整合在一起，并进行统一发布，为市场分析、违约用电、违章窃电管理、电能损耗分析和考核提供数据支持。

远程抄表提高了抄表速度、缩短了抄表周期、提高了数据准确率，大大提高了抄表的工作效率，改变了传统人工抄表方式，使抄表工作实现了自动化。也使市场分析、违约用电、违章窃电管理、电能损耗分析和考核等分析管理工作的有效开展成为可能。

（二）业务流程

远程抄表业务涉及到营销业务系统、用电采集系统抄表主站、网络通道、抄表终端、电能表等相关软硬件系统，其流程如图 7-1 所示。

具体流程如下。

1. 档案信息同步

抄表主站通过既定接口从营销业务系统中同步电力客户基础档案信息数据（包括客户名、客户号、客户地址、客户联系方式等客户属性信息；电能表号、电能表条码号、电能表类型、变比等电能表属性信息；所属地市、分局、台区、集中器等管理信息）。

档案信息同步主要包括客户新装、变更（档案变更）、改造（客户类别、电能表类型改造）、删除（销户）等流程。

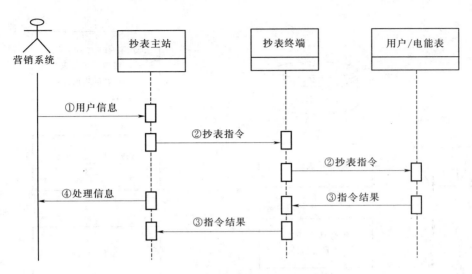

图 7-1 远程自动抄表业务流程

当营销系统档案信息有任何变动时，营销系统数据库中的数据将通过接口程序，同步到中间库中，同步后接口程序通过 WebSeivice 服务接口通知抄表主站；抄表主站得到 WebService 通知后，从中间库中读取最新的档案数据到自身数据库中。相反，当抄表主站有最新的采集信息时，抄表主站接口程序将客户用电信息放入中间库中，同时使用 WebService 服务接口通知营销系统；营销系统得到通知后，从中间库中读取用电信息到自身数据库中。数据同步流程如图 7-2 所示。

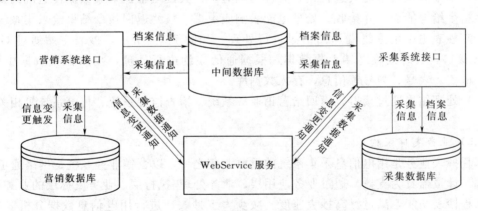

图 7-2 数据同步流程图

2. 抄表任务制定

抄表主站操作员在抄表模版/模型的基础上，制定抄表任务与规则，可根据实际抄表例日，以集中器、台区、线路、分局为基础制定抄表任务，以便系统根据既定规则自动执行抄表任务。

3. 抄表任务处理与指令下发

如图 7-3 所示，抄表主站根据自动抄表任务、规则，按时根据采集数据传送规约生成抄表指令，并通过网络接口（主要为 GPRS、CDMA）下发给采集终端。

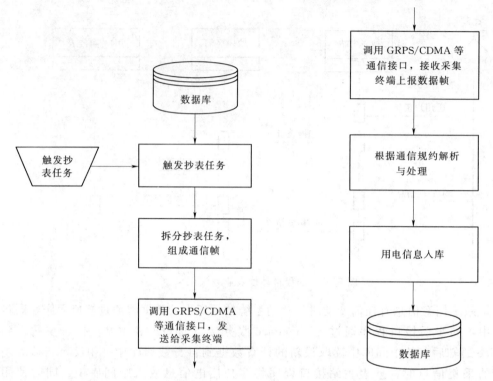

图 7-3 抄表任务处理流程图   图 7-4 终端上报数据处理流程图

（1）采集终端及电能表进行指令处理与响应。采集终端根据采集数据传送规约要求转发抄表指令给电能表，并接收、处理电能表响应数据，最终返回指令结果给采集系统。

（2）抄表主站根据终端返回结果进行处理。如图 7-4 所示，抄表主站通过 GPRS/CDMA 接口，实时接收终端上报数据，根据通信规约进行处理，提取上报数据中电量、电压、电流、表号、户号等信息，存入数据库。

（3）处理结果通过接口，返回给营销业务系统、稽查监控系统、售电系统等相关信息系统。

（三）业务支撑架构

远程抄表业务是用电信息采集系统的重要业务之一，以营销业务系统、网络通道、采集终端、计量器具为支撑，通过业务应用层、业务处理/执行层、业务支撑层的业务架构，实现远程抄表功能，满足提高抄表速度、减少人工抄表、进行用电信息数据分析等应用。其业务支撑系统架构为三层，如图 7-5 所示。

远程抄表业务的最终应用为营销业务系统、稽查系统等应用信息系统，远程抄读数据为应用提供服务数据。作为业务执行层的采集系统是远程抄表业务的发起者与执行者，可支持定时自动采集、随机召测数据、处理采集终端主动上报数据，采集数据项主要包括电能量数据（总电能示值、各费率电能示值、总电能量、各费率电能量、最大需量等）、交流模拟量（电压、电流、有功功率、无功功率、功率因数等）、工况数据（集终端及计量设备的工况信息）、电能质量越限统计数据（电压、电流、功率、功率因数、谐波等越限统计数据）、事件记录数据（终端和电能表记录的事件记录数据）和其他数据（费控信息等）。业务支持层中的采集终端接收与转换抄表指令，并把转换后的指令转发给计量器具，计量器具把自身运行信息按通信规约格式返回给采集终端，采集终端最终响应采集系统。

二、费控管理业务

（一）业务描述

电力市场营销是电力经营管理的核心，也是企业经营成果的最终体现。电力营销是供电企业的核心业务，而电费管理又是电力营销的核心业务。电费管理是发电、供电、用电整个生产体系中非常重要的一部分，电力企业如不能及时、足额地回收电费，将导致电力企业流动资金周转缓慢或停滞，使电力企业生产受阻而影响安全发、供电的正常进行。不仅如此，电力企业还要为客户垫付一大笔流动资金的贷款利息和坏账准备金，最终使电力企业的生产经营成果受到很大损失。

随着两网改造的完成，电力服务延伸到了千家万户，电费回收管理难度及成本增加了，电费回收是一项复杂艰巨的工作。在大客户用电量日趋增长的今天，电费的数额也变得越来越庞大，电费回收中的风险大大增强。为了把电费控制在可控、能控范围之内，除了电力企业加强管理、进一步完善电力法律法规、严

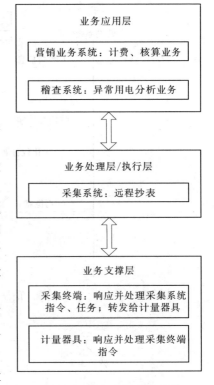

图 7-5 业务支撑系统架构

格履行供电合同和执行违约金制度之外，不断加大科技投入，装设智能电量、智能终端，改变电费收缴模式，实施费控管理是非常有效的手段。

（二）业务流程

费控管理由主站、智能终端、智能电能表多个环节统一协调执行，实现费控控制方式有主站实施费控、采集终端实施费控、电能表实施费控三种形式。其业务流程如下。

（1）主站实施费控。根据客户的缴费信息和定时采集的客户电能表数据，计算剩余电费，当剩余电费不高于报警门限值时，通过采集系统主站或其他方式发催费告警通知，通知客户及时缴费。当剩余电费不高于跳闸门限值时，通过采集系统主站下发跳闸控制命令，切断供电。客户缴费成功后，可通过主站发送允许合闸命令，允许合闸。客户剩余电费的计算和发出控制拉、合闸指令的控制逻辑在主站完成，拉、合闸指令由现场的智能电能表或智能终端执行。主站费控由营销系统和用电信息采集系统共同完成。主站实施费控流程图，如图 7-6 所示。

（2）采集终端实施费控。根据客户的缴费信息，主站将电能量费率时段和费率以及费控参数包括购电单号、预付电费值、报警和跳闸门限值等参数下发终端并进行存储。

当需要对客户进行控制时，向终端下发费控投入命令；终端定时采集客户电能表数据，计算剩余电费，终端根据报警和跳闸门限值分别执行告警和跳闸；客户缴费成功后，可通过主站发送允许合闸命令，允许合闸。终端实施费控流程图如图 7-7 所示。

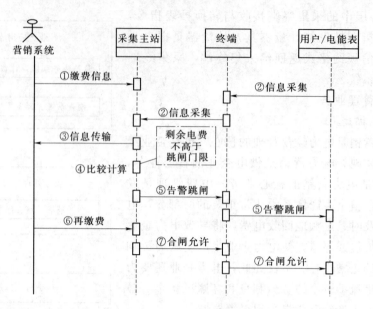

图 7 - 6　主站实施费控流程图

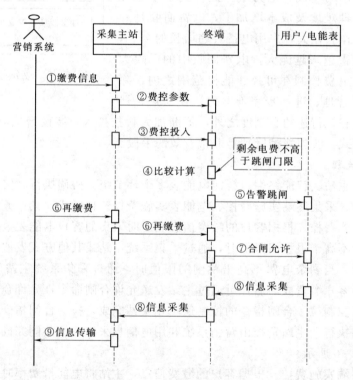

图 7 - 7　终端实施费控流程图

（3）电能表实施费控。根据客户的缴费信息，主站将电能量费率时段和费率以及费控
参数包括购电单号、预付电费值、报警和跳闸门限值等参数下发电能表并进行存储。

当需要对客户进行控制时，向电能表下发费控投入命令；电能表实时计算剩余电费，根据报警和跳闸门限值分别执行告警和跳闸；客户缴费成功后，可通过主站发送允许合闸命令，允许合闸；电能表实施费控主要包括信息下发、费控投入、控制逻辑执行和用电信息采集四个环节，主站功能由营销系统和用电信息采集系统共同完成。具体流程如图 7-8 所示。

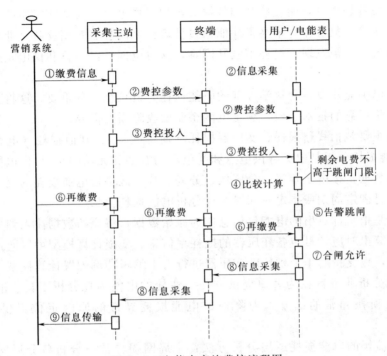

图 7-8 电能表实施费控流程图

（三）业务支撑架构

费控管理业务必须以电费回收为目标，以营销业务应用系统、用电信息采集系统为依托，通过主站、通信网络、采集终端和电能表构建的费控业务架构，实现信息下发、费控投入、执行控制、用电采集等功能，满足客户费控管理的需求。其业务支撑系统架构为三层结构，如图 7-9 所示。

业务发起层是业务的生成/撤销、启动/结束的起点或终点。需要通过营销业务应用系统的人机界面或自动任务发起。业务转换层主要接收业务发起层的任务指令，并负责把指令转换成可执行的命令下发到执行层。另外，转换层还负责把执行层的结果传递到上一层，即业务发起层。业务转换层的支撑系统或设备包括采集主站、通信网络和采集终端。业务执行层是整个业务系统的基础层，负责业务的任务命令执行，并需要把开关状态、剩余电量、剩余电费、完成时间等执行结果信息返回到上一层，即业务转换层。执行层的支撑系统或设备通常由终端、电能表等设备构成。

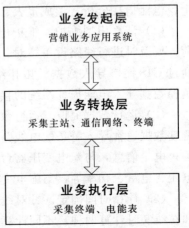

图 7-9 业务支撑系统架构

三、电能损耗分析业务

(一) 业务描述

供电企业中存在"大量不明电能损耗"的现象。由于不知道漏洞出在哪里，电量在哪些线路上丢失的，因此拿不出具体数据，无法进行详细分析。

电量的损失就是供电企业直接利润的损失，如果供电企业无法实时掌握对客户的供电和自身的经营状况，只有在月末终了才能通过抄表得来的静态数据反映企业经营状况，对于过程中的损失即使被发现，追补也极其困难，这对电网经济运行和供电企业自身的发展极为不利。

因此，供电企业建设一套科学准确的电能损耗分析系统十分重要，这将为供电企业电能损耗管理提供可靠的技术手段，满足电网企业增收降损的需要。

电能损耗主要包括线路损耗、变压器损耗（简称变损）、其他损耗（电容器、电抗器等损耗）。电能损耗分析是根据各供电点和受电点的有功和无功的正/反向电能量数据以及供电网络拓扑数据，按电压等级、分区域、分线、分台区进行电能损耗的统计、计算、分析。可按日、月固定周期或指定时间段统计分析电能损耗。

变损分析是指将计算出的电能量信息作为原始数据，将原始数据注入到指定的变损计算模型中，计算出对应计量点各变压器的损耗率信息。变损计算模型可以通过当前的电网结构自动生成，也支持对于个别特殊变压器进行人工编辑特例配置计算模型。

电能损耗分析业务旨在为客户提供方便、快捷的电能损耗分析工具，准确、快速查找到引起电能损耗异常的因素，为降损或电能损耗异常的原因定位提供先进的技术支持。

系统支持流畅的电能损耗逐层分析方法：全局网损异常→分析各分局网损是否有异常→该分局是否有分线电能损耗异常→该线路下是否有台区电能损耗或大客户电量异常→该台区是否有居民用电异常。每个环节都可以得到可能引起电能损耗异常的因素，分析过程流畅平滑。

(二) 业务流程

电能损耗分析业务包括计算模型维护、运行数据提取、计算时间确定、计算方法设定、电能损耗分析、形成报表、降损方案形成等流程，具体流程如图 7-10 所示。

(1) 计算模型维护。维护电能损耗的网络拓扑模型，对于线路改动或临时用电的负荷，要及时进行线路设备核对，时刻保持计算模型的准确性。有生产 GIS 的电力企业可通过 GIS 接口导入数据。拓扑结构既是计算的模型，同时也是其他调度、营销、集抄、负控数据导入电能损耗系统的接入点。

(2) 运行数据提取。运行数据提取主要指调度、营销、集抄、负控系统的数据提取。调度数据通常导入每条配电线路的出口代表日信息，与线路条数相对应；营销数据为每月购售电量信息，与配电变压器台区相对应；集抄与负控系统为实时运行数据，包括电流、电压、电量、功率等，与配电变压器台区相对应。

(3) 计算时间确定。针对线路特点与维护方式选取合适的计算时间间隔，有按月计算和在线实时计算两种。不同计算时间间隔通常与算法和数据范围相对应，不同时间间隔对应不同算法，不同算法需要的数据范围不同。

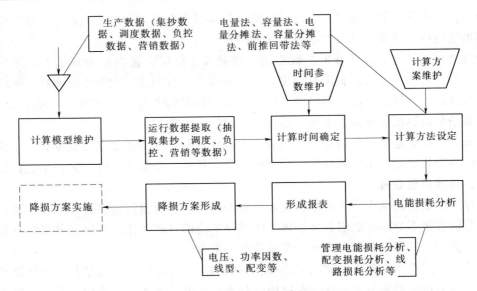

图 7-10 电能损耗分析业务流程图

（4）计算方法设定。选择电量法、容量法、电量分摊法、容量分摊法、前推回带法等计算方法。根据数据抽取情况，选择不同的计算方案，如若只能导入调度信息，则适合采用容量法及容量分摊法；若还能导入营销信息，可以采用电量法与电量分摊法；若能实时获得集抄与负控数据，可以采用最为科学的适宜实时计算的前推回带法。

（5）电能损耗分析。进行电能损耗分析，通过理论电能损耗计算系统中提供的电能损耗分析来进行变压器异常分析、导线异常分析，通过曲线图、饼图、棒图等多种样式对计算结果进行比对分析。通过电能损耗查询分析系统，进行电量异常分析，电能损耗计算结果汇总查询分析等。

（6）形成报表。形成各种可供分析与上报的报表。需按省（自治区、直辖市）、市、县逐层电能损耗上报管理模式，提供按单位进行分压、分线、分台区电能损耗标准报表自动生成功能，对于不具备自动生成报表的单位，提供电能损耗报表填报功能，可以进行电能损耗报表汇总上报操作。

（7）降损方案。在计算结果的基础上，由客户制定降损方案，并将修改后的结构或参数带入计算，重新计算改进后的电能损耗是否有所降低，可以同时建立多种降损方案进行比较，作为是否可行的依据。

（三）业务支撑架构

电能损耗分析业务的支撑架构为三层：应用层、执行层、支撑层，如图 7-11 所示。

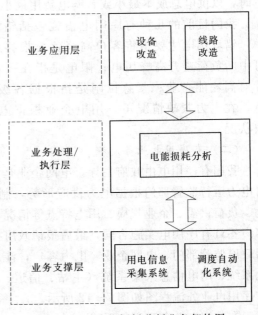

图 7-11 电能损耗分析业务架构图

电能损耗分析业务是最上层应用，其分析结果与降损方案直接为电力企业相关业务部门所用，辅助进行线路整改、设备改造等具体的降损实施。

业务执行层是电能损耗分析的核心层，在抽取支撑层大量数据的基础上，建立输电网、变电站、台区等电力设施图元模型，利用电量法、容量法、均方根电流法、平均电流法、潮流算法、电量迭代法、容量迭代法、等值电阻法等算法，进行理论电能损耗计算，根据计算结果出具报表及降损方案，以便业务部门实施降损。

业务支撑层是基础的海量数据提供者，电能损耗分析需要依靠底层数据集，包括营销系统中电量销售数据、调度系统中电力供应与负荷数据、采集系统电力客户用电数据等。

四、有序用电业务

有序用电是指在电力供应不足、突发事件等情况下，通过行政措施、经济手段、技术方法，依法控制部分用电需求，维护供用电秩序平稳的管理工作。有序用电需要由各级政府主导和推动，供电企业和电力客户积极参与和配合。

目前，我国整体用电水平和效率不高，一些地区的高峰用电依然紧张，电网峰谷差不断拉大，电力供应形势不容乐观。有序用电是指对用电一方实施的管理，这种管理是国家通过相应政策措施来引导客户高峰时少用电，低谷时多用电，从而减轻用电高峰时段的供电压力，提高供电效率，优化用电方式的一种办法。

（一）有序用电业务描述

有序用电的目标主要体现在电力需求和电量的改变上。一方面，降低电网高峰时段的电力需求，或增加电网低谷时段的电力需求，从而以较少的新增装机容量达到系统的电力供需平衡；另一方面，在高峰时段节省电量，或在电网低谷时段增加电量，在满足同样的能源服务的同时节约了社会总资源的耗费。从经济学的角度看，有序用电的目标就是将有限的电力资源最有效地加以利用，使社会效益最大化。另外，有的地方在规划实施有序用电时，以供电总成本最小或者购电费用最小为目标。

我国目前的几种有序用电措施包括错峰用电、避峰用电、限电、紧急拉闸等。其中，错峰用电主要指将客户高峰负荷推移到其他时段的调荷方法；避峰用电是指通过可中断负荷避开高峰用电；限电是指在一定时期内限制部分电力客户使用电能，主要针对高耗能企业；紧急拉闸是指根据各级调度机构发布调度命令，切除部分用电负荷。在电力紧缺情况下，用电企业根据电力紧缺情况，采取不同措施，缓解用电紧缺状况。

（二）有序用电业务流程

我国有序用电由政府主导，电网企业是实施主体，电力客户是终端响应实体。通常政府电力运行监管部门根据电力供应形势，制定有序用电政策法规。电网企业按照季节变化、负荷供需、企业规模、用电特点等情况，制定本区域的有序用电实施方案，并与电力客户签订有序用电实施合同，最后报请政府批准。有序用电业务涉及的利益相关方主要包括政府监管部门、电网企业、电力客户；涉及的系统和设备包括营销业务系统、调度自动化系统、用电信息采集系统（主站、信道、终端）、工厂能源管理系统、客户用电设备。有序用电业务流程图如图 7-12 所示。

有序用电业务流程如下：

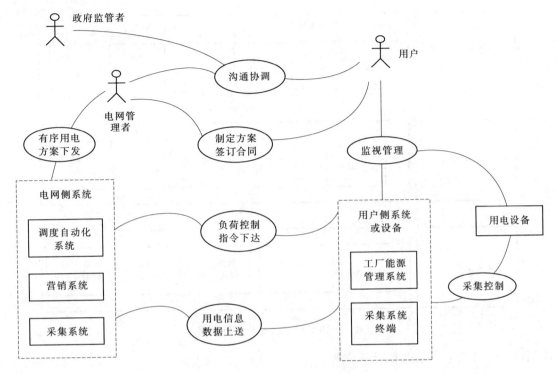

图 7 - 12　有序用电业务流程图

（1）电网制定客户有序用电实施方案。

（2）通过协商，电网与客户确定实施方案，签订有序用电实施合同。

（3）政府电力运行监管部门批准电网公司上报的区域有序用电实施方案。

（4）电网公司根据政府指令适时启动有序用电，并及时告知客户。

（5）电网公司利用已部署的用电信息采集系统（主站、终端）等负荷控制设施，实施有序用电管理，具体包括削峰、填谷、移峰填谷等内容。

（6）在有序用电阶段结束，或已经达到有序用电目标、或政府要求停止时，解除有序用电状态，电网进入正常供电状态，并及时通知客户。

（三）有序用电业务架构

有序用电分析业务是用电信息采集系统重要业务应用之一，有序用电业务主要涉及政府监管部门、电网企业、电力客户。其业务架构为三层：业务支撑层、业务应用层和业务互动层，如图 7 - 13 所示。

1. 业务支撑层

业务支撑层是整个业务系统的基础，用电信息采集、营销业务应用、调度自动化系统、工厂能源管理系统（FEMS）、能效管理数据平台等相关业务系统成为有序用电业务的支撑系统。为业务层提供用电信息、营销信息、调度信息、工厂用能信息和区域能效管理信息等业务信息和业务流程实现。

2. 业务应用层

业务应用层是有序用电业务的核心层，主要为四大有序用电方案提供业务应用，即错

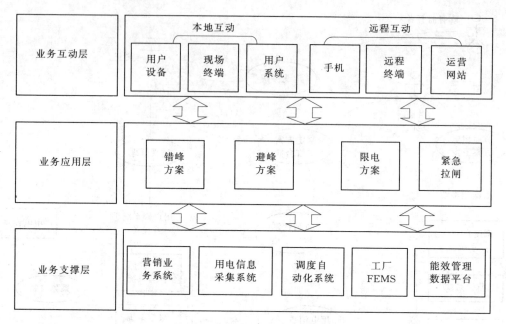

图 7-13   有序用电业务架构图

峰用电、避峰用电、限电和紧急拉闸。

3. 业务互动层

业务互动层是通过远程或本地的互动手段进行业务操作和查询。远程互动通过远程终端、客户手机或运营网站进行，本地互动通过客户系统、现场终端或客户设备进行操作。

五、用电情况统计分析业务

(一) 业务描述

用电情况统计分析主要包括综合用电分析和负荷预测分析。综合用电分析主要包括以下内容：

(1) 负荷分析。按区域、行业、线路、电压等级、自定义群组、客户、变压器容量等类别对象，以组合的方式对一定时段内的负荷进行分析，统计负荷的最大值及发生时间、最小值及发生时间，负荷曲线趋势，并可进行同期比较，以便及时了解系统负荷的变化情况。

(2) 负荷率分析。按区域、行业、线路、电压等级、自定义群组等统计分析各时间段内的负荷率，并可进行趋势分析。

(3) 电能量分析。按区域、行业、线路、电压等级、自定义群组、客户等类别，以日、月、季、年或时间段等时间维度对系统所采集的电能量进行组合分析，包括统计电能量查询、电能量同比环比分析、电能量峰谷分析、电能量突变分析、客户用电趋势分析和用电高峰时段分析、排名等。

(4) 三相平衡度分析。通过分析配电变压器三相负荷或者台区下所属客户按相线电能量统计数据，确定三相平衡度，进而适当调整客户相线分布，为优化配电管理奠定基础。

负荷预测分析需要分析地区、行业、客户等历史负荷、电能量数据，找出负荷变化规律，为负荷预测提供支持。

（二）业务流程

用电情况统计分析流程包括分析模型维护、运行数据提取、分析参数设定、用电分析等步骤，如图 7-14 所示。

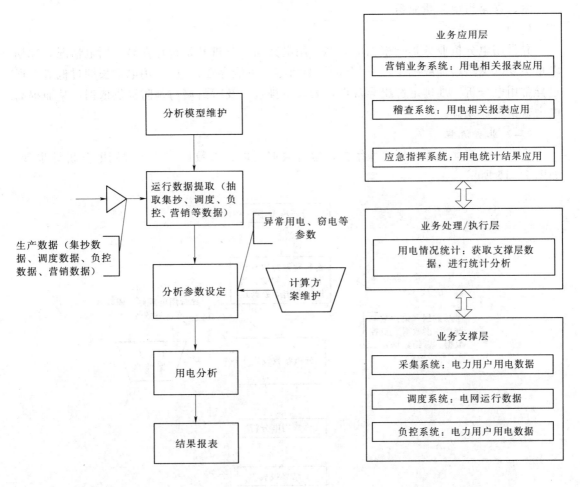

图 7-14　用电情况统计分析流程图

图 7-15　用电情况统计
分析业务架构图

（三）业务支撑架构

用电情况统计业务是用电信息采集系统集抄数据重要应用之一，统计分析数据最终为营销系统、稽查系统提供报表依据，为应急指挥系统提供辅助决策基础。其业务架构为三层：业务应用层、业务处理/执行层、业务支撑层，如图 7-15 所示。

应用层同步用电统计数据，用于综合报表的生成、对比、辅助决策。营销系统可根据区域用电情况，及时调整电力服务资源配置，优化电力服务；应急指挥系统可根据用电分析结果，辅助决策临时供电、限电等突发事件应对。

业务执行层是该业务的核心层，通过抽取支撑层数据，使用三相平衡度分析、电能量分析、负荷分析、负荷率分析等分析方法，分析电力客户、台区、分局、线路等用电情况。

业务支撑为基础数据源提供者，包括采集系统、负控系统中的电力客户用电信息数据，调度系统中电网运行数据、供电数据、负荷数据等。

六、异常用电分析业务

（一）业务描述

异常用电分析业务是指根据电力客户用电数据，分析其是否存在异常用电情况，如用电量突变（突然增加或减少）、用电量长期为零（可能存在窃电）、用电量长期过低等，通过异常用电分析，准确定位出异常点，为人工排查、及时封堵与预防提供依据，从而提高电力营销企业效益。

（二）业务流程

异常分析流程包括分析模型维护、运行数据提取、参数设定、异常用电分析等步骤，如图 7-16 所示。

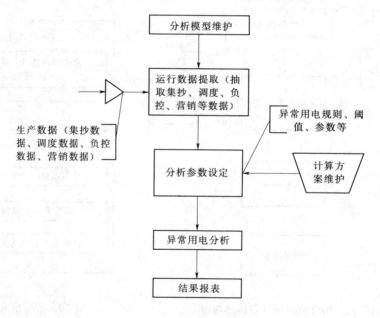

图 7-16　异常用电分析流程图

（三）异常用电分析技术方法

1. 计量及用电异常监测

（1）对采集数据进行比对、统计分析，发现用电异常。如将同一计量点不同采集方式的采集数据比对或实时数据和历史数据的比对，发现功率超差、电能量超差、负荷超容量等用电异常，记录异常信息。

（2）对现场设备运行工况进行监测，发现用电异常。如发现计量柜门、TA/TV 回路、表计状态等异常，记录异常信息。用采集到的历史数据分析用电规律，与当前用电情况进行比对分析，分析异常，记录异常信息。

发现异常后，启动异常处理流程，将异常信息通过接口传送到相关职能部门。

2. 重点客户监测

对重点客户提供用电情况跟踪、查询和分析功能。可按行业、容量、电压等级、电价类别等分类组合定义，查询重点客户或客户群的信息。查询信息包括历史和实时负荷曲线、电能量曲线、电能质量数据、工况数据以及异常事件信息等。

3. 事件处理和查询

根据系统应用要求，主站将终端记录的报警事件设置为重要事件和一般事件。对于不支持主动上报的终端，主站接收到来自终端的请求访问要求后，立即启动事件查询模块，召测终端发生的事件，并立即对召测事件进行处理。对于支持主动上报的终端，主站收到终端主动上报的重要事件，应立即对上报事件进行处理。

主站可以定期查询终端的一般事件或重要事件记录，并能存储和打印相关报表。

4. 异常用电数据分析

系统可以通过定时自动分析、人工手动分析，检测出用电异常的客户，进行提示并记录，供专职人员综合分析，判断是否有窃电行为或是否有故障，以便及时采取措施，挽回经济损失。对于自动分析结果以及分析方法可以保存并可查询。分析方法主要有以下几种：

（1）通过负荷电量曲线模板分析。根据客户历史特征日的负荷电量曲线，生成客户负荷电量曲线，结合客户具体用电趋势，对自动生成曲线进行人工调整，确定方差及样本差，编制日负荷电量曲线。

（2）同一监测点交流采样负荷电量与脉冲负荷电量曲线对比。通过在客户同一线路上加装电流变送器、功率变送器或交流采样装置取得模拟量电信号，从表计取得脉冲信号，分别计算出功率值，比较负荷曲线，如果无窃电，则两条负荷曲线应吻合，反之，则差异必然很大。

（3）电量突变分析。客户日电量与典型日电量比较，若低于典型日电量且其偏差值大于电量突变分析允许偏差值 Δq，客户用电异常可能有窃电嫌疑，提示并记录；对工作日与非工作日的比较可能产生误判。

（4）有功功率、无功功率对比。对于有功为零，无功大于零的客户告警提示窃电嫌疑。

5. 异常用电数据分析

（1）通过交流采样的数据与采集的表计数据对比，发现窃电行为。当交流采样数据与采集的表计数据差异超过设定的阈值时，系统提供主动报警功能。

（2）通过表计"计量门开"事件发现窃电行为。系统提供"计量门开"主动报警功能，非正常情况下，如果发生"计量门开"事件，可能存在窃电行为。

（3）通过"TV开路"、"TA短路"等表计报警事件，发现通过非法手段人为造成表计计量故障的窃电行为。

（4）通过电能损耗异常，过滤分析发现窃电行为。正常情况下，某条线路的电能损耗一般而言，处于比较稳定电能损耗率水平，当线路电能损耗率突然变大时，则有可能发生

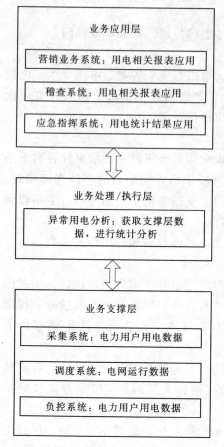

图 7-17　异常用电分析业务架构图

了窃电行为；如果某条线路的电能损耗值一直处于较高的水平，也可以重点排查是否有可疑用电行为。

（5）通过电量突变，过滤分析发现窃电行为。系统提供某客户不同时间段的纵向对比，提供电量曲线叠加对比分析，发现可疑用电客户。同时，系统提供同类的客户横向比较分析功能，提供不同的相关客户曲线叠加对比分析，发现可疑用电客户。

（6）系统提供居民客户防窃电分析功能，对电能损耗率高的台区、指定时间范围内的用电量为零或小于指定阈值的居民客户进行筛查。

综合分析以上几种情况，提供更加准确的可疑用电黑名单。

（四）业务支撑架构

异常用电分析业务是用电信息采集系统集抄数据重要应用之一，通过异常用电分析结果，针对异常客户进行排查，可有效地、及时地封堵漏洞，提高电力营销企业效益。

其业务架构为三层：业务支撑层；业务处理/执行层；业务应用层，如图 7-17 所示。

1. 业务支撑层

业务支撑层同步异常用电分析结果用于综合报表的生成、对比、违约与窃电追捕等。营销系统可根据分析结果，人工或自动启动流程，进入异常用电人工排查程序；稽查系统可根据异常用电分析结果定期稽查异常处理情况。

2. 业务处理/执行层

业务处理/执行层是该业务的核心层，通过抽取支撑层数据，在异常用电规则的基础上，筛查定位异常客户。分析方法有电量突变、电能损耗异常、用电量低于/高于阈值、计量器具报警等。

3. 业务支撑层

业务支撑层为基础数据源提供者，包括采集系统、负控系统中的电力客户用电信息数据，调度系统中电网运行数据、供电数据、负荷数据等。

七、电能质量数据统计业务

（一）业务描述

随着信息技术、电子技术的发展，电力电子设备的应用越来越广泛，各种非线性、冲击性、波动性负载也大量增加，使电力系统所遭受的电能质量污染也日趋严重。同时信息科技的发展则对电能质量及供电可靠性提出了更高的要求。因此，为了提高电能质量，需要对电能质量进行监控与数据统计分析。

（二）业务流程

电能质量数据统计分析流程包括分析统计模型维护、运行数据提取、电能质量分析等步骤，如图 7－18 所示。

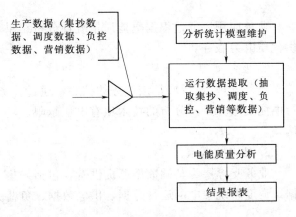

（三）电能质量数据统计技术方法

1. 电压越限统计

对电压监测点的电压按照电压等级进行分类分析，分类统计电压监测点的电压合格率、电压不平衡度等。

（1）可以分别汇总统计 A、B、C、D 等类型的测量点在某一时间段的日、月电压合格率。

图 7－18　电能指令统计流程

（2）内容包括 A、B、C 相的超上限时间、超下限时间、合格率等。

（3）对日合格率统计可以同时统计月累计情况，对月合格率统计可以同时统计年累计情况。

2. 功率因数越限统计

按照不同客户的负荷特点，对客户设定相应的功率因数分段定值，对功率因数进行考核统计分析；记录客户指定时间段内的功率因数最大值、最小值及其变化范围；超标客户分析统计、异常记录等。

3. 谐波数据统计

按设置的电压、电流谐波限值对监测点的电压谐波、电流谐波进行分析，记录分相2～19次谐波电压含有率及总畸变率日最大值及发生时间，统计分相谐波越限数据。

4. 电压与频率偏差统计

引起电压偏差的因素有无功功率不足、无功补偿过量、传输距离过长、电力负荷过重和过轻等。通过统计分析无功功率值、电力传送中间节点电压值、电力负荷值，进行电压偏差统计。

频率偏差是指电力系统内的实际频率与标称频率之间的偏差。运行经验表明：引起电力系统频率偏差的主要原因是负荷的波动，通过负荷值的分析，进行频率偏差统计。

（四）业务支撑架构

电能质量数据统计业务是用电信息采集系统集抄数据重要应用之一，其业务架构为三层：业务应用层；业务处理/执行层；业务支撑层。如图 7－19 所示。

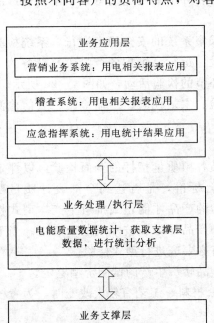

图 7－19　电能质量数据统计业务架构图

1. 业务应用层

业务应用层通过根据电能质量统计分析结果，逐步提高电力供应质量，为电力客户提供优质电力服务。

2. 业务处理/执行层

业务处理/执行层是该业务的核心，通过业务支撑层获取电网、电能表等运行数据进行电能质量分析，分析的技术项有电压越限、功率因数越限、谐波数据统计、电压与频率偏差。

3. 业务支撑层

业务支撑层为基础数据源提供者，包括采集系统、负控系统中的电力客户用电信息数据，调度系统中电网运行数据、供电数据、负荷数据。

第四节　用电信息采集系统的检定

为保证用电信息采集系统安全稳定运行，提高终端产品的互联互通水平，满足通信组网适应性和灵活性要求，确保系统和产品符合相关技术标准和质量规范，必须在产品研发、生产制造、招标采购、建设安装、运行维护等各环节对用电信息采集系统及产品进行检验和测试。

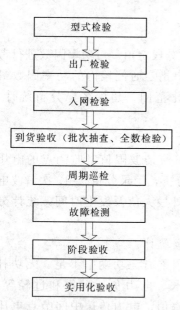

图 7-20　系统检验环节示意图

为保障用电信息采集系统的安全稳定运行，系统检验应主要围绕着系统建设、运行、维护各个阶段及设备的全寿命周期，开展各个环节的检验活动，如图 7-20 所示。

本节介绍型式检验、主站检验、终端检验、通信检测方案等内容。

一、型式检验

型式检验是对产品各项质量指标的全面检验，以评定产品质量是否全面符合标准，是否达到全部设计质量要求，只有通过型式检验的产品才能正式批量生产。型式检验项目应该依据相应的产品标准和技术规范来确定。当下列情况之一发生时，有必要应进行型式检验：

（1）新产品或者产品转厂生产的试制定型鉴定。

（2）已投入运行的设备在更换了元器件，或结构、材料、工艺有较大改变时，为考核对产品性能影响，应重新进行型式检验。

二、主站检验

主站检验主要包括功能检验、性能指标检验。针对主站的检验主要在系统的阶段性验收和实用化验收环节进行。

1. 检验条件

在系统进行阶段性验收时，应由系统主站、一定数量的各种类型终端以及信道组成一个模拟试验系统；在实用化验收时，系统主站的硬件设备、软件系统、各种类型终端以及信道应已经完成安装调试。

主站环境条件和供电电源应符合 GB/T 2887—2011《计算机场地通用规范》的规定。

2. 检验流程及项目

（1）检验方式。功能检验采用黑盒测试方法，依据系统功能规范、设计文档及软件客户手册等编写测试用例。在编写测试用例时，应采用等价类划分、边界值分析等方法，以保证测试用例的编写质量。

性能检验除采用人工手动测试外，可采用通用的性能测试软件和专业的测试软件进行相关测试。

测试完成，将实际测试结果与测试要求进行对比以判定是否满足系统要求。

（2）主站功能检验。主站功能主要包括数据采集、数据管理、综合应用和运行管理四大方面，可通过系统应用功能进行综合测试，主要包含自动抄表、费控管理、负荷管理、用电监测、终端管理、运行管理等功能。详细检验方法可参照 Q/GDW 379.1—2009《电力客户用电信息采集系统检验技术规范：系统检验技术规范》第 4.3.2 条。

（3）主站性能检验。主站性能指标主要包括系统响应速度、遥控正确率、系统采集成功率、电能数据抄读准确率、主站设备负荷率及容量、系统安全性、系统的开放性和扩展性等。详细检验方法可参照 Q/GDW 379.1—2009《电力客户用电信息采集系统检验技术规范：系统检验技术规范》第 4.3.3 条。

三、终端检验

终端的检验主要包括功能试验、通信规约试验和性能试验，详细的检验项目和试验方法可参照相关的产品标准。在开展检测试验时，需要搭建用于功能和规约试验的检验平台和用于性能试验及挂网测试的模拟测试主站。本节结合采集终端检测的需求，讨论和分析终端由检验平台和模拟测试主站组成的检测系统。

1. 检验系统基本要求

终端检测系统可以对采集终端开展功能测试、规约检测及模拟挂网测试，并能够结合高低温箱、电磁兼容等相关设备完成终端的性能测试，保证终端符合技术规范的要求，并保障终端与在运系统具有良好的兼容性，实现不同终端与主站的互联互通。检测系统可提高检测效率，满足电网大规模建设用电采集系统的需求。因此，现场建设对检测系统提出了三个基本要求：其一，要与现场实际有统一的基准，保证终端和主站互联互通；其二，测试项目能够满足现场对终端多种功能需要；其三，要有较高的检测效率，满足大规模建设的工程进度要求。图 7-21 所示为用电信息采集系统建设对检测系统的要求。

2. 检测系统的基本构成

用电信息采集系统终端检测系统由采集终端检验平台（以下简称检验平台）和系统模拟测试主站（以下简称模拟测试主站）组成。检验平台一般包括控制计算机和检测台体，配有独立检测软件。检测台体内置三相程控功率源、标准表、脉冲发生器、信号检测器等，其外观如图 7-22 所示。检验装置主要完成对终端数据采集和图 7-21 所示的用电信息采集系统建设对检测系统要求的本地闭环控制、异常事件识别与处理等功能试验及部分性能试验。

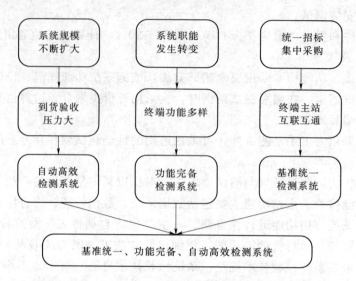

图 7-21 用电信息采集系统建设对检测系统的要求

图 7-22 终端校验平台

模拟测试主站硬件配置包括测试服务器、测试工作站、230MHz 专网数传电台、GSM 通信模块等。主站系统采用 c/s 结构，支持 GPRS、230MHz 专网、短信等多种信道，支持 Q/GDW 376—2009《电力客户用电信息采集系统通信协议》等常用的通信规约。模拟测试主站实现了对终端参数下发、数据处理、任务上报功能的检测并为电磁兼容、气候影响等性能试验提供了支持。

第八章 高级量测体系建设

第一节 高级量测体系概述

最近几年，得益于通信技术和信息技术的长足进步，以及环境保护方面政府条例的推动，高级量测体系（Advanced Metering Infrastructure，AMI）在系统运行、资产管理，特别是负荷响应中所实现的节能减排效果显著，成为电力营销最热门的新技术和工程实施项目。AMI授权给用户，电力系统和客户建立起联系，使得用户能够支持电网的运行。

AMI是一个用来测量、收集、储存、分析和运用电力客户用电信息的完整网络和系统。它不是一个单一的技术，而是为消费者和供电公司提供智能连接的许多技术的集成。AMI提供的信息可以使消费者根据他们的利益做出最明智的决定，并且AMI赋予了他们实现这些或更多选择的能力。此外，供电公司能通过AMI提供的数据更好地策划系统运行和资产管理。

通过将多种技术集成于现有的系统运行和资产管理程序（如智能计量、用户室内网、综合通信、数据管理应用程序和标准化的软件接口），AMI为电网、消费者及其负载和能源的生产及储存提供了一种数据入库和基础设施，它是构建智能电网的根本要求。AMI典型系统如图8-1所示。

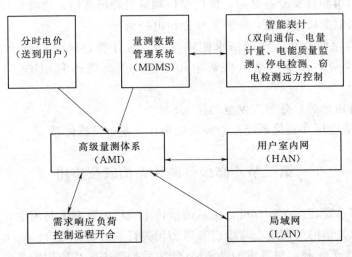

图8-1 AMI系统构成图

高级量测体系由安装在用户端的智能表计、位于电力公司内的量测数据管理系统（Meter Data Management System，MDMS）和连接它们的通信系统组成。近年来，为了加强需求侧管理，AMI体系又延伸到了用户住宅之内的室内网络（Home Area Network，

HAN）。AMI 的四个主要组成部分是：智能表计、通信网络、MDMS 和 HAN。这些智能表计能根据需要，同时实现多种计量（如 kW·h、kvar、kW、V 等），可以设定计量间隔（如 5min、15min、1h 等），并具有双向通信功能，支持远程设置、接通或断开、双向计量、定时或随机计量读取。同时，有的智能表计也可以作为通向用户室内网络的网关，起到用户接口（Customer Portal）的作用，提供给用户实时电价和用电信息，并对用户室内用电装置实现负荷控制，达到需求侧管理的目的。由于能实现带有时标的多种计量，智能表计实际上成为分布于网络上的系统传感器和量测点。因此，高级计量体系不仅能为电力公司提供遍及系统的通信网络和设施，也能提供系统范围的客观性量测，它是实现智能电网的第一步。AMI 既可以使用户直接参与到实时电力市场中来，也可为系统的运行和资产管理带来巨大效益。

AMI 的实施对电力公司、电力用户乃至全社会都有十分重要的意义。AMI 的应用可以实现以下几点：

（1）减少电力公司的运行费用，因为无需人工读表，能快速进行故障定位和恢复以及减少事故报告等。

（2）通过提供给用户准确和及时的电费清单，改善计费过程并提高用户满意度。

（3）运用电表远程诊断和即时读取的功能，改善对用户的服务。

（4）具有远程接通和断开的功能，可有效地进行用户管理。

（5）为用户提供更多电价和服务的选择。

（6）提供大量的用电和网络状态信息，使得用户可以为节能或减少开支而调整用电习惯，而电力公司则可以制定更有针对性的系统改造计划。

（7）提供系统范围内的负荷测量和系统可观性，这将帮助电力公司评估设备运行状况，优化资产利用和延长设备寿命，优化维护和运行管理费用，准确定位电网故障，改进电网规划，识别电能质量问题，探测及减少窃电行为。

（8）支持消除峰荷和节能的需求侧响应和分时计费，减少对系统发、输和配环节中的固定资产投资，减少网络阻塞费用和网损，提高资产利用率，减少污染物的排放量。

（9）能支持用户侧的分布式发电的接入。

（10）为智能电网和其他系统未来高级应用建立基础设施体系。

第二节　高级量测体系构成及应用

高级量测体系是建立在计算机、信息通信技术发展的基础上与用电计量技术相结合的产物。随着信息技术的巨大进步将牵引着诸多相关行业的资源融合。在大力倡导智能电网和 AMI 架构的今天，我们更看重的是 AMI 能为我们带来哪些应用服务，给我们的生活带来哪些便捷、高效、环保。

一、AMI 体系结构

在庞大复杂的智能电网中，AMI 是一个可按需求进行设计、配置的基础设施。它包含了智能电能表、传感器、本地及远程通信网络、计算机主站系统、数据采集与处理平台、用户网关、多功能用户服务终端和为电力公司、用户提供服务所必须的专家支持系统等内容。这些设备、资源有机地整合为一体，按照系统要求，发挥各自的作用，为电网的智能化提供及时、完整、准确的信息，为客户提供可视化的交互手段。与所有的智能化系统一样，并非系统中的每一个组成单元都需要具备高级分析、处理能力，尽管各组成单元在系统中仅发挥着各自有限的作用，但是这些单体设备按要求集成到一个系统中后，所显现出来的是具有高端能力的智能系统。

图 8-2 所示为 AMI 体系示意图，图 8-3 所示为该智能计量系统的架构图。由两图可见，AMI 体系的主站主要由两部分构成：其一是采集系统主站，负责对信息的采集、分析、处理；其二是售电系统主站，负责对费控电能表的安全、购售电、数据和信息交换进行管理。主站系统由用户信息数据库、电价组成数据库、购售电交易数据库、专家数据库等支撑。其中，用户用电信息方面的数据信息库可以采用集中式的管理方式，与主站计算机系统配置在一起；而与增值服务紧密关联的用户信息，如用户用电设备、产品种类、生产工艺等有关的数据信息，可以采用分布式数据库技术进行管理。

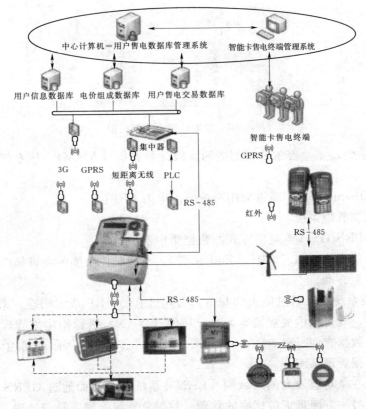

图 8-2　AMI 体系示意图

底层设备包括智能电能表、智能显示终端、智能插座、用户网关、手持终端、分布式能源接入设备（如逆变器）等。这些设备在系统中承担着计量、数据采集、上传信息、执行本地/远程的负荷管理要求、提供用户交互平台等作用。

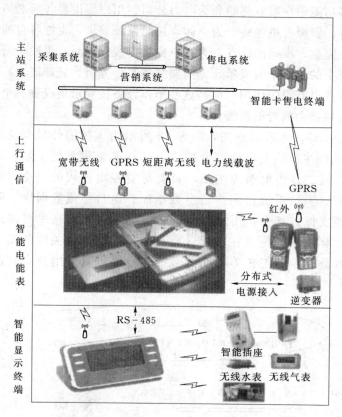

图 8-3　智能计量系统架构图

图 8-4 所示为瑞士兰吉尔公司制造的高级计量系统（AMM）。该系统由五大功能模块组成：

（1）基于 Ethemet 的 IT 高级应用系统——电力 ERP。

（2）中央数据管理系统。

（3）采用 GPRS/GSM 等通信方式的数据集中器。

（4）附加通信模块（PLC、RF、ZigBee 等），支持费控功能的高可靠性电能表。

（5）家庭信息终端。

AIM 的中央系统可以通过防火墙与电力公司已有的 ERP 系统相连，采用 TCP/IP 协议进行数据交换，既可以组成规模庞大的广域网（WAN）级营销网络管理系统，也可以实现远程电能表数据查询、SCADA、家庭网络管理、远程维护等附加功能。

二、中央数据管理系统

中央数据是一个功能强大的局域网（LAN）系统，一方面通过 GPRS 等通信通道收集集中器数据；另一方面负责数据库的管理、数据分析与处理、报表处理、用户信息录入（开户与销户）、缴费、追缴欠费等。

（1）数据库管理系统（Data Management）。负责数据分类、交换、查询、备份等。

（2）操作员站（Operation Desk）。负责用户管理、数据分析、报表、缴费等处理。

（3）远程抄表系统（AMR）。负责采集来自通信通道的集中器中的电表账单数据。

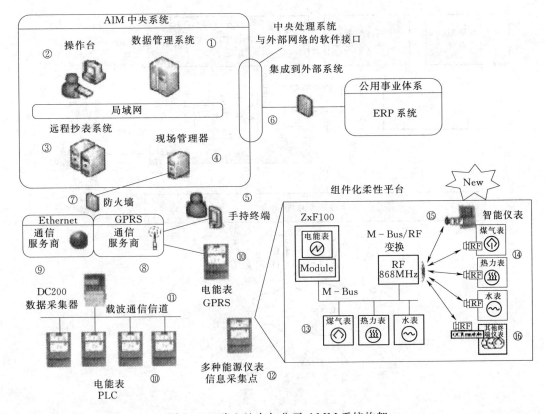

图 8-4 瑞士兰吉尔公司 AMM 系统构架

（4）现场管理器（Site Manager）。基于地理信息系统（GIS）的电能表安装分布管理软件，也可以用于对手持终端进行现场抄读、监督的工作人员的工作路线进行管理。

（5）手持终端（PDA）。由现场管理器下载需要抄读的电能表的表号和抄读内容编号到 PDA 中，由工作人员携带至指定场所，按确定的顺序位置抄表，抄读结果再导入现场管理器中。

（6）AIMIA。中央处理系统与外部网络的软件接口。

（7）GPRS/GSM/HAN 前置机。负责与集中器通信，并将数据传到局域网。

（8）GPRS 服务提供商。

AMI 系统的信息流如图 8-5 所示。终端表计采集的各种信息通过 HomePlug、ZigBee 等通信方式传送到企业服务总线上，用户可以通过网页与网管系统进行双向访问；家庭网络系统、表计数据管理系统、电力调度系统、网络管理员公用售电系统的各类信息均可以与企业服务总线实现双向通信。

三、数据集中器

数据集中器（Data Concentrator）有电力线载波（PLC）下行接口和 GPRS 上行接口。下行口用于管理电能表的通信路由，以及从电能表中抄读数据或向电能表发布命令，如对时、合闸等。上行接口用于向中央系统的前置机传送数据，以及接收由系统发送的命令，如定时或即时抄读、"心跳"信息获取、拉闸、系统维护、服务信息等。每台数据集

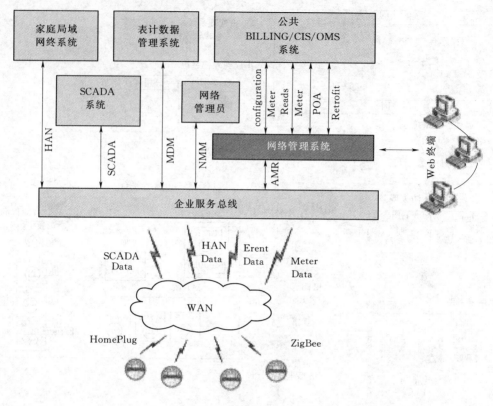

图 8 - 5　数据信息流示意图

中器可以管理 1000 台电能表约 30 天的负荷曲线数据。图 8 - 6 所示为数据集中器实物图。

四、高可靠性电能表

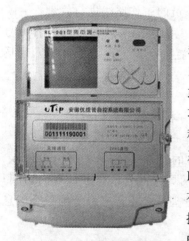

图 8 - 6　数据集中器实物图

带通信模块的电能表（E - Meter）由高可靠性的单相和三相电能表附加可更换的通信模块构成。E - Meter 既可以是普通 RS - 485 电能表，也可以加装电力载波通信模块，或是带 RF 模块或安装 GPRS 模块的无线通信表。有拉闸功能的 E - Meter 可以在"先用电后付费"与"预付费"两种方式之间进行选择，付费方式与实施时间的确认由中央系统决定。E - Meter 还可以是多用户表。在某些情况下，E - Meter 也可以是"透传"方式的采集器，用于将多个具有普通 RS - 485、CS、M. Bus 等通信接口电能表的通信转换为电力线载波方式。此时，集中器可以直接用电能表上的规约操控电能表，而不用对采集器单独操作，对集中器而言，采集器是"透明的"。

　　E - Meter 中的通信模块可以互联互通，并且具有自动中继功能。E - Meter 的中继路由集中器根据通信状况自动或手工远程分配。具有预付费功能的 E - Meter，用户可通过多种方式购电，如网上支付、电话支付、现场缴费、银行托收等。用户购买"信用额度"

后，既可通过安装在用户家中的信息终端充值，也可以由抄表网络系统远程充值，或二者同时使用。

五、智能终端

智能终端能根据预先设置的时间周期自动抄读各类仪表，如水、电、气表的计量数据，以及各类智能电器如冰箱、彩电以及智能插座的用电数据并存储。

智能终端具备多种通信方式的能力，可以和不同设备间进行本地通信，也可和远程主站进行通信，并且能让手机直接接入进行操作。

智能终端具有以下技术特性：

（1）多种设备通信规约解析与转换。

（2）通过可扩展的通信模块与家电等设备实现互联。

（3）大容量数据存储。

（4）安全的通信体系。

（5）嵌入式系统丰富的应用功能。

家庭信息终端（In－home Display）是应用于家庭的可选配置智能终端，用户可在居室内查看水、电、气表记录的使用信息、预付费剩余额度、温室气体排放量等信息。电力公司也可以通过AMI：网络，发布公告、广告等信息给用户，实现增值服务。图8－7所示为家庭信息终端实物图。

由于智能电能表是AMI体系中的组成设备，所以网络通信功能和通信接口是必不可少的基本配置。只不过考虑到系统的互联互通以及电能表维护的便利性，通信部分会采取可热插拔的模块化设计。

图8－7　家庭信息终端实物图

六、通信网络

AMI的通信网络会随着通信技术的发展而发生升级或变更，将由目前的电力公司铺设的单一通信网络逐渐过渡到其他多种通信通道并存。

（1）单通道模式。主要由电力公司建设，如电力载波、电力线宽带、光纤、无线公网等。台区集中器按预先设置的时间周期自动通过本地网络，如电力载波方式收集电能表的计量数据，并通过无线公网或光纤方式上送到电力公司数据中心。

（2）多通道模式。由物联网技术和智能家居应用衍生，在单通道基础上扩展到多种渠道如互联网、无线移动网。家庭能耗数据可通过互联网进行查看，同时也为其他能源公司带来抄表的便利。

七、主站系统

远程主站系统是AMI体系结构里一个重要组成部分，它主要负责数据的采集与分析以及远程下达控制命令。并可通过企业服务总线将数据与其他系统分享。

主站系统的一个基本功能是对AMI数据进行确认、编辑、估算，以确保因通信故障而可能导致的数据准确性和完整性。

计费系统将以该系统采集到的数据为基础数据进行实时、准实时或周期性计费。对于预付费功能依赖于主站系统实时的抄取剩余电费和准确可靠的将付费指令下发。

第三节　AMI　应　用

在智能家庭中，通过 AMI 中的智能电能表和智能终端，可以实现未来分布式能源和电动汽车的接入和计量、家用电器或设备的控制、家庭能耗的监测和能源优化管理。

在智能小区中，AMI 为用户提供了可靠的通信信道和便利的充值渠道以及家居的安全防护。

在智能电网中，AMI 是实现智能用电的关键技术体系，是用户与电网和公用事业单位间实现双向互动的桥梁。

AMI 在中国的发展以双通道和多通道为主，其一为电力公司现有的 AMI 系统通信通道，其二为现有的宽带互联网通道及即将开始的三网融合后的高速光纤通信网，在不久的将来，或许四网融合。

一、分布式能源和电动汽车的接入和计量

智能电网的一个重要主题就是分布式能源接入，提供了一种新型、清洁、分散、就近的能源系统。但由于清洁能源如风能、太阳能具有随机性和间歇性，这就使电网运行控制的难度和安全稳定运行的风险明显增大。因此，需要智能电网来提高整个电网对清洁能源接入的适应性以及运行控制的灵活性、安全稳定的可控性。

随着未来充电式纯电动车这样的零排放汽车的大规模应用，完全可以促进分布式发电系统的发展。其中的蓄电池即可用作电动车的电池，而且电动车回到家里还可以卖电而带来经济效益，即通过电动车与电网间能量的转换，电动汽车的车主可以低价在夜间用电，低谷时充电；在白天电网处于负荷高峰时，则可以把电池内的电能高价回卖给电网，从而实现最优化的用电模式。

二、预付费

随着全面预付费时代的到来，需要给用户提供更便捷、多元化的缴费渠道，在 AMI 的体系结构下，为人们带来了多种充值方式，如 RF 卡充值、令牌（键盘输入、红外扫描）、网络充值等。预付费缴费、充值过程如图 8-8 所示，它为我们描绘了多种缴费场景：

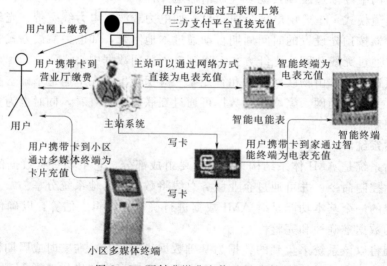

图 8-8　预付费缴费充值过程示意图

（1）用户可以通过网上缴费方式，选择任意一家第三方支持平台，如支付宝、财付通或公用事业单位的门户网站如 95598，也可以选择任意一家网上银行开通的公用事业缴费区，只需输入自己的银行账号或用户号（或表号）即可完成付费。

（2）用户可到营业厅缴费，如到电力营业厅缴纳电费，系统支持两种方式：

1）系统可以通过网络直接为家庭的电表充值。

2）通过写 RF 卡，用户携带卡回家在智能终端上刷卡充值。

（3）用户还可以到自家小区的多媒体终端上进行缴费充值。

除了以上描述的几种方式外，家庭的智能终端也可支持购买充值券的方式，输入特定的充值码就可完成充值。

三、家庭能耗的监测和能源优化管理

AMI 体系与物联网技术的融合为人们带来了智能家居，家庭中所有的家电、设备都能联网，都能被量测被控制。

智能家居的物理拓扑示意图如图 8-9 所示，智能体现在人们可以随心所欲地无论何时何地都能控制家中的设备，如在下班途中可以通过手机预先开启家中的空调，还可以自动地智能控制，比如自动的灯光控制、窗帘控制。

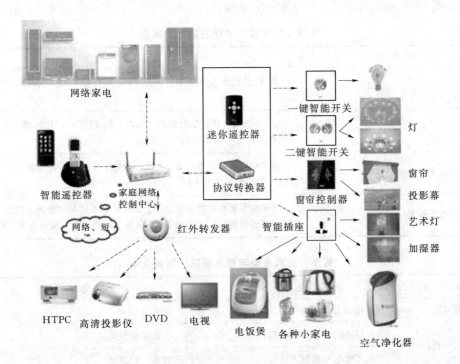

图 8-9 智能家居物理拓扑示意图

人们还可以通过互联网看到家中设备的实时能耗情况，可以及时发现未关闭的设备或能耗异常的设备，并能进行远程操作。

同时可以对用电量进行分析，人们能够在了解相关信息的前提下进行能源管理，改变用电行为，以节省电费，最大限度地降低对环境的影响。

第四节 智 能 电 表

智能电能表（Smart Meter）是智能电网 AMI 中的重要设备，它是一款具有电能计量、信息存储和处理、网络通信、实时监测、自动控制以及信息交互等功能的电能表。

按照电能表的分类，智能电能表属于多功能电能表的范畴，目前国家电网公司经营区域安装智能电能表 1.22 亿只。

一、智能电能表的种类

在国家电网公司的企业标准中，按照等级、通信方式等内容对智能电能表进行了划分。

（1）按等级划分，包含了 0.2S、0.5S、1 级和 2 级。

（2）按照负荷开关划分，有内置和外置负荷开关之分。

（3）按照通信方式划分，有载波、GPRS 无线、RS-485 总线之分。

（4）按照费控方式划分，有本地费控与远程费控。

此外，还可按照电流量程范围、电压范围进行划分。表 8-1 为按照安装环境使用电能表的选型方案。表 8-2 为智能电能表类型与国家电网智能电能表技术规范的对应关系，其中涉及的 16 款表是对表 8-1 的进一步分类。

表 8-1　　　　　　　　　　不同安装环境下电能表的适用类型

安 装 环 境	电能表适用类型
关口	0.2S 级三相智能电能表、0.5S 级三相智能电能表、1 级三相智能电能表
100kVA 及以上专用变压器用户	
100kVA 以下专用变压器用户	0.5S 级三相费控智能电能表（无线）、1 级三相费控智能电能表、1 级三相费控智能电能表（无线）
公用变压器下三相用户	1 级三相费控智能电能表、1 级三相费控智能电能表（载波）、1 级三相费控智能电能表（无线）
公用变压器下单相用户	2 级单相本地费控智能电能表、2 级单相本地费控智能电能表（载波）、2 级单相远程费控智能电能表、2 级单相远程费控智能电能表（载波）

表 8-2　　　　　　　　　　智能电能表类型与技术规范的对应关系

标准类型	标准名称	电能表类型
功能规范	智能电能表功能规范	所有表型
型式规范	单相智能电能表型式规范	所有单相表型
	三相智能电能表型式规范	所有三相表型
技术规范	0.2S 级三相智能电能表技术规范	0.2S 级三相智能电能表
	0.5S 级三相智能电能表技术规范	0.5S 级三相智能电能表
	0.5S 级三相费控智能电能表（无线）技术规范	0.5S 级三相 CPU 卡费控智能电能表（无线）
		0.5S 级三相射频卡费控智能电能表（无线）
		0.5S 级三相远程费控智能电能表（无线）

标准类型	标准名称	电能表类型
技术规范	1级三相费控智能电能表（无线）技术规范	1级三相CPU卡费控智能电能表（无线） 1级三相射频卡费控智能电能表（无线） 1级三相远程费控智能电能表（无线）
	1级三相费控智能电能表（载波）技术规范	1级三相CPU卡费控智能电能表（载波） 1级三相射频卡费控智能电能表（载波） 1级三相远程费控智能电能表（载波）
	1级三相费控智能电能表技术规范	1级三相CPU卡费控智能电能表 1级三相射频卡费控智能电能表 1级三相远程费控智能电能表
	1级三相智能电能表技术规范	1级三相智能电能表
	单相智能电能表技术规范	2级单相CPU卡费控智能电能表 2级单相射频卡费控智能电能表 2级单相CPU卡费控智能电能表（载波） 2级单相射频卡费控智能电能表（载波） 2级单相远程费控智能电能表 2级单相远程费控智能电能表（载波）

对于单相电能表，其参比电压是220V，直接接入式电能表标准的参比电流有5A、10A和20A三种规格，而经互感器接入式的规格是1.5A。直接接入式三相电能表的标准参比电压有两种规格：$3 \times 220/380（V）$ 和 $3 \times 380（V）$；参比电流有5A、10A和20A三种规格；经互感器接入式的标准参比电压有两种规格：$3 \times 57.7/100（V）$ 和 $3 \times 100（V）$；参比电流有0.3A、1A和1.5A三种规格。

二、智能电能表的功能

国家电网公司智能电能表企业标准设计了20类功能。

1. 计量功能

具有正向、反向有功电能量和四象限无功电能量计量功能，并可以据此设置组合有功和组合无功电能量；具有分时计量功能，有功、无功电能量可对尖、峰、平、谷等各时段电能量及总电能量分别进行累计、存储；具有计量分相有功电能量功能，其中，反向有功电能的计量功能，可用于对风电、光伏发电等间歇式绿色发电装置发电量的计量。

2. 需量测量功能

可在约定的时间间隔内（一般为1个月），测量单向或双向最大需量、分时段最大需量及其出现的日期和时间。

3. 时钟功能

日历、计时、闰年可自动转换。

4. 费率和时段功能

至少可设置尖、峰、平、谷四个费率；全年至少可设置2个时区；24h内至少可以设置 8 个时段；支持节假日和公休日特殊费率时段的设置；应具有两套可以任意编程的费率和时段，并可在设定的时间点启用另一套费率和时段。

5. 清零功能

清零功能包括电表清零、需量清零。电表清零功能可清除电能表内存储的电能量、最大需量、冻结量、事件记录、负荷记录等数据；需量清零功能可清空电能表内当前的最大需量及发生的日期、时间等数据。清零操作应有防止非授权人操作的安全措施。

6. 数据存储功能

至少存储上 12 个结算日的单向或双向总电能和各费率电能数据。至少存储上 12 个结算日的单向或双向最大需量、各费率最大需量及其出现的日期和时间数据；数据转存分界时刻为月末的 24 点（月初零点），或在每月的 1～28 日内的整点时刻；月末转存的同时，当月的最大需量值自动复零。在电能表电源断电的情况下，所有与结算有关的数据至少保存 10 年，其他数据至少保存 3 年。

7. 冻结功能

冻结功能包括定时冻结、瞬时冻结、日冻结、约定冻结和整点冻结五类。定时冻结功能可按照约定的时刻及时间间隔冻结电能量数据。瞬时冻结指在非正常情况下，冻结当前的日历、时间、所有电能量和重要测量量的数据。日冻结要求存储每天零点时刻的电能量。约定冻结应在新旧两套费率/时段转换、阶梯电价转换或电力公司认为有特殊需要时，冻结转换时刻的电能量以及其他重要数据。整点冻结要求存储整点时刻或半点时刻的有功总电能。

8. 事件记录功能

事件记录功能包括：

（1）记录各相失压的总次数，失压发生时刻、结束时刻及对应的电能量数据等信息。

（2）记录各相断相的总次数，断相发生时刻、结束时刻及对应的电能量数据等信息。

（3）记录各相失流的总次数，失流发生时刻、结束时刻及对应的电能量数据等信息。

（4）记录全失压发生时刻、结束时刻及对应的电流值；全失压后程序不应紊乱，所有数据都不应丢失；电压恢复后，电能表应正常工作。

（5）记录电压（流）逆相序的总次数、发生时刻、结束时刻及其对应的电能量数据。

（6）记录掉电的总次数，以及掉电发生和结束的时刻。

（7）记录需量清零的总次数，以及需量清零的时刻和操作者代码。

（8）记录编程总次数，以及编程的时刻、操作者代码和编程项的数据标识。

（9）记录校时总次数（不包含广播校时），以及校时的时刻和操作者代码。

（10）记录各相过负荷总次数、总时间以及过负荷的持续时间。

（11）记录开表盖总次数，开表盖事件的发生、结束时刻。

（12）记录开端钮盖总次数，开端钮盖事件的发生、结束时刻。

（13）永久记录电能表清零事件的发生时刻及清零时的电能量数据。

（14）记录远程控制拉、合闸事件，记录拉、合闸事件发生时刻和电能量等数据。

（15）支持失压、断相、开表盖、开端钮盖等重要事件记录主动上报。

9. 通信功能

通信信道物理层必须独立，任意一条通信信道的损坏都不得影响其他信道正常工作；当有重要事件发生时，宜支持主动上报；电能表低层通信协议遵循 DL/T 645—2007《多功能电能表通信协议》及其备案文件。

（1）RS-485 通信接口必须和电能表内部电路实行电气隔离，并有失效保护电路；RS-485 接口应满足 DL/T 645—2007 电气要求，通信速率可设置，且缺省值为 2400bit/s。

（2）应具备调制型或接触式红外接口；红外接口的电气和机械性能应满足 DL/T 645—2007 的要求；调制型红外接口的缺省的通信速率为 1200bit/s。

（3）电能表可配置窄带或宽带载波模块。如采用外置即插即用型载波通信模块的电能表，载波通信接口应有失效保护电路；在载波通信时，电能表的计量性能、存储的数据和参数不应受到影响和改变。

（4）电能表的公网无线通信组件应采用模块化设计；更换或去掉通信模块后，电能表自身的性能、运行参数以及正常计量不应受到影响；更换通信网络时，应只需更换通信模块和软件配置，而不应更换整只电能表；当有重要事件发生时，应主动上报主站；应能将主站命令转发给所连接的其他智能装置，以及将其他智能装置的返回信息传送给主站的功能；支持 TCP 与 UDP 两种通信方式，通信方式由主站设定，默认为 TCP 方式；支持"永久在线"、"被动激活"两种工作模式，工作模式可由主站设定。

10. 信号输出功能

（1）应具备与所计量的电能量（有功/无功）成正比的光脉冲输出和电脉冲输出；光脉冲输出脉冲宽度：（80±20）ms；电脉冲输出应有电气隔离，并能从正面采集。

（2）通过多功能信号输出端子可输出时间信号、需量周期信号或时段投切信号；三种信号通过软件设置和转换；时间信号为秒信号；需量周期信号、时段投切信号为（80±20）ms 的脉冲信号。

（3）电能表可输出电脉冲或电平开关信号，控制外部报警装置或负荷开关。

11. 显示功能

（1）具备自动循环和按键两种显示方式。自动循环显示时间间隔可在 5～20s 内设置；按键显示时，LCD 应启动背光，带电时无操作 60s 后自动关闭背光。

（2）显示内容分为数值、代码和符号三种。

（3）电能表可显示电能量、需量、电压、电流、功率、时间、剩余金额等各类数值，数值显示位数不少于 8 位，显示小数位可以设置。

（4）显示符号包括功率方向、费率、象限、编程状态、相线、电池欠压、故障（如失压、断相、逆相序）等标志。

（5）显示代码包括显示内容编码和出错代码；电能表如果发生出错故障，显示器应立即停留在该代码上。

（6）显示内容可通过编程进行设置。

（7）应具有停电后唤醒显示的功能。

12. 测量功能

可测量总的及各分相的有功功率、无功功率、功率因数、分相电压、分相（含零线）电流、频率等运行参数。

13. 安全保护功能

电能表应具备编程开关和编程密码双重防护措施，以防止非授权人进行编程操作。

14. 费控功能

费控功能的实现分为本地和远程两种方式。本地方式通过 CPU 卡、射频卡等固态介质实现，远程方式通过公网、载波等虚拟介质和远程售电系统实现。要求当剩余金额不大于设定的报警金额时，电能表应能以声、光或其他方式提醒用户；透支金额应实时记录，当透支金额低于设定的透支门限金额时，电能表应发出断电信号，控制负荷开关中断供电；当电能表接收到有效的续交电费信息后，应首先扣除透支金额，当剩余金额大于设定值（默认为零）时，方可通过远程或本地方式使电能表处于允许合闸状态，由人工本地恢复供电。当使用非指定介质或进行非法操作时，电能表应能进行有效防护；在非指定介质或非法操作撤销后，电能表应能正常工作且数据不丢失。

15. 负荷记录功能

可以按照 DL/T 645—2007 定义的"电压、电流、频率"、"有功、无功功率"、"功率因数"、"有功、无功总电能"、"四象限无功总电能"、"当前需量"六类数据，对这六类数据项任意组合。负荷记录间隔时间可以在 1～60min 范围内设置；每类负荷记录的间隔时间可以相同，也可以不同。

16. 阶梯电价功能

具有两套阶梯电价，并可在设置时间点启用另一套阶梯电价计费。

17. 停电抄表功能

在停电状态下，可通过按键或非接触方式唤醒电能表抄读数据，唤醒后可通过红外通信方式抄读表内数据。

18. 报警功能

报警事件包括失压、失流、逆相序、过载、功率反向（双向表除外）、电池欠压等；应有发光或声音报警输出。

19. 辅助电源功能

电能表可配置辅助电源接线端子，辅助电源供电电压为 100～240V，交流、直流自适应；具备辅助电源的电能表，应以辅助电源供电优先；线路和辅助电源两种供电方式应能实现无间断自动转换。

20. 安全认证功能

通过固态介质或虚拟介质对电能表进行参数设置、预存电费、信息返写和下发远程控制命令操作时，需通过严格的密码验证或 ESAM 模块等安全认证，以确保数据传输安全可靠。表 8-3 为对所规范的 11 款电能表的功能配置方案。

表 8 - 3　　电能表的功能配置推荐表

序号	类型	功　能	0.2S级三相智能电能表	0.5S级三相智能电能表	0.5S级三相费控智能电能表（无线）	1级三相智能电能表	1级三相费控智能电能表	1级三相费控智能电能表（无线）	1级三相费控智能电能表（载波）	2级单相本地费控智能电能表	2级单相本地费控智能电能表（载波）	2级单相远程费控智能电能表	2级单相远程费控智能电能表（载波）
1	计量以及结算日转存	正向有功总电能	△	△	△	△	△	△	△	△	△	△	△
2		反向有功总电能	△	△	△	△	△	△	△	△	△	△	△
3		正向各费率有功电能	△	△	△	△	△	△	△	△	△	△	△
4		反向各费率有功电能	△	△	△	△	△	△	△				
5		正向分相有功电能	△	△	△	△	△	△	△				
6		四象限无功电能	△	△	△	△	△	△					
7		组合无功电能 1	△	△	△	△	△	△					
8		组合无功电能 2	△	△	△	△	△	△					
9		正向有功最大需量	△	△	△	△	△	△					
10		正向有功各费率最大需量	△	△	△	△	△	△					
11		反向有功最大需量	△	△	△	△	△	△					
12		反向有功各费率最大需量	△	△	△	△	△	△					
13	瞬时	正向有功总电能	△	△	△	△	△	△	△	△	△	△	△
14	时约定时日冻结	正向各费率有功电能	△	△	△	△	△	△	△	△	△	△	△
15		反向有功总电能	△	△	△	△	△	△	△	△	△	△	△
16		反向各费率有功电能	△	△	△	△	△	△	△	△	△	△	
17		四象限无功电能	△	△	△	△	△	△					
18		组合无功电能	△	△	△	△	△	△	△				
19		正向有功最大需量	△	△	△	△	△	△					
20		总有功功率	△	△	△	△	△	△	△	△	△	△	△
21		分相有功功率	△	△	△	△	△	△	△	△	△	△	
22		冻结时间	△	△	△	△	△	△	△	△	△	△	△

序号	类型	功能	电能表类型										
			0.2S级三相智能电能表	0.5S级三相智能电能表	0.5S级三相费控智能电能表(无线)	1级三相智能电能表	1级三相费控智能电能表	1级三相费控智能电能表(无线)	1级三相费控智能电能表(载波)	2级单相本地费控智能电能表	2级单相本地费控智能电能表(载波)	2级单相远程费控智能电能表	2级单相远程费控智能电能表(载波)
23	整点冻结	正向总有功电能	△	△						△	△	△	△
24		反向总有功电能	△	△						△	△	△	△
25		冻结时间	△	△	△	△	△	△	△	△	△	△	△
26	清零	需量清零	△	△		△	△	△	△				
27		电表清零	△	△	△	△	△	△	△	△	△	△	△
28	输出	控制信号								外控	外控	外控	外控
29		电量脉冲	△	△	△	△	△	△	△				
30		时钟信号/时段投切	△	△	△	△	△	△	△	△	△	△	△
31		需量周期信号	△	△	△	△	△	△	△				
32	时间	日历、计时和闰年切换	△	△	△	△	△	△	△	△	△	△	△
33		两套费率、时段转换	△	△	△	△	△	△	△	△	△	△	△
34		两套阶梯电价转换	△	△	△	△	△	△	△	△	△	△	△
35		广播对时	△	△	△	△	△	△	△				
36	事件记录	失压(A、B、C)事件	△	△	△	△	△	△	△				
37		断相(A、B、C)事件	△	△	△	△	△	△	△				
38		失流(A、B、C)事件	△	△	△	△	△	△	△				
39		全失压事件	△	△	△	△	△	△	△				
40		掉电事件	△	△	△	△	△	△	△				
41		清零事件	△	△	△	△	△	△	△				
42		编程事件	△	△	△	△	△	△	△	△	△	△	△
43		校时事件	△	△	△	△	△	△	△	△	△	△	△
44		电压逆相序	△	△	△	△	△	△	△	△	△	△	△

续表

序号	类型	功能	0.2S级三相智能电能表	0.5S级三相智能电能表	0.5S级三相费控智能电能表（无线）	1级三相智能电能表	1级三相费控智能电能表	1级三相费控智能电能表（无线）	1级三相费控智能电能表（载波）	2级单相本地费控智能电能表	2级单相本地费控智能电能表（载波）	2级单相远程费控智能电能表	2级单相远程费控智能电能表（载波）
							电 能 表 类 型						
45	事件记录	开表盖事件	△	△	△	△	△	△	△	△	△	△	△
46		开端钮盖事件	△	△		△	△	△	△	△		△	
47		拉闸事件			△		△	△	△				△
48		合闸允许事件	△		△	△	△	△	△	△	△	△	△
49	显示	自动循环显示	△	△	△	△	△	△	△	△	△	△	△
50		按键循环显示	△	△	△	△	△	△	△	△	△	△	△
51		自检显示	△	△	△	△	△	△	△	△	△	△	△
52	通信	RS-485接口	△	△	△	△	△	△	△				
53		红外接口	△	△	△	△	△	△	△	△	△	△	△
54		载波接口							△				△
55		公网模块							△				
56	测量	分相电压	△	△	△	△	△	△	△	△	△	△	△
57		分相电流	△	△	△	△	△	△	△	△	△	△	△
58		零线电流								△			
59		总有功功率	△	△	△	△	△	△	△	△	△	△	△
60		分相有功功率	△	△	△	△	△	△	△				
61	其他	停电抄表	△	△	△	△	△	△	△	△	△	△	△
62		停电显示	△	△	△	△	△	△	△	△	△	△	△
63		安全保护	△	△	△	△	△	△	△	△	△	△	△
64		辅助电源	△	△	△	△	△	△	△				
65		负荷记录	△	△	△	△	△	△	△	△	△	△	△
66		费控功能			△		△	△	△	△	△	△	△
67		阶梯电价			△		△	△	△	△	△	△	△

注 "△"为推荐的功能。

三、智能电表及其网络的特点

与传统电能表或应用于自动抄表系统的表计相比，智能电表及其网络具有下述特点。

（1）集计量、数字信号处理、通信、计算机、微电子技术为一体。智能电能表最基本的功能仍然是电能计量功能。不断发展的微电子技术将进一步提高计量芯片、MCU、SOC 等关键器件的集成度，在提高可靠性，降低成本，表计小型化、轻型化、节约资源等方面发挥不可替代的作用。与功能强大的 MCU 相配合，先进的数字信号处理技术将在包括离散傅里叶变换（DFT）和数字滤波等信号实时处理领域发挥积极的作用。现代通信技术已经融入电能表，为了及时传输、下达用电信息以及对用户的服务响应，包括本地以及网络通信技术在内的各种通信方式以及通信协议将会在用电信息采集系统中得到应用。智能电能表的优势最终将通过电能表＋计算机网络的形式得到体现，计算机主站系统将汇集遍布千家万户的智能电能表、集中器、采集终端、多功能用户服务终端、售电终端、智能插座等设备的信息，对信息进行深度加工、科学管理，为各类用户提供全方位的优质服务。

（2）强化为用户服务的理念，提供广阔的服务空间。电能计量经历了人工抄表、自动抄表阶段，随着对智能电网研究工作的深入，现正在迈入高级计量体系新阶段。人工抄表是一家一户式的独立计量，电力公司采用人工作业方式，采集电能表记录的用户用电数据，为用户提供用电结算信息，同时利用人工录入或手持终端倒入数据的形式，为电力公司自身的生产、管理提供必要的数据信息。这种数据采集方式在我国目前仍然占据着主导地位。

另一种是局域性的电能表组网，采用自动抄表技术进行数据采集。在自动抄表系统中，被管理表计用通信网络连接在一起，这些表计的信息上传到上级主站。其中，为用户提供的服务内容主要还是结算信息。电力公司利用自动抄表系统，一方面提高了人员工作效率，另一方面深化了管理。电力公司是自动抄表系统的主要受益者。跨入智能电网时代，高级计量体系将服务范围作了深度扩展，除去贸易结算信息外，电力公司还将提供可视化、互动化的手段，为用户提供形式多样的免费或增值服务。这些服务包括：指导用户合理用电、安全用电、降低电力消耗、节能减排；允许用户便利地接入光伏、风力等分布式能源；允许用户定制电力；运用电力市场的机制，自由购买电力；提供用电专业培训、科普教育等。同时，利用强大的网络功能，为用户链接其他关联信息与服务。

（3）高度标准化。进入高级计量体系阶段，为减少系统集成工作量，使系统能够稳定、高效地工作，电能表网络中使用的各种设备、通信方式、通信协议、接口技术及其各层次的应用软件都高度依赖标准化工作。标准化成为一项首当其冲的系统工程。

（4）强有力的通信保障能力。为了将强大的网络功能付诸实现，网络通信是智能电能表的基本功能之一，通信接口也成为智能电能表的基本配置。

鉴于用户的多样性，智能电能表的种类、规格、功能也呈现多样性。既有适用于关口和大型企业的具备双向通信功能的高端表计，也有适用于欠发达地区普通居民用户的功能较简单的表计。用户类型的不同直接反映了对信息需求以及服务内容的差异。为满足不同的需求，适应各种复杂的环境，智能电能表的组网方式将呈现多样性，通信方式也将因地制宜、综合布局，从而获得可靠、有效、及时的通信保障，为高级计量系统主站传输完整、及时的数据信息。

第九章 客户智能用能服务

客户智能用能服务是通过智能交互终端对客户的用能信息进行采集与监控，并为客户提供用能策略、用能辅助决策等多样化的服务，是智能用电增值服务的有效手段之一。将客户用能信息通过多种交互渠道向客户展现，或接收来自95598门户等交互渠道的信息，为客户提供用能信息和用能策略查询服务，对智能用能设备进行监控，并将监控信息反馈给客户，达到为客户提供有选择的智能用能增值服务。

客户智能用能服务的对象包括大客户（智能小区、智能楼宇）和居民客户（智能家居）。对于大客户，可以将采集的用能数据传递至电力能效管理系统，完成能效评测等服务，达到提高能源利用效率的目的。对居民客户，可与智能家居的各种应用子系统有机结合，通过综合管理，实现智能家居服务，为家庭生活提供舒适安全、高效节能、具有高度人性化的生活空间，通过执行优化的客户用能策略，提高用电效率，降低用电成本，减少能源浪费。

智能用电是坚强智能电网的重要组成部分，直接面向社会、面向客户，在坚强智能电网的建设中具有十分重要的地位和作用。智能电网将实现与电力客户能量流、信息流、业务流的友好互动，达到提升客户用能服务质量和服务水平的目的。

第一节 智 能 园 区

智能园区（Smart Industrial Park，简称"园区"）是综合运用通信、测量、自动控制及能效管理等先进技术，通过搭建用能服务平台，采集企业内部用能信息，开展能效测评与分析，引导企业参与需求响应，实现供电优质可靠、服务双向互动、能效优化管理的现代园区或企业集群。

一、智能园区的建设

（一）智能园区建设的目的

（1）构建连接智能园区各相关方的互动渠道，提供信息查询、业务办理、负荷监测等多样化服务，满足园区个性化的信息及业务需求。

（2）建设智能园区服务系统，采集园区企业内部用能信息，实现能耗监测与统计、能效分析与诊断、用能策略建议等服务，达到园区高效用能的需求。

（3）通过园区负荷管理策略，引导企业主动调整用电行为，提升园区区域负荷平衡能力。

（4）宣传展示智能电网建设成果，探索绿色能源认购、能源托管等服务模式。

（二）智能园区建设的内容

智能园区的建设内容主要包括通信网络、智能用能服务系统和用能服务扩展系统建设。

1. 通信网络建设

智能园区通信网络包括远程接入网、本地接入网。

（1）远程接入网。远程接入网是连接园区管理机构、企业至电网企业的数据通信网络。对于智能园区中需要进行内部用电信息采集及分项负荷控制的企业，其远程接入网络的通道应优先选用中压电力光纤通道，实现与电力通信专网的连接；在无中压电力光纤通道资源时，可采用 APN 的方式，实现就地接入电力通信专网。对于智能园区中仅开展智能用电业务互动服务，无分项负荷控制需求的企业，可采用互联网接入。

（2）本地接入网。本地接入网是连接企业内部用能采集装置及子站（sub-station）的数据通信网络。本地接入网络以采用光纤复合低压电缆和无源光网络作为通道的光纤通信方式为主，以电力线载波、无线等通信方式为补充，同时应充分利用园区、企业内部自有网络资源。

子站是指部署在园区企业或园区管理机构，是智能园区用能服务系统在园区的应用中心。在园区企业部署子站，通过大用户智能交互终端或用能管理软件实现用能信息采集终端管理、用能信息采集及数据汇集转发、用能设备状态监测与控制等功能，来提高用能系统的效率。园区管理机构可部署子站，用于园区管理机构实施园区负荷管理、企业能效监管等。

智能园区主站则部署在电网侧，汇总子站的信息数据，并与从营销、生产等业务系统获取的相关数据进行汇聚、整合与挖掘，对企业设备特性与用能状况进行分析，提出企业的优化用能策略；并可根据需要对企业的部分用能设备通过子站进行远程控制，也可接入电网企业能效管理数据平台，为在园区开展合同能源管理等增值服务提供数据支撑。

2. 智能园区用能服务系统建设

智能园区用能服务系统由用能信息采集装置、子站、主站三部分构成，见图9-1。

（1）用能信息采集装置。在园区企业内部主要用电线路、设备、分布式电源等测量点部署智能园区用能服务系统的感知与执行单元，包括采集装置、控制装置等，实现企业内部用能信息采集和监测。用能信息采集装置根据企业内部实际情况选用。应按需部署用能数据采集点和控制点，对于企业内部具有相关采集系统并可实现一定采集与控制功能的，可与智能园区用能服务系统集成。

（2）子站。子站部署在园区企业或园区管理机构，是智能园区用能服务系统在园区的应用中心或企业的用能管理中心。实现园区、企业、电网相关信息的集成、显示与管理。子站应能够进行以下工作：

1）根据企业内部用能服务需求部署子站。

2）子站完成用能信息采集和转发、用能设备状态监测、分项负荷控制等功能。

3）子站可以通过远程接入网连接到主站，将企业用能信息汇集至主站，并获得主站提供的各项服务功能。

（3）主站。主站在电网企业侧部署，负责接入和管理子站，实现用能数据采集、用能设备监控、能效分析、双向互动、增值服务等功能。要求主站：①实现与营销信息管理系统、用电信息采集系统、生产管理系统等的服务集成和数据交互；②园区管理机构、企业

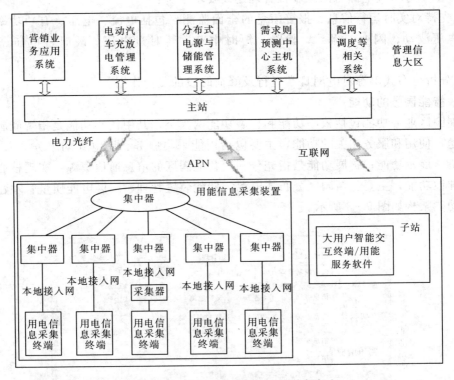

图 9-1 智能园区用能服务系统框架

等通过子站与主站双向互动。主站为子站提供数据和业务分析支撑;③形成用能策略提供给园区管理机构、企业。

3. 用能服务扩展系统建设

(1) 园区分布式电源与储能装置管理建设内容如下:

1) 对不接入配电网的分布式电源与储能装置,在其接入点部署采集装置。

2) 对接入配电网的分布式电源与储能装置,纳入电网统一管理,实现各级各类分布式电源、储能装置与园区配电网络的优化运行与协调控制。园区分布式电源与储能装置管理逻辑架构如图 9-2 所示。

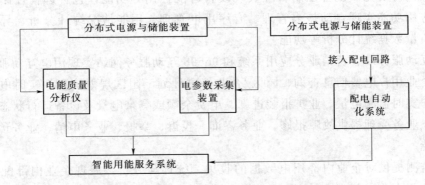

图 9-2 园区分布式电源与储能装置管理逻辑架构

（2）园区分布式电源与储能装置管理建设要求如下：

1）支持对实时运行信息、报警信息的全面监测，包括电流、电压、有功功率、无功功率、电压波动、闪变、骤升、骤降、短时中断、暂时过电压、瞬时过电压、谐波等参数。

2）分析分布式电源对电网日常运行及峰荷时段的支持作用。

二、智能园区的功能

智能园区业务功能包括核心功能和扩展功能两大类。其中核心功能是指智能园区中与电能输送、使用和服务相关的功能，主要包括用能采集服务、用电互动服务、需求响应、能效分析、展示功能；扩展功能是指充分利用智能园区的信息通信资源，实现核心功能以外的延伸性功能，主要包括园区分布式电源与储能装置管理、园区电能质量管理建设。智能园区功能架构如图 9-3 所示。

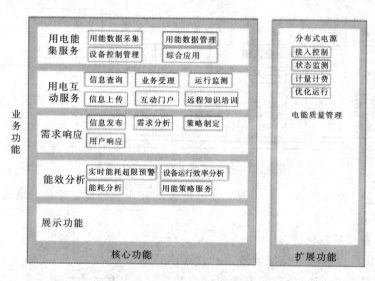

图 9-3　智能园区功能架构图

用能数据采集就是需要对园区内企业各类测量点的相关数据进行采集。用能数据管理是对采集到的用电数据进行综合处理，实现合理性检查、数据计算及分析，数据存储管理、数据查询等功能。设备控制管理实现设备智能控制等功能，包含远程控制和本地控制。综合应用功能实现自动抄表管理、有序用电管理、用能情况统计分析、异常用电分析、电能质量数据统计分析等功能。

用电互动服务结合营销业务应用系统和 95598 互动服务网站实现用电互动服务。信息查询提供企业用户电费信息查询、园区/企业停电计划、园区规划信息、实时电价、用电政策、用户实时监测电量、业扩报装进度、电费余额或剩余电量及设备运行状态等信息的查询功能。业务受理提供故障报修、业务咨询、投诉、举报、业务申请、业务预约、服务定制等功能。

运行监测提供对企业内部用电数据的收集、统计与分析，展现企业内部配电网络结构，实时监测企业内部变电站/配电房各出线的各相电压、电流、有功功率、无功功率、三相不平衡性、功率因数等信息。信息上传提供对企业内部用电设备运行状态信息、故障信息等进行采集和自动上传至主站系统。

远程知识培训根据企业提出的各项培训需求，推送有特色、有针对性的网络视频课件，进行远程安全生产技能培训。客户满意度管理本着提高服务质量，促进电力发展的原则，构建客户满意度管理，方便企业用户对电网企业的供电服务质量评议与监督。

信息推送提供电网运行状态、检修计划等信息的推送功能。用能需求分析利用采集到的企业实时用能数据，结合电网运行状态，分析用能结构。策略制定结合信息推送内容和用能需求分析结果，为园区企业提供需求响应策略。

用户响应可采用自主或委托两种方式。自主方式是指用户自主实施需求响应策略；委托方式是指用户以协议的形式委托专业服务机构实施需求响应策略。实时能耗超限预警设定企业内部重点能耗设备及园区区域整体能耗水平阈值，当耗能情况高于预先设定的阈值时，进行预警提示。

能耗分析提供企业能耗与行业平均能耗、最优能耗之间的对比；提供各层级企业能耗报表，包括用能特征分析、能耗结构分析、用能成本分析等；提供园区能耗报表，包括用能特征分析、能耗结构分析等。设备运行效率分析对主要耗能设备进行分析，形成相应的设备运行效率分析报告。

用能策略服务对企业的耗能进行统计分析，形成相应的能耗分析报告，并根据能耗分析报告的各关键指标，生成企业用能策略。

展示服务（可选）综合运用统计数据信息集成、可视化技术，可在园区管理机构、园区企业和电网企业对智能园区建设成果和应用效果进行直观展示，实现智能园区经济和社会效益的可视化服务。

电能质量管理根据需要部署电能质量监测装置，开展电能质量实时监测和综合分析，为电能质量治理提供支持。

三、智能园区配用电系统的集成

智能园区配用电系统集成的总体思路按照分层集成的原则，可将众多系统和设备的集成分为设备与设备集成、设备与系统集成及系统与系统集成。设备与设备集成主要分为配电侧的设备与设备集成和用电侧的设备与设备集成。目标是通过功能模块的融合完成多种采集控制设备的综合集成，实现数据的一体化采集，降低一次设备和二次设备的建设投资。设备与系统的集成分为配电侧设备与系统的集成和用电侧设备与系统的集成。目标是通过标准化建模、接入互操作等实现设备与系统的互联，减少设备与系统交互过程中的转换环节，实现扁平化交互，提高设备与系统之间的交互效率。

智能园区配用电系统与系统的集成目标是通过智能配用电统一信息支撑平台，采用松耦合或紧耦合的方式实现配电侧系统、用电侧系统及园区楼宇自动化系统、社区监控系统数据信息之间的互联、互通，支撑园区综合能量管理系统等的开发。

智能配用电系统技术集成研究和实施中需要充分考虑已有业务系统的现状及未来业务系统的建设部署，应采用标准统一的数据信息模型，提供标准化、开放性接口。因此，具体的集成方法应遵循相对标准、开放的原则，实现设备与设备、设备与系统、系统与系统三个层面的高效集成。

1. 设备与设备的集成

智能配用电系统配电侧设备与设备的集成方法同用电侧设备与设备的集成方法基本相同。根据设备与设备之间集成程度，设备与设备的集成规划方法大致可分为三种，如图 9-4 所示。

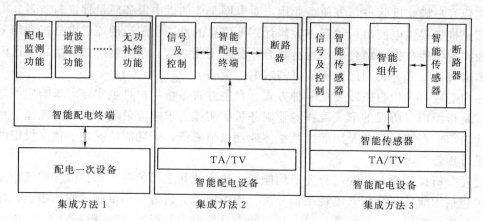

图 9-4　设备与设备集成规划方法

（1）智能配电终端与配电一次设备的外部集成。集成的要点是首先实现配电侧原有多个二次终端功能的融合，即将原有配电监测终端、无功补偿装置、谐波监测终端等的功能在统一的硬件平台上实现，形成整合多种功能的智能配电终端，再与配电一次设备连接。这种集成方法可以减少配电侧监控终端的配置数量，简化了原有配电一次设备与多个二次终端之间的连接电缆，易于实现数据信息的一体化建模和统一采集。

集成方法 1 在实现智能配电终端集成原有多个终端的功能中，需要关注的是智能配电终端的互操作问题及配电一次设备和智能配电终端的可靠连接问题。对于互操作问题，可基于 IEC-61850 等标准进行建模；对于可靠连接问题，需要在智能配电终端中增加设备连接诊断功能，实现设备与设备连接故障的辨识。

（2）智能配电终端与配电一次设备的内嵌式集成。目前在变电站、开闭所等场合的开关柜上已经有了这种集成方式的雏形，但集成紧密度还不够，特别是集成后的高级应用功能没有得到深入挖掘。该集成方法在智能配电终端与配电一次设备的内嵌式集成的基础上，开发配电一次设备故障诊断功能和设备在线监测功能等。

本集成方法减少了配电一次设备与智能配电终端的连线信号、控制电缆，适用于不便长距离传输的弱电压信号的采集。

（3）基于智能传感器、智能组件的深度集成。通过各类先进的光纤传感器、无线传感器等智能传感器实现采集信息与控制信息的无电缆传输，并通过智能组件实现采集数据的分析、决策和控制。

本集成方法通过采用无线或光纤传感通信的方式实现配电一次设备内部信号的采集与传输，彻底去掉各类连接电缆，解决电缆触头氧化、发热、燃烧等不可靠问题。

2. 设备与系统的集成

为了实现配用电智能设备与配用电系统之间的快速接入，需要开发相应的模型协议转换设备以实现设备与系统的集成。以用户侧工业用户、智能家居和智能楼宇接入能效管理系统为例，介绍设备与系统集成方法，如图9-5所示。

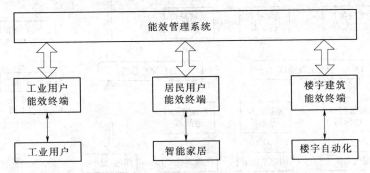

图9-5 用户侧设备与系统集成方法

为了实现非电力标准化设备接入能效管理系统，需要研发相关的接口协议转换设备，实现设备与系统的有效集成。对此，首先需要制定能效管理系统与智能家居、工业用户设备和楼宇自动化设备之间的接口功能规范和通信协议，然后研制相关的接口协议转换设备。其中，工业用户能效终端是工业用户设备与能效管理系统集成的桥梁；居民用户能效管理终端是居民智能家居与能效管理系统集成的桥梁；楼宇建筑能效终端是楼宇自动化设备与能效管理系统集成的桥梁。通过对非电力标准化设备的高效集成，为能效管理系统高级应用功能的开发奠定了基础，为用户需求侧响应及有序用电的开展提供了良好条件。

3. 系统与系统的集成

对于系统与系统的集成，以往的集成方法是两个系统之间直接点对点集成，集成过程中只需考虑被集成两个系统之间的接口规范和通信协议。这种集成方法非常适用于系统数量少的场合。

随着电力系统数字化、信息化程度的不断提高，多系统集成的需求越来越多。对于智能配用电系统，由于存在着配电自动化、用电信息采集、电能质量监测、能效管理、电动汽车充电设施监控等70多套自动化系统，传统的点对点集成方法由于其集成方案的不可通用性，已经逐渐被基于信息交互总线或统一信息集成平台等方式取代。目前系统与系统的集成方法大致分为三种，如图9-6所示。

（1）对于异构系统，通过系统接口适配器进行数据模型与协议的转换（目前主要基于IEC 61968/IEC 61970标准建模），然后接入信息交互总线。信息交互总线是通过在异构系统之间建立映射通道，实现系统与系统之间的信息数据交换。该集成方法主要适用于配电园区现已建设、但没有按照统一标准建模和通信的自动化系统。

（2）对于按照统一标准建模和通信的自动化系统，可直接接入信息交互总线。此时系统与系统之间数据和信息的交换不再经过系统接口适配器的转换，交互效率显著提高。该集成方法主要适用于配电园区未来建设部署并且按照统一标准建模和通信的自动化系统。

（3）对于将来全新建设的配用电园区，为了提高系统之间的集成度和降低投资成本，可以考虑基于配用电统一信息平台的集成方式，在一体化的软硬件平台上实现数据信息的

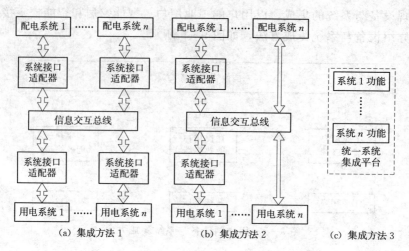

图 9-6 系统与系统集成方法

一体化采集，便于开发出各种交叉的业务功能，如配用电一体化能效管理、配用电一体化停电管理、配用电一体化调度等高级应用功能。

四、智能园区关键技术研究

1. 大用户用电信息互动

2009 年，国家电网公司在四个方面进行大用户用电互动技术研究，并将研究成果应用到示范区建设中。该研究成果打通了大用户与电力公司之间的双向信息通道，实现了电费服务、运行监测、安全用电、节能管理、在线服务和其他资讯等六大类业务应用。

电费服务利用服务总线和数据总线访问业务支撑系统，为客户提供多样化的电费查询及分析服务功能。运行监测利用智能用电信息采集控制平台，深入用户内部，实时采集获取用户配、用电设备、线路数据及信息。

安全用电通过对用户配、用电设备的数据采集，大用户可以及时发现用电风险，供用双方可以更为准确、高效地实施安全用电管理，保障电网运行安全，提高供电可靠性。

节能管理通过对采集数据的归纳分析，用户可以实时了解企业耗能数据，供用双方可以更为准确、高效地实施安全用电管理、需求侧响应及其他节能措施。在线服务满足用户在线进行业务办理及查询的需求。

其互动功能在大用户侧和电力公司侧如图 9-7 和图 9-8 所示。

通过该互动，大用户利用电费服务功能可以实时掌握电力消费情况，合理安排资金，避免不必要的资金占用；利用运行监测功能，查询实时负荷、同比分析历史负荷，掌握内外部电网运行状况，合理安排工作计划；利用节能管理功能，可以实时了解企业耗能数据，更为准确、高效地实施安全用电管理及其他节能措施。而电力公司通过实时采集功能，掌握大用户电能使用状况及需求，支持更加准确的电网负荷预测；通过视频监控功能，电力公司巡检人员可远程实时查看用户用电设备状况，提高巡检工作效率；通过能耗分项计量分析功能，实现了电力公司对大用户的能耗监测。

大用户智能用电信息互动项目的推广实施将有力推动电力公司创新服务手段、优化服务质量和履行社会责任，树立起电力公司良好的社会形象；同时，项目的推广应用将促进

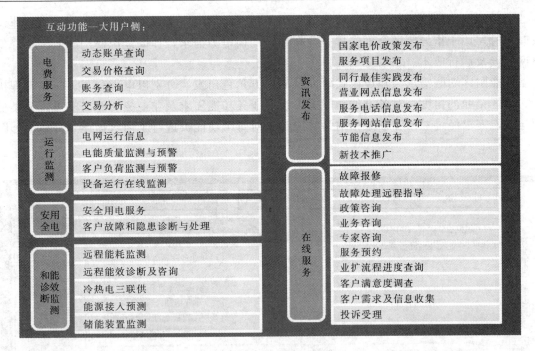

图 9-7 大用户侧互动功能

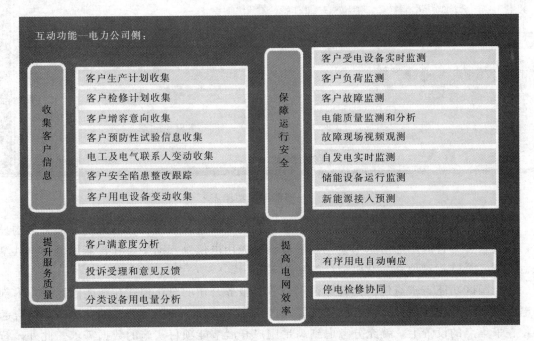

图 9-8 用户侧互动功能

节能减排、节约资源、共创低碳社会目标的实现。

2. 智能园区功能需求与建设模式研究

研究可推广、可复制的智能园区建设模式和技术方案，能够保证智能园区能够根据各地的实际情况因地制宜地推广；研究智能园区负荷布局的参考模型，能够在园区规划建设或改造时，用于指导园区合理安排企业布局，均衡电力需求，提高能源使用的效率，降低电网建设及运行成本。

智能园区功能需求与建设模式研究从需求方角色出发，分别以电力公司、园区管理机构、园区企业的角度，对各方的功能需求按照业务功能需求及非业务功能需求进行分类梳理。功能需求经过总结和抽象归纳为功能类，对每个功能类进行了需求描述和分析，如图9-9所示。

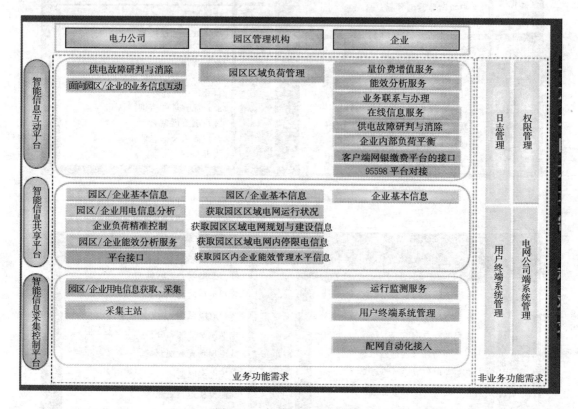

图9-9 智能园区功能需求

智能园区功能需求与建设模式报告给出了智能园区整体架构、功能架构及部署架构设计，将其整合为智能用电信息采集控制平台、智能用电信息互动平台和智能用电信息共享平台这样三个既相对独立又有机结合的功能平台。

智能园区功能需求与建设模式探讨了与节能服务公司的合作模式在智能园区用户内部用电信息采集系统的建设上，可以将智能园区功能需求和节能服务公司的功能需求结合起来，在采集点的设置上，就充分考虑到满足用户开展节能项目实施的数据需求。此外，智能园区用电信息共享平台在设计上考虑到了面向节能服务公司提供数据分析服务的功能。

节能服务公司作为独立的合同能源管理服务提供商，可以根据业务需要整合其他第三方节能装备、节能服务的提供商，共同为用户提供能效审计、能效分析、能效诊断和治理服务，并通过智能园区用能支撑平台有选择性的向这些第三方厂商提供数据服务。

3. 智能园区相关支持政策研究

（1）发挥扶持性政策助推作用。密切跟踪了解国家及各地政府对智能电网建设的相关扶持政策的制定及出台情况，在智能园区建设中充分发挥这些政策的助推作用。

（2）推动相关政策法规的完善。围绕当前加快推动智能园区建设所面临的政策性瓶颈开展调查研究，推动国家、地方政府在园区机制、运营、发展等方面的相关政策、法律法规的制定与完善。

4. 智能园区建设效益研究

分析智能园区的需求内容、功能定位、建设模式，挖掘建设智能园区所能带来的经济效益、社会效益和管理效益，探讨智能园区的产业推广模式。提高智能园区建设效益必须研究智能园区建设对电网运行和电网设备利用效率的促进作用，研究智能园区投资与电网收益的对应关系，研究智能园区对节能减排工作的促进作用，研究智能园区对减低企业能耗、提高单位产品生产效率的作用，研究智能园区建设过程和运行维护过程中所有产品和服务的投入、产出和投资回报方式。

5. 智能园区能效管理研究

目前园区能效管理研究主要在配电和用电两个层面展开工作，配电方面主要关注变压器的运行效率以及区域电网的变损与线损，用电方面主要考虑各类用电设备的节能可能性。

第二节 智 能 小 区

智能小区（Smart Residential District）是指在一个相对独立、统一管理小区内用电管理、服务智能化，通过采用先进通信技术，构造覆盖小区的通信网络，通过用电信息采集、用电服务、小区配电自动化、电动汽车充电、分布式电源、需求响应、智能家居等功能的实现以及与小区公用设施的信息交互，对用户供用电设备、分布式电源等系统进行监测、分析和控制，实现小区供电智能可靠、服务智能互动、能效智能管理，提升服务品质，提高终端用能效率，服务"三网融合"。

通过智能化用电小区（图 9-10）的建设，达到节能、新能源利用，创造未来的商用典范与新生活方式。

一、系统构成

智能小区包含用电信息采集、双向互动服务、小区配电自动化、用户侧分布式电源及储能、电动汽车充电、智能家居等多项新技术成果应用，综合了计算机技术、综合布线技术、通信技术、控制技术、测量技术等多学科技术领域，是一种多领域、多系统协调的集成应用。智能小区总体构成如图 9-11 所示。

智能小区主要由智能化监控服务系统和相应的服务对象组成。智能化监控服务系统主要构成如下。

1. 小区主站软件

小区主站软件用于采集小区监控终端设备信息，实现对智能小区开关设备和用电信息的监测、重要区域的图像监视，以及智能家居、智能小区的信息展示。

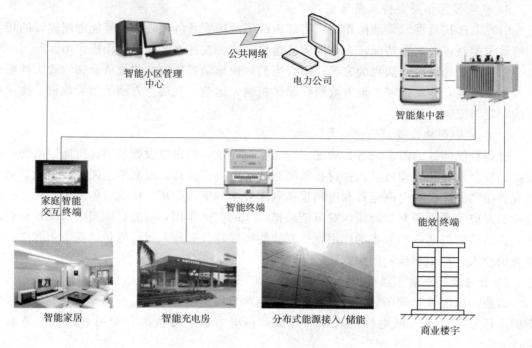

图 9 - 10　智能化用电小区示意图

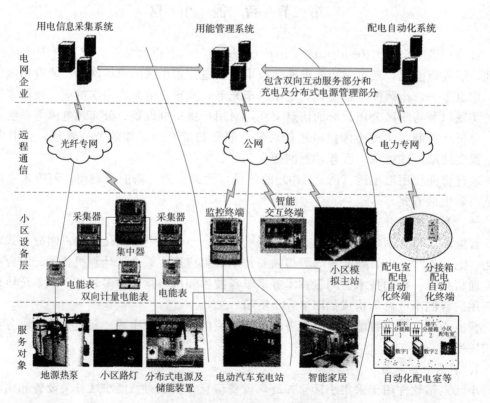

图 9 - 11　智能小区总体构成图

2. 终端设备

终端设备主要包括用电信息采集终端、分布式电源及储能装置等。

（1）用电信息采集终端。包括集中器、采集器、配电监测终端、负荷管理终端等。

（2）分布式电源及储能装置、电动汽车充电站监控装置。包括分布式电源监控终端、充放电控制终端、控制与管理系统等。

（3）自助用电服务终端。电网企业主站系统与银行主站间可通过采用线路、CDMA无线网络或其他通信信道通信。银行主站（公共支付平台）与自助用电服务终端的通信信道将根据小区的信道资源情况，由银行负责选择确定。

自助用电服务终端负责与银行主站（公共支付平台）建立连接，具体与其他系统的接口分别通过银行主站和电网企业缴费主站系统实现。

3. 通信信道

（1）远程信道。可采用光纤、公网、230MHz 无线专网、电力线载波通信信道等。

（2）本地信道。可采用光纤、电力线载波通信、微功率无线通信信道等。

4. 用电信息采集系统

用电信息采集系统主要由主站、通信信道、集中器、采集终端、智能电能表等部分组成，是对用户的用电信息进行实时采集、处理和监控的系统，为其他系统提供基础的用电信息服务。

5. 双向互动服务系统

双向互动服务系统通过智能家居交互终端、95598 互动网站等多种途径给用户提供灵活、多样的互动服务，为用户提供用电策略、用电辅助决策等。

6. 电动汽车充电控制系统

通过在小区内部部署充电桩计量、控制装置及监控软件，利用小区通信网络，实现充电信息采集、监控、统计分析功能，实现用户充电时段和充电容量管理与控制，达到电动汽车有序充电的目的。

7. 分布式电源管理系统

通过在小区安装光伏发电、地热发电、风力发电、储能装置等分布式电源，部署控制装置与监控软件，实现分布式电源双向计量，用户侧分布式电源运行状态监测与并网控制；综合小区能源需求、电价、燃料消耗、电能质量要求等，结合储能装置，实现小区分布式电源就地消纳和优化协调控制，分布式电源参与电网错峰避峰。

8. 小区配电自动化系统

通过部署自动化设备，利用小区光纤通信网络，实现小区供用电运行状况安全监控、电能质量实时监控。研制、部署小区配电线路及设备故障智能检测与隔离设备，并对故障迅速响应，实现自愈供电。依托配电 SCADA 主站系统，实现小区供电设备状况远程监视与控制、小区配电设施视频监控；支持与物业管理中心小区主站的信息集成，提高故障响应能力和处理速度。

二、智能小区的建设

（一）通信网络建设

智能小区通过采用先进的通信技术，将小区内供用电设备、家用设备、信息设备与电网企业、第三方的各类系统（GB/T 50314—2006《智能建筑设计标准》中规定的智能化集成系统、信息设施系统、信息化应用系统，CJ/T 174—2003《居住区智能化系统配置与技术要求》中规定的安全防范子系统、管理与监控子系统等）连接在一起，构造覆盖小区统一的通信网络。

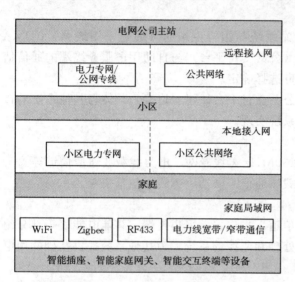

图 9-12　通信网络逻辑架构

1. 逻辑架构

智能小区通信网络逻辑架构如图 9-12 所示，包括远程接入网、本地接入网及家庭局域网。

2. 建设要求

（1）远程接入网。远程接入网是连接智能小区和电网公司各种系统平台的通信网络，分为电力专网和公共网络两类。智能小区远程接入网属于中压通信接入网建设范畴，远程通道应优先选用中压电力通信专网，在无中压通信接入网资源时，可采取租用公网专线的接入方式，其中有线方式可租用 VPN 专线接入，无线方式可租用无线 APN 专网接入。小区公共网络的远程通道采取公网运营商的宽带网络，实现就地接入。

（2）本地接入网。本地接入网是覆盖智能小区的通信网络，为智能小区各种设备的数据传输提供通信通道，分为小区电力专网和小区公共网络两类。本地接入网应充分利用小区低压电缆通道资源，以采用光纤复合低压电缆 OPLC 并结合无源光网络 PON 技术的光纤通信方式为主，以电力线通信 PLC、无线、RS-485 等通信方式为补充。在小区配电室、楼宇配电柜、单元计量表箱、电动汽车充电桩、分布式电源等位置部署光线路终端 OLT、光分路器 OBD、光终端单元 ONU、PLC 调制解调器等相应的通信设备，构建覆盖小区的通信网络，满足智能小区各项业务的通信需求。

（3）家庭局域网。家庭局域网是覆盖用户家庭内部的通信网络，为家庭内部各种用电设备、监测设备、控制设备和管理设备之间的数据传输提供通信通道。在居民室内部署 ONU、PLC 调制解调器、无线路由器等网络设备，采用 PLC、无线（WiFi/Zigbee/RF433）等通信方式，构建家庭局域网络，以支撑双向互动、智能家居和"三网融合"业务。

3. 技术要求

（1）小区通信网络带宽的配置应充分考虑当前及未来智能小区各项业务需求。若支撑"三网融合"、智能家居业务，每户带宽应大于 30Mbit/s；若仅支撑用电信息采集、小区配电自动化等业务，带宽应不小于 500bit/s。

（2）小区通信网络采用光纤通信时，传输误码率不大于 10^{-10}；采用 230MHz 无线通信时，传输误码率不大于 10^{-5}；采用 PLC 通信时，传输误码率不大于 10^{-5}；采用 RS-

485 通信时，传输误码率不大于 10^{-9}。

（3）小区通信网络设备的性能及组网应符合 DL/T 395—2010、Q/GDW 521—2010、Q/GDW 541—2010 等标准的规定。

（4）小区通信网络建设应符合 GB/T 22240—2008《信息系统安全等级保护定级指南》、Q/GDW 594—2011《国家电网公司信息化"SG186 工程"安全防护总体方案》等信息安全相关标准和规定，实现小区电力专网和小区公共网络的物理隔离和纵向安全防护。

（5）智能小区业务进行信息交互，所用信息通信网不能与调度数据网相链接。

（二）基本系统建设

1. 用电信息采集系统

用电信息采集系统与智能小区的逻辑架构如图 9-13 所示，其分为设备层、通信层以及主站层。设备层通过计量设备和采集终端采集用电信息，通信层负责用电数据的传输，主站层负责数据解析、维护、管理以及实现对营销等业务的支撑。其中，智能小区的建设内容涵盖设备层和通信层。

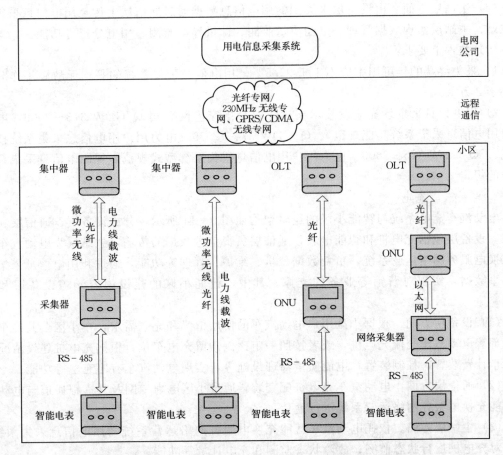

图 9-13　用电信息采集系统与智能小区的逻辑架构图

设备层方面，在小区用户、电动汽车充电桩、分布式电源等计量点部署智能电能表和采集终端设备，实现小区供用电设备的信息采集。采集设备组成由采集方式确定，可分成四种：①智能电表、采集器和集中器；②智能电表和集中器；③智能电表、ONU 和 OLT；④智能电表、网络采集器、ONU 和 OLT。

（1）通信层方面。根据小区安装的设备和通信方式不同分成四种：

1）智能电表通过 RS-485 的方式与采集器进行通信，采集器可选取光纤、PLC 或微功率无线的方式与集中器进行通信，集中器通过电力专网或公网专线与用电信息采集系统进行通信。

2）智能电表选取光纤、PLC 或微功率无线的方式与集中器进行通信，集中器通过电力专网或公网专线与用电信息采集系统进行通信。

3）智能电表通过 RS-485 的方式与 ONU 进行通信，ONU 通过光纤与 OLT 进行通信，OLT 通过电力专网与用电信息采集系统进行通信。

4）智能电表通过 RS-485 的方式与网络采集器进行通信，网络采集器通过以太网与 ONU 进行通信，ONU 通过光纤与 OLT 进行通信，OLT 通过电力专网与用电信息采集系统进行通信。

（2）主站层方面。由设备层采集到的用电信息数据通过通信层上传至用电信息采集系统主站，主站层实现数据管理、电能质量监测、计量异常监测、用电分析等功能。

（3）技术上要求：

1）采集终端的年可用率应不小于 99.5%，用电信息采集系统的平均无故障工作时间不小于 2 万 h。

2）用电信息采集系统建设技术指标应符合国家电网公司 Q/GDW 373—2009《电力用户用电信息采集系统功能规范》、Q/GDW 374—2009《电力用户用电信息采集系统技术规范》、Q/GDW 375—2009《电力用户用电信息采集系统型式规范》等用电信息采集系列标准的规定。

2. 电动汽车充电

电动汽车充电系统与智能小区的逻辑架构如图 9-14 所示，分成设备层、通信层和主站层。设备层包括充电桩和智能电表，通信层负责信息数据的传输，主站层为电动汽车智能充换电服务网络运营系统，负责数据分析、维护、管理等功能，通过和用电信息采集系统共享数据，实现对营销等业务的支撑。其中，智能小区的建设内容涵盖设备层和通信层。

（1）设备层方面。根据小区用户电动汽车的使用情况和充电需求，在小区公共停车场适量部署电动汽车交流充电桩，或者按照一定比例预留充电车位。根据充电桩建设情况部署计量计费装置、控制装置、电能质量治理设施等，实现电动汽车有序充电等功能。

（2）通信层方面。电动汽车充电桩配套装置通过小区电力专网及其远程通道与电动汽车智能充换电服务网络运营系统进行通信。

（3）主站层方面。依托电动汽车智能充换电服务网络运营系统与用电信息采集系统，实现对充电桩运行状态监测、故障状态监测和充电计量等功能。

（4）技术上要求：

1）交流充电桩采用交流 220V 单相供电，额定电流不宜超过 32A。

2）充电桩部署在室外时，应充分考虑恶劣环境影响，设置必要的防护设施。

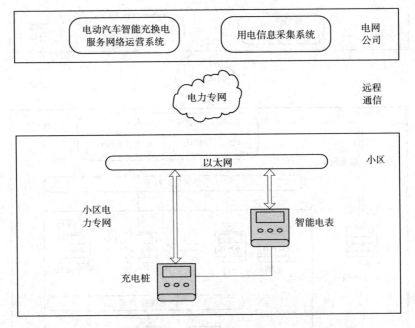

图 9 - 14　电动汽车充电系统与智能小区的逻辑架构图

3）电动汽车充电桩的技术指标及建设要求应符合 Q/GDW 478—2010《电动汽车充电设施建设技术导则》、Q/GDW 485—2010《电动汽车交流充电桩技术条件》的规定。

4）智能小区电动汽车充电相关功能应符合 Q/GDW/Z 620—2011《智能小区功能规范》的规定。

3. 智能用能服务系统

电网公司智能用能服务系统与智能小区逻辑架构如图 9 - 15 所示，分为设备层、通信层和主站层。设备层包括自助用电服务终端、智能交互终端、智能家庭网关、智能插座等；通信层负责设备之间、设备与主站的信息传输；主站层包括智能小区主站及 95598 互动服务网站。其中，智能小区建设内容涵盖设备层、通信层和智能小区主站双向互动模块及能效管理模块。

（1）设备层方面。在小区部署自助用电服务终端，实现信息查询、业务受理、多渠道缴费等双向互动功能；在居民户内根据需求部署智能家庭网关、智能插座、智能交互终端、智能家电等设备，实现双向互动功能及用能设备用电信息的采集、用能管理与控制等能效管理功能。

（2）通信层方面。家庭内部设备之间通过家庭局域网实现互联，家庭设备与智能小区主站通过本地接入网进行通信。

（3）主站层方面。初期在小区独立建设智能小区主站系统，条件具备时可建设成区域性的智能小区主站系统，部署双向互动模块，接收 95598 互动服务网站发布的电网运行状态、检修计划、有序用电策略等信息，并发送至智能家庭网关、自助用电服务终端，实现双向互动功能；部署能效管理模块，接收 95598 互动服务网站下发的能效策略及家电控制命令，并发送至智能家庭网关，实现能效管理功能。

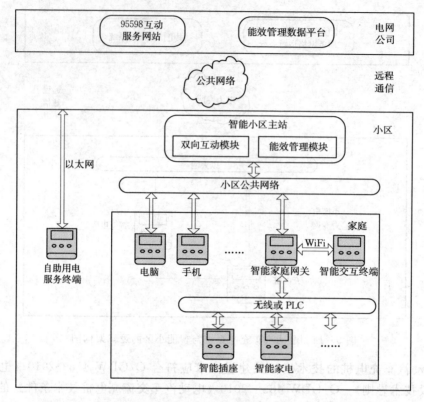

图 9-15　电网公司智能用能服务系统与智能小区逻辑架构图

（4）技术上要求：

1）自助用电服务终端主机应采用工业级主板，CPU 双核 2G 以上，内存 2G 以上，硬盘 500G 以上。

2）智能插座、智能交互终端、智能家庭网关功能及性能应符合 Q/GDW/Z 646—2011《智能插座技术规范》、Q/GDW/Z 647—2011《居民智能交互终端技术规范》、Q/GDW/Z 648—2011《居民智能家庭网关技术规范》的规定。

3）智能小区主站年可用率不小于 99.5%，系统故障恢复时间不大于 2h，主站各类设备的平均无故障时间不小于 3 万 h。

4. 配电自动化系统

智能小区配电自动化系统分为设备层、通信层和主站层。设备层包括配电自动化终端、配变监测终端等；通信层实现设备与主站的通信；主站层包括配电自动化系统及用电信息采集系统等，实现数据存储、处理以及各种业务应用。其中，智能小区的建设内容涵盖设备层和通信层。

（1）设备层方面。根据小区配电网络实际状况，在具备条件的小区合理安装相关低压配电设备和配电自动化终端，实现对小区变压器、中低压开关、线路等的监测和控制。

（2）通信层方面。终端设备通过小区电力专网及其远程通道与配电自动化主站系统进行通信。

（3）主站层方面。依托配电自动化主站系统与用电信息采集系统，通过 95598 互动服务网站将故障信息送入智能小区主站，实现小区供电网络故障的快速、准确定位和处理。

为保障信息安全，智能小区配电自动化系统不能与当地供电公司的配调自动化系统相连。

5. 分布式电源系统

分布式电源系统分为设备层、通信层和主站层。设备层包括储能装置、监控终端、发电装置等；通信层实现分布式电源设备与智能小区主站的信息传输；主站层为智能小区主站分布式电源接入管理模块，实现对分布式电源的统一管理。其中，智能小区建设内容涵盖设备层、通信层及智能小区主站分布式电源接入管理模块。

（1）设备层方面。根据小区建设的光伏发电、小型风力发电等分布式电源，合理配置储能装置，同步部署双向计量、控制装置，实现分布式电源接入与控制。

（2）通信层方面。终端设备通过小区本地通信网络实现和智能小区主站的通信。

（3）主站层方面。小区分布式电源与储能装置，应优先采用就地消纳的方式，通过在智能小区主站部署分布式电源接入管理模块实现对分布式电源的管理。

6. 三网融合系统

网络覆盖整个智能小区，为电信网、广播电视网和互联网提供小区内部通信通道，接口位于与"三网"信源的连接处。

智能小区 OLT 仅提供相应端口，小区出口由相关运营商提供。上联要求支持 GE 接口，可选支持 10GE、10/100BASE-T 接口和 E1 接口；下联要求支持 10/100BASE-T 接口，可选支持 GE 接口、CATV 接口、POTS 接口，如要实现 CATV 功能，需要配置合波器。

7. 智能家居

关于智能家居的建设，将在本章第四节进行详细叙述。这里只介绍智能小区建设中和智能家居相关的内容。

智能家居同样也分为设备层、通信层和主站层。

设备层是智能家居设备的总和，它通过通信层将智能设备的实时数据传输到主站层，并接受主站层的指令以实现各家居设备的智能化。

（1）通信层方面。智能家庭网关与智能小区主站通过小区本地通信网络进行通信。

（2）主站层方面。部署智能小区主站智能家居模块，可接收智能家庭网关上传的家居设备、家庭安防、三表抄收等信息。用户或小区物业可通过智能小区主站智能家居模块发布社区相关信息；用户可通过网络、电话等方式，查询家庭安防、三表抄收和社区信息，并实现对家电的远程控制。根据小区物业的需求，支持通过智能小区主站智能家居模块和小区原有物业主站进行接口，实现家庭安防和社区服务。

三、智能小区的功能

智能小区业务功能包括核心功能和拓展功能两大类。其中核心功能是指智能小区中与电能输送、使用和服务相关的功能，主要包括用电信息采集、用电服务、小区配电自动化、需求响应、电动汽车充电和分布式电源；拓展功能是指充分利用智能小区的信息通信资源，实现核心功能以外的延伸性功能，主要包括服务"三网融合"和智能家居，其功能框架如图 9－16 所示。

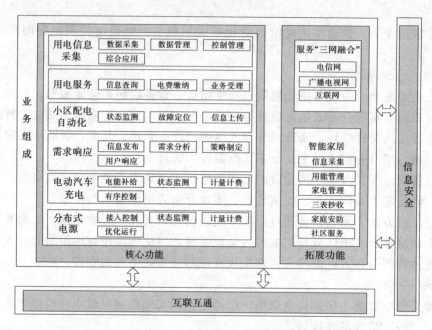

图 9－16　智能小区功能框架图

根据 Q/GDW/Z 518—2010《智能用电服务系统技术导则》的规定，智能用能服务系统、营销业务管理系统通过共享数据平台与用电信息采集系统、小区配电自动化系统、电动汽车充电管理系统、分布式电源管理系统进行信息交互、数据处理。具体的智能小区信息交互关系如图 9－17 所示。

智能小区的信息安全应严格遵照 GB/T 22240—2008、Q/GDW 582—2011、Q/GDW 594—2011 及电力二次系统安全防护总体方案等国家及电力企业信息安全的相关条例和规定，在进行数据采集、控制、交互等操作时，应采用网络加密系统保证远程数据传输的安全性和完整性；对智能小区内接入的终端或用户身份进行严格认证，保证用户身份的唯一性和真实性。智能小区通信网络不得与各级调度数据网相连，同时不得与 10kV 以上配电网自动化系统直接相联。按照智能小区的数据流向，从终端设备、接入层、通道、边界、主机系统五个维度进行安全防护设计，以实现层层递进，纵深防御。

智能小区依托用电信息采集、配电自动化、电动汽车充电管理、分布式电源管理、智能用能服务等系统以及第三方的各类系统，实现对供用电设备、家用设备、信息设备等设备的分散信息收集、储存和处理，并进行多方共享和双向互动，使智能用能等各项功能可以通过本地、远程和协作的方式实现。

供电企业获取用户用电、小区故障停电、充电桩充电、分布式电源发电等相关信息后，结合电网运行状况，合理安排故障检修，有序控制电动汽车充电，调节分布式电源发电，发布电价信息及用电激励政策，实现电网经济安全运行。

小区用户通过智能交互终端、自助用电服务终端、计算机等终端设备访问 95598 互动

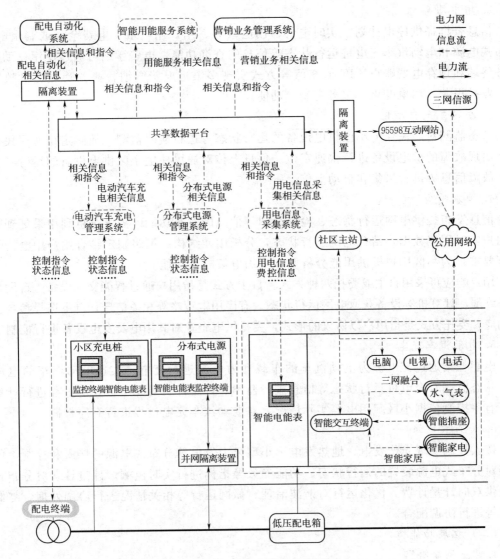

图 9-17　智能小区信息交互图

网站获取家庭用电、小区停电、电动汽车充电、分布式电源发电、实时电价及用能策略等相关信息，及时了解供电企业用电激励政策，办理相关业务，实现电网削峰填谷；还可访问社区主站获取小区物业、监控安防等第三方各类系统信息，及时了解小区状况。

（一）核心功能

1. 用电信息采集

数据采集对小区内各类计量点的相关数据进行自动采集。数据管理对采集到的用电数据进行综合处理，实现合理性检查、数据计算及分析，数据存储管理、数据查询等功能。控制管理实现电费定值控制、电量定值控制以及远方控制等功能。综合应用实现自动抄表管理、费控管理、有序用电管理、用电情况统计分析、异常用电分析、电能质量数据统计等功能。

2. 用电服务

信息查询提供停电计划、实时电价、用电政策、用户用电量、电费余额或剩余电量、分布式电源和电动汽车充电桩运行状态等信息的查询功能。电费缴纳可通过使用自助用电服务终端和预存电费账户、IC 卡充值等方式实现多渠道电费缴纳。业务受理提供故障报修、业扩报装、用电变更、服务定制等功能。

3. 小区配电自动化

状态监测对居民住宅小区供电设备的运行状态等进行实时监测。故障定位对居民住宅小区出现故障的供电设备进行快速定位。信息上传对居民住宅小区供电设备的运行状态信息、故障信息等进行采集和自动上传。

4. 需求响应

信息发布提供电网运行状态、检修计划等信息的发布功能。需求分析利用采集到的小区用户实时用能数据，结合电网运行状态，分析用能结构。策略制定结合用户用电特性和负荷要求，为小区用户提供用能分析及有序用电策略等功能。

用户响应可采用自主或委托两种方式。自主方式是指用户通过智能交互设备、自助用电服务终端，计算机等设备获取电网运行状态、有序用电策略等相关信息，自主选择参与需求侧响应；委托方式是指用户以协议的形式，委托供电企业对其用电及发电设备进行控制。

5. 电动汽车充电

电能补给通过充电桩为电动汽车的车载动力电池进行充电，实现电动汽车的电能补给。状态监测对充电桩运行状态等信息进行监测。计量计费对充电桩充电过程进行计量计费。有序控制依据小区配用电等实际情况，对电动汽车充电过程进行有序控制。

6. 分布式电源

接入控制实现光伏发电、地热发电、小型风力发电等分布式电源的接入和控制。状态监测对分布式电源装置的运行状态、功能参数等指标进行实时监测。计量计费对分布式电源提供双向计量计费。优化运行对谐波治理、孤网运行等相关情况进行协调处理，与储能装置等进行协调配合。

（二）拓展功能

1. "三网融合"

利用智能小区高速、可靠的统一通信网络，实现电信网、广播电视网、互联网的三网信源接入小区通信网络，并开展相关业务，服务"三网融合"。

2. 智能家居

信息采集实现对家庭能源消耗、环境、设备运行状况等信息的进行快速采集与传递。用能管理对家庭能源消耗等信息进行整理与分析，及时优化家庭用能模式。家电管理实现对家电的控制和多种方式的联动。

三表抄收实现对电能表之外的水表、燃气表等居民家用收费表计的周期性自动抄表或手工启动抄表。家庭安防实现可视监控、红外探测、烟雾探测、燃气泄漏探测、紧急求助、门禁管理等功能。

社区服务与社区主站进行信息交互，实现社区内部信息查询，信息通知和事件告知等功能。

四、智能小区工程验收

(一) 验收必备条件

(1) 智能小区建设已全面完成，并已投入运行。

(2) 智能小区各项功能和性能均满足各专业验收要求。

(3) 智能小区各项技术资料完整、规范、真实。

(4) 智能小区设备和系统已稳定运行1个月以上。

(5) 智能小区运行维护机制已建立，人员培训等工作已有效开展。

(6) 智能小区工程已完成自验收。

(二) 验收程序

验收程序分为三个步骤，即验收申请、开展验收及验收结论。

1. 验收申请

工程满足验收条件后，由工程实施单位向网省公司提出验收申请，见表9-1。

表 9-1　　　　　　　　　　　智能小区工程验收申请表

申请单位名称	
项 目 名 称	
联 系 人	联 系 电 话
申报具备条件	单位盖章 年　月　日
申报验收资料清单	

2. 开展验收

由网省级公司组织相关部门及专家组成验收组，对智能小区工程进行验收。

3. 验收结论

验收组对验收内容逐项进行审查，并进行总体验收，出具验收报告，见表9-2。

表 9 - 2 智能小区工程验收报告

被验收单位名称	
项 目 名 称	
验收情况	验收组组长（签字） 年　月　日
验收结论	

（三）验收内容

智能小区验收包括建设规范性验收、功能完整性验收、系统可用性验收三部分内容。

1. 建设规范性

智能小区建设规范性验收主要对工程管理、招标采购、施工建设等方面进行核查，审验工程建设过程是否合法合规、工程管理流程是否规范有序。主要审查的文档资料有：

（1）智能小区可行性研究报告。

（2）智能小区工程建设方案及批复。

（3）智能小区工程初步设计文件。

（4）智能小区工程相关合同。

（5）智能小区工程招标采购相关文件。

（6）智能小区工程施工管理制度。

（7）智能小区工程安装、调试和测试记录。

（8）智能小区工程竣工报告。

（9）智能小区工程竣工图纸。

（10）智能小区工程自验收报告。

（11）智能小区工程工作报告。

（12）智能小区工程运行报告。

（13）智能小区工程用户报告。

通过查验，智能小区相关文件、报告和记录完整、准确和系统，工程管理流程符合公司程序，招标采购符合国家法律法规，施工建设符合业内管理要求，则通过建设规范验收；若验收不通过，验收组应提出整改意见，并下发整改意见通知单，督促进行整改。

2. 功能完整性

智能小区功能完整性验收主要审验工程建设方案（含批复方案）与工程的实际建设内容是否一致，工程建设的智能小区每项功能是否完整。

工程建设方案（含批复方案）全部得以实现，则通过功能完整性验收；若验收不通过，验收组应提出整改意见，并下发整改意见通知单，督促进行整改。

3. 系统可用性

智能小区系统可用性验收主要审验工程建成投运后运维机制是否健全、运维人员是否开展培训，运营记录是否完整。

验收内容包括：

（1）运维机制应落实运行维护责任、人员配置、规章制度等运维机制。

（2）人员培训应对运行维护人员开展相关培训。

（3）运行记录应记录日常运行情况和故障处理等运维信息。

通过查验，运行记录客观翔实、运维机制建立健全、运行资料完整齐备，则通过系统可用性验收；若验收不通过，验收组应提出整改意见，并下发整改意见通知单，督促进行整改。

智能小区只有在建设规范性验收、功能完整性验收、系统可用性验收三项验收全部通过的前提下，方能通过总体验收；若其中任意一项验收不通过，验收组应提出整改意见，并下发整改意见通知单，督促进行整改。

第三节 智 能 楼 宇

智能电网离不开智能楼宇。今天所有企业都应该尽可能利用现有的智能楼宇技术。这样不仅使企业降低能耗和成本，提升能效，实现更可持续的运营，也为未来更好地利用智能电网做准备。实现这一点不仅能够获得上述回报，还能使公用事业部门在对的时间为用户提供对的能源，同时管理和控制整个智能电网的能耗情况。

智能楼宇是一种智能建筑，它是楼宇自动化应用的一项产物。楼宇自动化是将建筑物或建筑群内的电力、照明、空调、给排水、消防、运输、保安、车库管理设备或系统，以集中监视、控制和管理为目的而构成的综合系统。楼宇自动化系统通过对建筑（群）的各种设备实施综合自动化监控与管理，为业主和用户提供安全、舒适、便捷高效的工作与生活环境，并使整个系统和其中的各种设备处在最佳的工作状态，从而保证系统运行的经济性和管理的现代化、信息化和智能化。

本节主要介绍智能楼宇中的电力能效管理。

一、智能楼宇能源管理架构

智能楼宇能源管理是对智能楼宇的照明、动力、通风、空调、安防等系统进行协调控制及整合，基于智能测量、楼宇配电自动化和分布式能源监控等系统，对用户供能系统、用能设备、楼宇分布式能源、储能设备等进行监控、分析、控制及评估，以用户能源管理为核心，支持微网的独立运行，实现合理充分的使用清洁能源，提高用户的能源使用效率。设计的其系统架构图如图9-18所示。

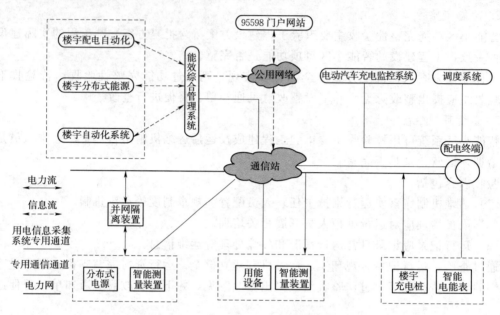

图 9-18　智能楼宇能源管理整体架构图

智能测量是对楼宇的用能信息进行实时采集，为其他系统提供基础的信息支撑。楼宇配电自动化系统完成楼宇配电系统的智能开关设备、公共用电设施监测控制、故障自动检测与故障隔离、电能质量控制等，实现楼宇低压回路多电源供电，提高供电的可靠性和停电响应的及时性，满足高质量的用电需求。

楼宇分布式能源是由楼宇各种分布式能源、储能装置、蓄冷蓄热负荷以及监控、保护装置组成的集合体，具有参与电网错峰避峰，使用清洁能源，节能减排，发展低碳经济的作用。

楼宇自动化系统是采用最优化的控制手段并结合现代计算机技术对楼宇各系统设备进行全面有效的监控和管理，使各子系统设备始终处于有条不紊、协同一致的高效、有序状态下运行，确保建筑物内舒适和安全的环境，同时降低建筑物能耗。

二、智能楼宇能源管理系统设计

基于以上系统集成及功能需求，智能楼宇能源管理系统设计采用分层分布式结构，系统自上而下共分三层。

（1）监控管理层。为现场操作人员及管理人员提供充足的信息（包含楼宇供用能信息、电能质量信息、各子系统运行状态及用能信息等），制定能量优化策略，优化设备运行，通过联动控制实现能源管理，提高经济效益及环境效益。

（2）通信层。使用通信网关机将各个子系统所使用的非标准通信协议统一转换为标准的协议，将监测数据及设备运行状态传输至智能楼宇能源管理平台。

（3）现场设备层。指分布于高低压配电柜中的测控保护装置、仪表，以及各个子系统监控系统等。

能源管理系统现场设备层是整个系统的硬件支撑平台，是整个系统的数据源，设计清晰合理的现场设备层是楼宇智能用电能源管理系统实现的基础。

能源管理系统接入的设备种类多样，所使用的物理接口类型及协议类型极为复杂，所传输数据种类也不尽相同，为了确保智能楼宇能源管理系统的可维护性和可扩展性，所有的设备均将测量数据及设备运行状态等送至通信网关机。通信网关机使用对应的通信协议进行解析，并将所有数据按照设定的顺序打包为统一标准的协议，送至智能楼宇能源管理监控管理层。监控管理层是智能楼宇能源管理系统的核心，它负责以图形化的方式向用户提供实时监测、数据分析、电能质量分析、能源评估等功能，并通过交互式技术向用户提供用能策略制定及联动控制等功能，具体功能如下。

1. 实时信息监测

（1）实时供用能信息。

（2）清洁能源使用情况，体现清洁能源的环保性和经济性等信息。

（3）使用 APF、SVC＋等设备带来的电能质量优化及动态补偿的信息。

（4）新型高效节能设备的节能运行信息。

（5）电动汽车充放电运行信息。

（6）楼宇自控系统运行信息。

2. 历史用能情况分析

（1）各个用能系统不同时段能源使用量对比。

（2）各个用能系统能耗等级分析。

（3）根据用电量模拟多部制电价账单。

（4）分析不同时段的电能质量信息等。

3. 能量优化控制策略

（1）通过对历史用能情况的分析，制定各子系统运行策略，确保用能设备的正常高效运行。

（2）基于不同电价结构，制定最经济性用电策略，实现削峰填谷，减少电费支出。

（3）通过楼宇用电负荷的分析，制定平衡负荷策略，降低电网压力，提高发电设备效率、延长使用寿命。

（4）对用电负荷、电能质量及电价架构进行综合分析，制定新能源并网策略及电动汽车充放电系统充放电策略，实现节能减排。

4. 联动控制

（1）根据楼宇环境参数及当前用能情况，调节空调及通风系统运行策略。

（2）根据能量优化控制策略实现对各个子系统的远程控制，并通过运行结果说明能量优化控制策略的效果。

（3）提供互动模式，用户自行定制当天用电策略，并实时分析并模拟用电策略，预测用电信息，为用户制定用电策略提供数据支持。

第四节　智　能　家　居

智能家居（Smart Home）又称智能住宅，是通过光纤复合电缆入户等先进技术，将与家居生活有关的各种子系统有机地结合到一起，既可以在家庭内部实现资源共享和通信，又可以通过家庭智能网关与家庭外部网络进行信息交换。其主要目标是为人们提供一个集系统、服务、管理为一体的高效、舒适、安全、便利、环保的居住环境。

一、智能家居主要特征

智能家居能实现用户与电网企业互动，获取用电信息和电价信息，进行用电方案设置等，指导科学合理用电，倡导家庭的节能环保意识。智能家居能增强家居生活的舒适性、安全性、便利性和交互性，优化人们的生活方式。智能家居可支持远程缴费。

智能家居可通过电话、手机、远程网络等方式实现家居的监控与互动，及时发现异常，及时处理。智能家居实现水表、电能表、气表等多表的实时抄表及安防服务，为优质服务提供了更加便捷的条件。智能家居支持"三网融合"业务，享受完善的智能化服务。

二、智能家居与智能小区的关系

智能家居可以成为智能小区的一部分，也可以独立安装（图9-19）。

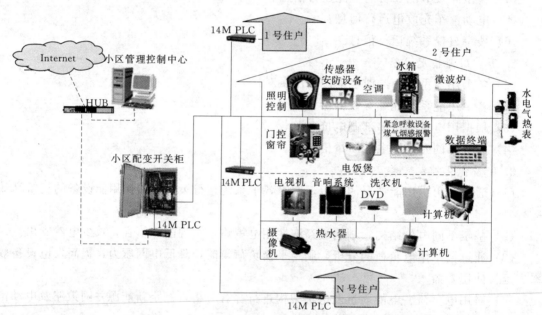

图 9-19　智能用电小区与智能家居系统组网图

---- 电力线；—— 五类线

中国人口众多，城市住宅也多选择密集型的住宅小区方式，因此很多房地产商会站在整个小区智能化的角度来看待家居的智能化，也就出现了一统天下、无所不包的智能小区。欧美由于独体别墅的居住模式流行，因此住宅多散布城镇周边，没有一个很集中的规模，当然也就没有类似国内的小区这一级，住宅多与市镇相关系统直接相连。这一点也可解释为什么美国仍盛行 ADSL、Cable Modem 等宽带接入方式，而国内光纤以太网发展如

此迅猛。因此欧美的智能家居多独立安装，自成体系。

国内习惯上已将智能家居当作智能小区的一个子系统考虑，这种做法在前一阶段应该是可行的，而且是实用的，因为以前设计选用的智能家居功能系统多是小区配套的系统。但智能家居最终会独立出来成为一个自成体系和系统，作为住宅的主人完全可以自由选择智能家居系统，即使是小区配套来统一安装，也应该可以根据需要自由选择相应产品和功能、可以要求升级、甚至你对整个设计不感兴趣，完全可以独立安装一套。智能家居实施其实是一种"智能化装修"，智能小区只不过搭建了大环境、完成了"粗装修"，接下来的智能化"精装修"要靠自己来实施。

三、智能家居主要构成

通过构建家庭户内的通信网络，实现家庭空调等智能家电的组网，实现电力光纤网络互联。通过智能交互终端、智能插座、智能家电等，实现对家用电器用电信息自动采集、分析、管理，实现家电经济运行和节能控制。通过电话、手机、互联网等方式实现家居的远程控制等服务。通过智能交互终端，实现烟雾探测、燃气泄漏探测、防盗、紧急求助等家庭安全防护功能；开展水表、气表等的自动采集与信息管理工作；支持与物业管理中心的小区主站联网，实现家居安防信息的授权单向传输等服务。智能家居结构图如图 9-20所示。通过 95598 互动网站，智能家居可以实现可定制的家庭用电信息查询、设备远程控制、缴费、报装、用能服务指导等互动服务功能。

图 9-20 智能家居结构图

从逻辑结构上来说，智能家居系统主要可以分为管理层、应用层和设备层。

（1）管理层。主要包括智能家庭网关、智能交互终端和系统服务器，是智能家居系统的核心设备，负责网络的管理和信息的处理，承接应用层和感知层之间的信息交互。

（2）应用层。主要有智能交互终端、移动终端、PC、IPAD等可视化设备。作为人机交互界面，注重界面的友好度与用户的体验度，能将用户的意图反馈给管理层。

（3）设备层。主要指各种家居设备等。作为动作执行设备，将管理层下发的动作命令执行到位，以实现应用层用户的意图；作为信息获取部分，监控环境的变化，并将相关信息发送给管理层，以便于根据环境信息实现用户意愿。

智能家居系统主要基于电力光纤低压复合电缆的EPON通信网络，通过光网络单元连接到小区户内的智能交互终端、智能家庭网关、PC等。同时，将物联网技术引入智能小区，在家中通过户内通信组网技术把各个家电与智能家庭网关、智能交互终端相连接，组成家居网络，智能小区综合应用互动集成系统能对智能家居进行状态监测和控制。同时能够实时收集水、电等资源使用信息，从而提供了一个安全、便利、舒适和环保的居住环境。智能家居系统网络拓扑结构如图9-21所示。

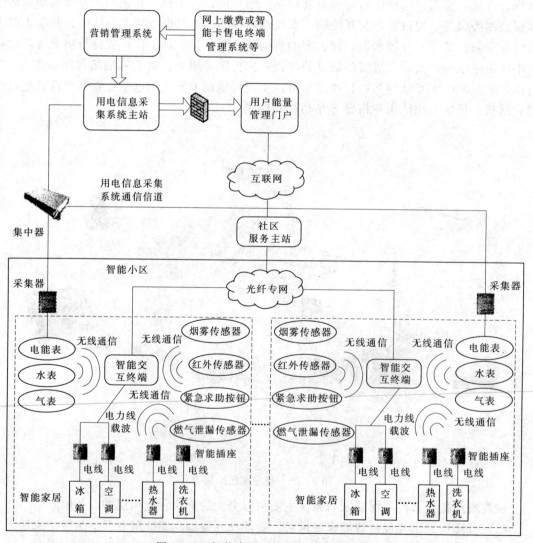

图9-21　智能家居系统网络拓扑结构图

四、智能家居主要功能

智能家居实现的主要功能见表 9 - 3。

表 9 - 3 智能家居实现功能配置

实 现 功 能	说 明
智能安防告警	防盗、防火、防天然气泄露；紧急求助；视频监控
灯光照明控制	控制电灯的开关、明暗
环境控制	控制窗帘、空调等
家电控制	控制智能冰箱、智能洗衣机、智能空调等智能家电；通过智能插座、红外转发器等控制普通家电
智能插座	实现供电、计量、开合、传输功能
场景总控	实现智能家居联动；具有多种场景模式控制等
本地控制	通过遥控器、触摸屏、智能电视、智能终端等不同方式本地控制家居设备
PAD 控制	可通过 PAD 实现本地或者远程控制
手机控制	通过手机客户端实现智能家居控制
远程 Web 控制	通过 Web 实现互联网控制
可视对讲	智能终端实现门禁可视对讲；户户通话
智能电视互动	智能电视实现智能家居控制；对讲、监控、娱乐等功能
环境感知	展示区环境感知
三表集采	三表数据集采
家庭背景音乐	愉悦的家

通过配置智能交互终端、智能家庭网关、智能交互机顶盒等智能家居控制设备，智能安防设备、智能家电以及普通家电等，并在展示区各个用电设备配置智能插座、智能开关，能够实现智能家居控制和状态监测、家庭智能安防、家庭能效信息的采集和分析，以及实现智能用电、能效管理服务。

用户通过智能交互终端、智能手机、PC 等设备可实现对家居设备的控制和管理，观看推送至交互终端等诸屏的公告信息，登陆智能家居 web 系统，实现远程家庭智能安防、智能互动用电等功能。

通过部署智能家居服务系统后，实现智能家居的管理和控制、水电气三表数据集抄展示，为家庭安全用电、用煤气，防火、防盗系统等提供全面管理与控制。提供家庭能效服务，智能用电分析，为用户提供科学用电指导，调整用电策略和优化用电模式，降低能耗、节能减排。

五、智能家居主要技术

(一) 互动用电服务技术

1. 供用电信息服务

供用电信息服务包括电网运行和检修信息、实时电价、用电政策、用电服务等信息发布，用户用电量、剩余电量、电价、电费、电费余额以及购电记录等信息查询服务。

2. 家电互动控制

根据用户需求，对家庭用电负荷进行分析，制定优化用电方案，指导用户进行合理用电；按照用户提出的请求开展托管服务，下发用电设备优化运行方案到家庭智能交互终端，自动管理家用电器合理用电。

3. 家庭用电管理

可实时查询家庭和家用电器的用电信息，包括电量、电压、电流、负荷曲线等，可随时查看多种电价信息，包括实时电价、分时电价等。为用户提供量身订制的用电方案，设置指定电器的运行时间。进行家庭和家用电器用电分析，为用户提供家庭节能建议。

4. 自助缴费服务

可以通过电话、短信、网站、自助终端等手段实现多渠道缴费。

（二）智能社区支撑技术

1. 小区物业安防服务

根据煤气、烟雾传感器等发出的报警信号，进行煤气、火灾报警管理；具有入侵报警功能，对家庭情况进行远方监视；也可设置多种安防模式，实现场景管理控制；当家中出现意外情况时，可通过智能家居系统向外发出紧急呼救信号，及时通知相关急救部门。

2. 公用事业信息服务（市政、医疗）

获得市政信息、施工建设信息、交通和道路信息、卫生防疫信息等；根据用户的需求，为用户提供在线医疗服务，建立医疗保健信息平台，进行门诊预约、在线咨询等服务。

3. 商业信息服务（信息定制、信息互动、消息订阅服务等）

根据用户和信息发布者需求向特定用户发送指定的天气、股票、外汇、商品优惠等实时信息，以及超市类机构配送互动、预订产品等信息。

六、智能家居用电服务系统

智能家居用电服务系统由智能交互终端、通信网络等构成，对家用电器用电信息自动采集、分析、控制和管理，实现家电经济运行和节能控制。智能家居用电服务系统是对居民用户用电情况进行监测、分析和控制的支持平台，也是实现有序用电管理和能效服务智能化的重要途径。智能家居用电服务系统的构成如图9-22所示。

智能家居用电服务网络拓扑结构如图9-23所示，主要由主站系统、通信信道、家庭智能交互终端、智能用电设备四部分组成。

（1）主站系统主要由数据库服务器、应用服务器、前置机、路由器、安全防护设备等组成。

（2）通信信道分为远程通信网和本地通信网。远程通信采用公网通信，本地通信网选择光纤复合电缆、电力线宽带通信、无线通信等。

（3）家庭智能交互终端是智能家居系统的核心部分，是主站与用户联系的中心，也是智能用电设备控制中心。

（4）智能用电设备包含智能家电、安防设备等。目前由于智能家电没有推广普及，为满足非智能家电的控制和用电信息采集，可使用智能插座控制家电或采集家电用电信息。

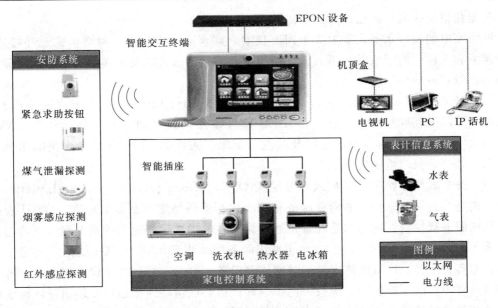

图 9-22 智能家居用电服务系统构成图

七、智能家居关键设备

1. 系统主站

系统主站主要包括服务器、通信网络、工作站以及与营销内部系统互联四部分。与营销应用系统、95598 互动网站及其他应用系统互联主要通过接口服务器、安全防护设备等设备完成。

2. 用户网关

用户网关被用于用户接入智能电网设备的通信管理，它为 AMI 体系和用户侧信息系统提供了一个物理和逻辑上的链接。对管理对象较多的用户，用户网关可以是一台独立的设备；而对于家居类的用户，它可能是一个虚拟的设备，一组嵌入在智能电能表、计算机或机顶盒内的功能性单元，通常把家用的用户网关称之为家庭网关。

自 20 世纪 90 年代后期以来，数字化技术突飞猛进，日益渗透到各个领域。随着互联网对日常生活的不断扩展，消费类电子、计算机、通信一体化趋势日趋明

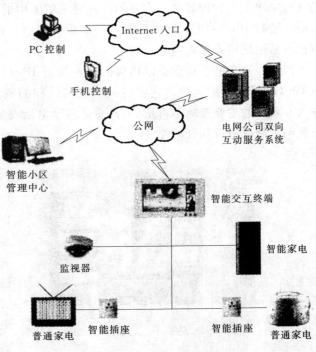

图 9-23 智能家居用电服务网络拓扑结构图

显，智能化信息家电产品已经开始步入社会。

网络家电的发展水平主要取决于四项技术，即家电操作系统、网络传输及连接协议、家庭网关和人性化的家电编程语言。其中最重要的是网络传输及连接协议。目前国际上发展势头比较看好的协议主要有以下几种。

（1）HAVi。HAVi（Home Audio/Video interoperability）是一个家庭网络中音频/视频电子产品的互联标准。它建立在 IEEE 1394 底层协议基础之上，主要实现 HAVi 设备之间数字音频/视频内容的传送以及播放、录像、回放等。HAVi 是一个民间组织，协议不对外公开，只对组织内部。

（2）开放式服务网关。开放式服务网关 OSGI（Open Service Gateway Initiative）的主要功能是为连接互联网上的商业服务和下一代智能网络家电制定的标准。OSGI 规范将为互联网服务提供商、网络制造商提供通过运行在家中或远程地点的网关服务器传递各种商务服务的公共平台。OSGI 于 2000 年推出服务网关规范 1.0。OSGI 规范涉及三个主要方面，即多种服务、广域网络以及局域网络和设备。自 20 世纪 90 年代后期以来，随着互联网对日常生活的不断扩展，消费类电子、计算机、通信一体化趋势日趋明显，智能化信息家电产品已经开始步入社会，成为 21 世纪的消费时尚。集成家庭服务网关将家庭中各种各样的智能家电通过家庭总线技术连接在一起时，就能轻松构成高度智能化的现代智能家居系统。

（3）IPv6 标准。IPv4 定义的地址长度是 32 位，其地址资源已经面临枯竭，IPv6 网络将取代 IPv4 的地位。在 IPv6 时代，每一台家用电器，如电冰箱、电视机、微波炉、空调、摄像机等都将分配一个 IP 地址，成为具有通信能力的网络设备，用户可以通过网络把这些家用电器管理起来，方便用户随时了解家中的情况，如同亲自控制身边的设备一样便捷。装载 IPv6 的家庭网关具有即插即用的特点，即使不熟悉网络设定的一般用户，也能很容易地把设备接入网络。

目前，整个电子行业正以迅猛的势头发展 IPv6。其所具有的影响已不单纯局限于解决 IPv4 地址不足的问题，它将打破互联网以往的概念，进而对其进行重新定义。例如，介入互联网的主要终端不再是 PC，而是移动电话与家电设备。而且，各个终端之间通过互联网将可以进行联合动作。

3. 家庭智能交互终端

家庭智能交互终端安装在便于用户操作的位置，并建立与智能插座、智能家电、家庭安防设备的通信与交互。作为一般用户，可以借助安装在室内的交互显示终端提供服务。交互显示终端可以通过无线或低压载波通信方式与智能电能表进行数据、信息交换，如图 9-24 所示。它能够采用字符、图形、曲线以及 LED 光条等形式显示用电信息，包括当前及近期用

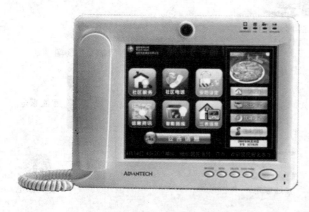

图 9-24　某型家庭智能交互终端

电消费的历史记录；显示温室气体排放信息、用水信息、费率信息、供应商信息、消费预警以及功率尖峰报警信息等，通常具有如下功能：

(1) 电量信息抄读与显示。

(2) 电费信息抄读与显示。

(3) 温湿度测量与显示。

(4) 水气热表数据抄读、显示与上传。

(5) 分布式电源数据抄读、显示与上传。

(6) 智能插座数据抄读、显示与上传。

(7) 预付费功能。

(8) 家用电器设备用电信息的采集与显示。

(9) 公共咨询信息服务等。

对于管理对象比较复杂的用户，需要建设用户局域信息网，在这个局域网系统中，用户计算机承担着交互和显示设备的作用，而用户数据库存储的用电设备参数、设备运行方式、业务需求等信息，可为用户个性化的信息处理、分析提供基础。

4. 智能用电设备

(1) 智能插座。随着生活水平的不断提高，电视、冰箱、空调、电炊具等家用电器进入了千家万户，居民用电量快速增加。为了合理使用家电，实现对家用电器设备的用能管理，比较简单的方法是使用智能插座和智能开关，如图 9-25 所示。智能插座安装在电源插座与普通家用电器之间，并建立与家庭智能交互终端的通信。

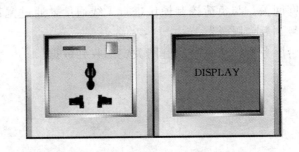

图 9-25 智能插座

智能插座实际上是一个集用电信息采集、通信、控制为一体的简易负荷管理设备。它将接入电器的工作电流采集下来，并发送给交互显示终端或局域网信息系统。当智能电能表或局域网信息系统按照设定的阈值对电器实施管理时，智能插座中的负荷开关按照控制命令的要求执行开合闸操作。系统设定的阈值可以是时间、温度、电价或负荷等参数。用户可以在交互显示终端上观察到以图表、曲线等形式表现的采集数据，在进行统计、分析的基础上，制定个性化的家庭用电管理策略。

智能插座是一个用于设备用电信息采集和控制的初级产品。在家用电器的发展还没有进入网络家电的时代，家电与网络之间无需大量信息交换的场合，可以满足了解自家电器的用能情况，并对这些家用电器的用能进行基本管理的需求。对于具备了例如 IPv6 通信功能的家用电器，将在更深层次上进行信息交换，实现对设备用能管理的网络时代。

（2）智能家电。包括智能空调、智能电视、智能冰箱、智能洗衣机、智能吸尘器、智能电饭煲等，具有双向交互功能。

（3）家庭安防。选择适合的位置安装烟雾传感器、红外传感器、紧急求助按钮、燃气泄漏传感器、摄像头等设备，并建立与家庭智能交互终端的通信。

八、电网友好型电器

电网友好型电器（Grid-Friendly Appliances，GFAs）主要是采用嵌入式技术，通过实时跟踪电网交流电压或频率信号，当监测到电网频率信号低于预先设定的阈值时自动断开电器与电网连接。当众多 GFAs 来执行这种功能时，有利于保护电网，避免电网振荡。

可以预见，GFAs 将既可以响应电压或频率信号，又可以响应价格信号，以及需求侧管理信号。

1. GFAs 功能

GFAs 相当于一个小型电子控制平台，它计算电网电压信号的交流基波频率，可以防止输出信号畸变和电网频率振荡。

2. 响应时间

CFAs 的响应时间需要考虑频率测量方式，应计及低通数字滤波器的影响。

3. GFAs 信号输出

GFAs 的输出是二进制信号，用于控制延迟开关。

4. GFAs 主要构成

（1）负荷控制模块：监控 GFAs。

（2）家庭网关：与负荷控制模块进行无线通信，通过宽带电缆调制解调器或者 ADSL 连接转发信号到后台服务器。

（3）后台服务器：从每个家庭网关定期收到数据。

参 考 文 献

[1]　刘振亚. 智能电网技术. 北京：中国电力出版社，2010.

[2]　许晓慧. 智能电网导论. 北京：中国电力出版社，2009.

[3]　刘振亚. 中国电力与能源. 北京：中国电力出版社，2012.

[4]　高犁，等. 用电负荷管理. 北京：中国电力出版社，2011.

[5]　高犁. 电力客户管理. 北京：中国电力出版社，2011.

[6]　宗建华，等. 智能电能表. 北京：中国电力出版社，2010.

[7]　Geoffrey Rothwell，等著. 电力经济学——管制与放松管制. 叶泽译. 北京：中国电力出版社，2007.

[8]　国家电网公司需求侧管理指导中心. 电力需求侧管理实用技术. 北京：中国电力出版社，2005.

[9]　张晶，郝为民，周昭茂. 电力负荷管理系统技术及应用. 北京：中国电力出版社，2009.

[10]　古洪平. 电力营销理论与实务. 北京：中国电力出版社，2008.

[11]　苏宁. 北京朝阳区电力需求侧管理的应用研究. 北京：华北电力大学：工程硕士专业学位论文，2008.

[12]　国家电网公司. 业务模型说明书，有序用电分册. 2007.

[13]　Peter Fox-Penner 著. 智能电力——应对气候变化，智能电网和电力工业的未来. 张义斌，黄瀚，等译. 北京：中国电力出版社，2012.

[14]　四川省电力公司. 电力营销管理标准. A2 版. 企业标准，2009.

[15]　何光宇，孙英云. 智能电网基础. 北京：中国电力出版社，2010.

[16]　Q/GDW 373—2009　电力用户用电信息采集系统功能规范. 北京：中国电力出版社，2010.

[17]　Q/GDW 379.2—2009　电力用户用电信息采集系统检验技术规范（第 2 部分：专变采集终端检验技术规范）. 北京：中国电力出版社，2010.

[18]　Q/GDW 379.3—2009　电力用户用电信息采集系统检验技术规范（第 3 部分：集中抄表终端检验技术规范）. 北京：中国电力出版社，2010.

[19]　Q/GDW 376.1—2009　电力用户用电信息采集系统通信协议（第 1 部分：主站与采集终端通信协议）. 北京：中国电力出版社，2010.

[20]　方大千，等. 节约用电实用技术问答. 北京：人民邮电出版社，2008.

[21]　方贵银. 蓄能空调技术. 北京：机械工业出版社，2006.

[22]　杨志荣. 节能与能效管理. 北京：中国电力出版社，2009.

[23]　张晶，徐新华，崔仁涛. 智能电网——用电信息采集系统技术及其应用. 北京：中国电力出版社，2012.

[24]　张晶，郝为民，周昭茂. 电力负荷管理系统技术及应用. 北京：中国电力出版社，2009.

[25]　程坦. 城市电网规划中空间负荷预测方法的研究. 郑州大学：工程硕士专业学位论文，2009.

[26]　叶旭东. 地区电网负荷预测与优化模式理论及应用研究. 辽宁工程技术大学：博士学位论文，2006.

[27]　康重庆，夏清，刘梅. 电力系统负荷预测. 北京：中国电力出版社，2008.

[28]　傅华滑. AMI 体系结构及其应用. 电力仪表，2010，536A.

[29]　上海市节能网，www.shjn.gov.cn.

[30]　国家电网智能电网专栏，http://www.sgcc.com.cn/ztzl/newzndw/.